大城治理

赵聚军 著

超大特大城市治理中的社会整合与体制优化

Metropolis Governance

Social Integration and Institutional Optimization in the Metropolis Governance

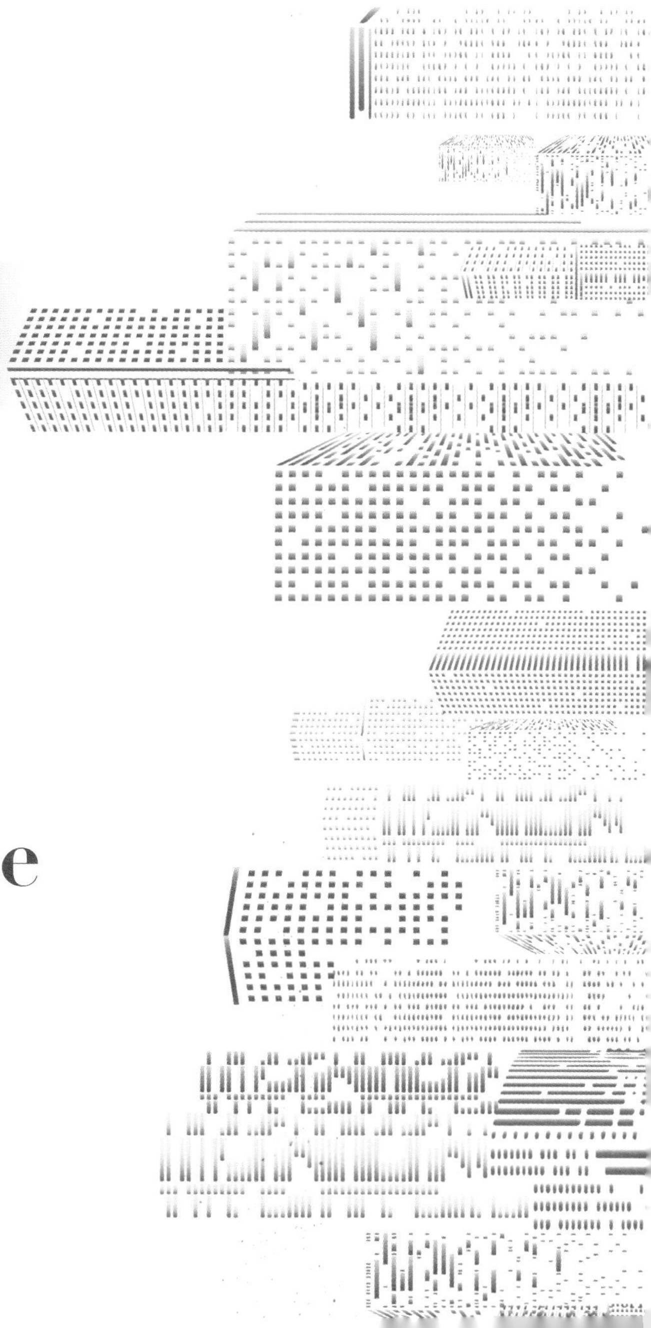

中国社会科学出版社

图书在版编目（CIP）数据

大城治理：超大特大城市治理中的社会整合与体制优化 / 赵聚军著. -- 北京：中国社会科学出版社，2024. 7. --（中国城市治理研究丛书）. -- ISBN 978-7-5227-3986-1

Ⅰ. F299. 23

中国国家版本馆 CIP 数据核字第 20240VL087 号

出 版 人 赵剑英
责任编辑 王 琪
责任校对 杜若普
责任印制 王 超

出 版 中国社会科学出版社
社 址 北京鼓楼西大街甲 158 号
邮 编 100720
网 址 http：//www. csspw. cn
发 行 部 010 - 84083685
门 市 部 010 - 84029450
经 销 新华书店及其他书店

印 刷 北京明恒达印务有限公司
装 订 廊坊市广阳区广增装订厂
版 次 2024 年 7 月第 1 版
印 次 2024 年 7 月第 1 次印刷

开 本 710 × 1000 1/16
印 张 17. 75
插 页 2
字 数 282 千字
定 价 95. 00 元

目　录

绪　　论

大国治理的根基在基层。统筹推进基层治理，是实现国家治理体系和治理能力现代化的基础性工程。党的十八大以来，得益于党中央的持续高度重视，基层治理取得跨越式发展。党组织统一领导、政府依法履责、各类组织积极协同、群众广泛参与，自治、法治、德治相结合的中国特色基层治理体系，已经初步成型。

一　党的十八大以来持续推动基层治理现代化的主要实践经验

在推动基层治理和治理能力现代化的过程中，如何持续提升基层治理的社会化、法治化、智能化、专业化水平，始终是实践创新的主要着力点。从上述四个方面进行具体梳理，可以发现党的十八大以来的基层治理事业取得了一系列的重要成就，积累了大量的有效经验。

第一，在党直接有力的领导下，基层治理的社会化水平得以全面提升，正在加速迈向共建共治共享的新格局。尤其是党的十九大以来对党在基层治理中全面主导地位的高度强调和一系列旨在强化基层党建的有力措施被相继颁布实施，当前的基层治理已经初步形成了党建引领下的“一核多元”新格局，不仅有力地夯实了党在基层社会的整合动员能力，全面提升了党组织和党员服务群众的能力，也有力地保障和推动了城乡居民、社会组织、企事业单位等相关利益主体参与基层治理的广度和深度。一个比较直观的反映，在近年来各地涌现的基层治理创新典型案例中，绝大多数都将“党建引领”作为实践创新的基本前提，而加强基层协商民主、促进城乡社区自治、推动多元参与，则是普遍强调的重点举措。

第二，有关基层治理的法律法规得以不断完善，法治化手段成为构建简约高效基层管理体制的重要保障。一方面，随着《城市居民委员会组织法》等基础性法律的适时修订，社区居委会建设、社区服务体系建设等相关政策文件先后下发，各地（尤其是超大特大城市）亦纷纷开始修订完善地方性的“街道办事处组织条例”，基层治理的法律和制度建设得以有力夯实。另一方面，各地通过问题清单、权责清单、绩效清单等法治化手段，在向基层赋权、推动社会治理重心向基层下移的同时，减轻了基层的负担，一定程度上遏制了自上而下的“甩锅”倾向，基层权责失衡的状态初步扭转，迈出了构建简约高效基层管理体制的重要一步。

第三，基层治理的智能化水平有了较大提升。近年来，基层事务日趋纷繁复杂，特别是突发性重大公共事件更是对基层治理的精准化、精细化提出了更高的要求。实践中，各地为了应对数字治理的机遇和挑战，纷纷通过技术赋能的形式，提升基层治理的精准化和精细化程度、优化公共服务供给。一方面，很多地方通过强化网格化管理的形式，并注重将网格化管理与数字治理相融合，有效提升了基层治理的精确性和覆盖度。另一方面，在政务服务领域，各地主要通过数字技术实现“一站式”流程再造，有效提升了政务服务的便捷度和亲民度。

第四，采取一系列政策吸引和留住人才，有效提升基层治理的专业化水平。一方面，通过严格执行街镇干部任期、调整最低服务年限、落实街镇干部专门工作补贴、推动编制资源向基层倾斜等一系列配套政策，初步扭转了街镇“留不住人”的痼疾，充实壮大了基层干部队伍。另一方面，各地在实践中通过构建社区工作者多元化职业上升通道、健全岗位薪酬制度并完善动态调整机制等多重举措，吸引大量高学历、专业化水平高的青年加入社区工作者队伍，使这一群体已经整体上完成了从早年半义务奉献型为主的“居委会大妈”向职业化社会工作者的转型。

二 基层治理理论研究与实践创新的良好互动

社会科学研究的基本使命之一，就是对社会实践进行理论化归纳和提升，进而指导和引领实践，基层治理研究亦不例外。近年来，基层治理理论研究与地方实践创新不仅实现了良好的双向互动，而且在自觉服务于国家战略的同时，共同推动了顶层设计的优化。

首先，各地围绕基层治理进行了大量卓有成效的实践创新，为理论研究提供了丰富的素材，而学界通过对地方实践的总结和提升，又反向推动了地方创新的不断深入。一方面，2017 年之前的相关研究更多的还是围绕居民自治制度、基层协商等“制度”性问题展开。2017 年至今，研究重心则开始转向基层“条块”矛盾、权责失衡等“机制”问题。这一变化，很大程度上源于“吹哨报到”等地方创新举措的出现和推广，属于实践“反哺”理论研究的典型案例。另一方面，学界在探讨“吹哨报到”机制的过程中，发现这一机制只是针对特定公共事务，以党建引领的方式将“条块”碎片串联起来，并没有触动现有的基层权力结构。沿着这一思路，学界开始从实质性统合基层“条块”关系、完善职责配置的层面，探讨推进基层治理现代化的路径，并反向影响了实践创新的持续深入。例如，从近期一些地方的实践创新案例来看，通过将区县执法权力下沉至街镇等形式为基层赋权增能，已成为基层治理创新的重要着力点。总体而言，学术研究对实践的指导路径主要表现为通过对体制、机制问题的剖析，以及新的治理理念和技术的引入，为推动基层治理体系和治理能力现代化提供指导和参考。

其次，学术研究和地方实践创新共同推动了顶层设计的优化。无论是社会科学研究还是地方的实践创新，无疑都应自觉服务于党中央的重大战略部署。自党的十八届三中全会提出国家治理体系和治理能力现代化战略目标以来，为了实现和巩固党在基层治理中的全面领导地位、推动基层治理重心下沉，党中央发布了很多重要的决策部署。与之相呼应，无论是相关学术研究还是地方实践，均主要围绕党建引领基层治理、推动治理重心下沉等问题展开。另外，学界在阐释中央决策精神、地方在贯彻中央部署推动实践创新的过程中，也在不断发掘出新的问题，一定程度上推动了顶层设计的优化。例如，学界近几年针对基层权责失衡问题的讨论，就突破了“机制”问题并上升到职责同构和压力型体制等深层次体制问题。而在地方的实践中，也有很多创新案例开始尝试通过推动执法力量下沉、厘清权力清单等方式，做实基层。一定程度上可以说，学界的研究工作和地方的实践对顶层设计的优化提供了借鉴。例如，作为新时代基层治理的纲领性文件，2021 年颁布的《中共中央　国务院关于加强基层治理体系和治理能力现代化建设的意见》就明确要求：除党中央明确要求实行派驻体制的机构外，县直部门设置在乡镇（街道）的机构原则上实行属地管理。为了增强街镇的执行能力，根据本地实际情况，依法赋予街镇行政执法权，整合现有执法力量和资源。

三 本书的研究思路与篇章结构

分化与整合是人类社会发展的双重逻辑[①]。通常认为，学术意义上的社会整合概念是由涂尔干作为与“社会解体”相对应的范畴提出的。涂尔干认为，应通过在社会分工和社会整合之间建立起内在的“非契约性”联系，最终实现“社会团结”，避免“社会解体”[②]。之后，帕森斯将社会整合纳入结构功能主义的理论构架之中，用以解释“社会变迁”[③]。此后，相关研究逐渐分化为两种路径：一是沿着帕森斯的结构功能主义框架，展开对社会整合的宏观分析；二是引入计量统计等经验方法，对具体问题进行微观研究。除了涂尔干和帕森斯，孔德、韦伯、帕累托、卢曼、吉登斯、贝尔、哈贝马斯等西方学者，也被认为曾对社会整合研究做出过重要的贡献。

在国内，学界亦从多个视角对社会整合的内涵进行了界定。例如，《中国大百科全书》将社会整合界定为“社会不同要素、部分结合为一个统一、协调的整体的过程及结果”[④]。郑杭生强调社会整合是对社会主体关系的协调，实质上是人类社会一体化的进程[⑤]。赵光侠认为社会整合的核心在于利益关系，经济、政治、文化、社会等多种因素依托于一定的机制，将社会结构的不同部分整合成为一个有机整体[⑥]。具体的研究领域

---

① 吴晓林：《社会整合理论的起源与发展：国外研究的考察》，《国外理论动态》2013 年第 2 期。

② ［法］达尼洛·马尔图切利：《现代性社会学——二十世纪的历程》，姜志辉译，译林出版社 2007 年版，第 18 页。

③ ［美］安东尼·奥罗姆：《政治社会学导论》第 4 版，张华青、何俊志、孙嘉明等译，上海人民出版社 2006 年版，第 114 页。

④ 《中国大百科全书》（第三版网络版），https：//www. zgbk. com/ecph/words？SiteID = 1&ID = 405248&Type = bkzyb&SubID = 96437。

⑤ 郑杭生：《社会学概论新修》，中国人民大学出版社 2003 年版，第 42 页。

⑥ 赵光侠：《阶层分化过程中执政党社会整合的科学定位》，《求实》2006 年第 9 期。

方面，国内对社会整合的研究主要体现在社会结构研究中，学界普遍认为改革开放以来市场经济的快速发展诱发了社会结构变迁与分化，使推动社会整合成为一种必然[①]。具体来看，陆学艺、郑杭生、孙立平、李培林、李强、朱光磊等社会学和政治学学者都曾对社会分层与整合问题进行过系统的研究。然而，从社会整合的视角研究城市基层治理问题的文献依旧比较稀缺，仅有的几篇论文也只是“点”到了这一问题[②]。当然，也不能否认，学界有关城市基层社会分化的研究实际上也涉及了社会整合问题[③]。

现代社会的整合主要在于政府、社会、市场三者关系的合理定位及其相应的制度性安排[④]。联系前文，尽管学界从不同的视角解读社会整合，但普遍认为社会整合离不开国家与社会多元主体的良性互动，其内容通常包含利益整合、结构整合和价值整合等方面[⑤]。当前，党建引领已成为推动基层治理现代化的根本前提和保障，沿着这一思路，城市社会整合应理解为在党建引领下，充分利用基层社会现有的要素、关系网络、文化传统、价值观念、制度规范等，发挥党员的先锋模范作用，协调各类参与主体的利益冲突，使社会中的各个不同部分在保持自身异质性的同时，共同构成一个有机、完整的利益共同体，推动城市基层治理现代化。也就是说，本书将社会整合理解为一个涵盖了狭义社会整合与政治整合的广义范畴。相应地，推动超大特大城市社会整合的过程既需要“依靠社会或个体自身，实现社会系统均衡或完成个体对社会的适应，达

---

① 吴晓林：《社会整合理论的起源与发展：国外研究的考察》，《国外理论动态》2013年第2期。

② 杨贵华：《社区建设与我国城市基层社会整合机制的创新》，《科学社会主义》2006年第2期；卢学晖：《中国城市社区自治：政府主导的基层社会整合模式——基于国家自主性理论的视角》，《社会主义研究》2015年第3期。

③ 王星：《利益分化与居民参与——转型期中国城市基层社会管理的困境及其理论转向》，《社会学研究》2012年第2期；葛天任：《碎化与整合：中国社区发展与基层治理》，社会科学文献出版社2019年版。

④ 陶建钟：《国家与社会二元逻辑下的社会整合研究》，《浙江社会科学》2014年第4期。

⑤ 王立峰、潘博：《社会整合：新时代推进党建引领城市基层治理的有效路径》，《求实》2020年第2期。

致身心和谐”[1]，也需要“占优势地位的政治主体，将不同的社会和政治力量，有机纳入一个统一的中心框架中，实现政治社会一体化，维持社会稳定和国家认同”[2]。

基层社会治理体系一定程度上可以被视为调节各种利益关系的整体性框架结构，其有效发挥作用的关键之一就是根据基层社会内嵌的差异化利益关系网络，找寻合适的社会整合点与整合手段，否则就难以形成持续的激励机制。本书研究的主要目标，是以超大特大城市基层社会内嵌的差异化利益关系网络及相应的社会整合机制为主要线索，系统归纳基层社会整合机制与治理体系的互动关系。进而，沿着“自下而上”的思路，从社区到街镇，归纳优化基层管理体制的策略和路径，为“构建简约高效的基层管理体制”提供理论支撑和政策建议。

现实层面，我国超大特大城市基层社会内嵌的差异化利益关系网络构成了基层社会内部诸要素关系的基础：20 世纪 80 年代，特别是 1998 年“房改”以来，随着超大特大城市居住结构的重构，城市社区结构的异质性程度明显增强。同时，基层社会内嵌的利益关系网络和社会整合机制也发生了深刻的变化：计划经济年代，政府主要借助单位体制下单位与员工之间的半人身依附关系，实现对基层社会的有效管控[3]；随着改革开放以来单位制的解体和城市社区异质性的增强，政府已经无法借助“单位”这个隐形之臂所附带的利益控制机制，对城市基层实施有效管理。于是，内部利益关系差异明显的各类异质性社区亦开始在不同类型社会整合机制的牵引下，走向多元化的治理模式，并深刻影响着基层社会治理体系的形成和完善。

值得注意的是，虽然现阶段城市居民在社区层面的主要利益关注点可以归纳为社区生活环境和服务质量，但具体的实现方式却存在明显的

---

① 吴晓林：《现代化进程中的阶层分化与政治整合》，天津人民出版社 2012 年版，第 32 页。

② 吴晓林：《现代化进程中的阶层分化与政治整合》，天津人民出版社 2012 年版，第 33 页。

③ 刘建军：《单位中国：社会调控体系重构中的个人、组织与国家》，天津人民出版社 2000 年版，第 4—18 页。

不同，并对社会整合机制产生了深刻的影响。在商品房社区，通常对社区生活环境和服务质量影响最大的是物业服务，基层党政力量对居民的切身利益影响有限，普遍缺乏有效的利益牵引手段，从而使得社会整合的过程呈现出更多的博弈特征，可称为聚合型社会整合。在城市老旧社区（包括“准单位制”社区）、“村改居”社区和公租房社区等其他类型的社区，虽然在居民构成、内嵌的利益关系网络等方面亦存在一定的差异，但是从社会整合的角度来看，却存在一些突出的共性：社区社会整合的基本特点是以社区服务、物业费补偿、集体分红、房租补贴等利益牵引手段为主要“抓手”，以社区“两委”为主要载体，并在此基础上维持着党政主导的社会整合模式，可称为管控型社会整合。鉴于此，本书选取了天津、杭州、武汉、郑州、济南等多个超大特大城市，进而根据治理模式的差别，在上述超大特大城市分别选取若干异质性社区，作为具体的观察案例。

综上，我国超大特大城市社区结构异质性的背后是住宅产权结构的深刻变革以及由此引发的利益关系网变化。这里存在的问题是，异质性社区内嵌的利益关系网络及其社会整合机制与基层社会治理体系之间是否存在交互影响？目前的基层社会治理体系，特别是基层管理体制是否能够适应这种变化？回答上述问题，主要工作大致可分为两个步骤。相应地，本书可以分为上、下两个篇章。

上篇，推动超大特大城市基层治理现代化的根本保障与社会基础。本篇将结合典型案例，分别从党建引领城市基层社会整合的内在逻辑与实践机制、社区异质性视角下超大特大城市基层社会整合的社会基础、超大特大城市异质性社区社会整合机制的生成、原单位制老旧社区的发展转型与社会整合、作为优化基层治理与推动社会整合关键环节的社区协商五个方面，尝试厘清超大特大城市基层治理各主体之间的互动关系，具体探讨优化基层社会整合机制、推动基层治理体系现代化的根本保障和社会基础。

下篇，推动超大特大城市基层社会整合与治理现代化的管理体制优化路径。本部分将立足于推动基层管理体制优化，分别从权力下沉时代超大特大城市街道办事处体制改革的权责逻辑、行政区划调整优化超大特大城市基层治理的实践路径、社会安全治理现代化视域下的基层矛盾化解机制优化路径、面向共同富裕的超大特大城市居住空间治理四个主要方面，具体探讨优化超大特大城市基层社会整合机制、推动基层治理现代化的实践路径。

上　篇

推动超大特大城市基层治理现代化的根本保障与社会基础

第一章

党建引领城市基层社会整合的内在逻辑与实践机制

基础不牢，地动山摇。作为中国城市基层治理的最小单元和人民群众的居住场所，社区是服务群众需求的“最后一公里”。然而从实践来看，社区开展服务的整体效果并没有达到预期。尤其是在利益分化和阶层变动的背景下，社区往往成为各类矛盾的集聚地。一个重要的原因在于，社区党组织非但没能在社区治理中发挥领导核心作用，反而存在着缺位现象。长期以来，社区党委对辖区内的在职党员缺乏约束力，也缺乏必要的资源调动能力。这就导致社区党建工作被党员干部轻视，基层党组织治理资源短缺，在社区治理中的整合与动员能力下降。社区居民感受不到党员和党组织的作用，自然缺乏对社区党组织的认同感。鉴于此，本章的主要工作，就是在归纳新时代城市基层社区党建内在逻辑的基础上，具体提炼和分析党员报到助力基层社会整合、优化基层治理的实践路径。

第一节　社会整合与条块整合：社区党建的双重逻辑

改革开放以来，面对社会结构重组、利益主体分化和意识形态冲击，城市基层社会逐渐由依赖走向自主，由单一走向多元，深刻改变了党与社会的基本关系[①]。与此同时，伴随着党政分开导向的政治体制改革，各

---

① 林尚立：《领导与执政：党、国家与社会关系转型的政治学分析》，《毛泽东邓小平理论研究》2001 年第 6 期。

级党组织对党建工作的重视程度有所下降[①]，导致党在城市基层的社会动员与整合能力也随之有所降低。党的十八大以来，特别是随着党的十九大宣布“党领导一切”，上述改革导向彻底扭转，贯穿于社会各领域的党建工作开始被空前重视，成为新时代各级党组织的核心工作之一。

20世纪80年代以来，随着市场化改革和单位制的逐步解体，社区取代单位，成为城市基层治理的基础单元。虽然中央对社区党建工作高度重视，但在传统的“组织内党建”模式下，相比事业单位、国企等其他党建工作的重点领域，社区党组织对辖区内的党员缺乏约束力，也缺乏必要的资源调动能力。这就导致社区党建工作长期被轻视，党组织难以引领社区治理，也很难通过密切联系群众和服务群众等途径，增强党组织的社会动员能力与整合能力。

2019年，中共中央办公厅印发的《关于加强和改进城市基层党的建设工作的意见》明确提出充分发挥街道社区党组织领导作用，构建区域统筹、条块协同、上下联动、共建共享的城市基层党建工作新格局。可见，党政两条线在社区治理中出现了明显交集，基层党建成为破解社区治理难题的重要抓手。面对社区党建工作长期以来的困境，在中央的要求下，地方全面强化了社区党建工作，并出现了很多自主创新。归纳而言，地方创新主要体现为两个层面：一是强化社区党组织对党员的管理，突破以“条条”为主的传统“组织内党建”，要求党员向工作单位党组织和社区党组织“双报到”，突出社区党组织对党员的“属地管理”；二是提升服务，将社区党组织从社区服务的“后台”推向“前台”，强调党组织在社区服务中的主体地位[②]。与此同时，一些地方在实践中，开始借助“区域化党建”平台，推出了诸如“吹哨报到”等机制，缓解了“条块”矛盾等体制弊病[③]，提高了街道和社区回应、服务群众的能力，巩固了党

① 曹海军：《党建引领下的社区治理和服务创新》，《政治学研究》2018年第1期。

② 曹海军：《党建引领下的社区治理和服务创新》，《政治学研究》2018年第1期。

③ “吹哨报到”机制是指在街道和社区层面通过将辖域内的各个“条条”部门纳入街道或社区大党委，强化党建的属地管理原则。当社区居民向街道或社区提出超出其职权范围的诉求时，街道或社区就可以通过大党委的名义“吹哨”，让辖域内的“条条”部门前来“报到”，并协调解决居民的诉求。参见孙柏瑛、张继颖《解决问题驱动的基层政府治理改革逻辑——北京市“吹哨报到”机制观察》，《中国行政管理》2019年第4期。

执政的社会基础。

综上，以党的十八大为主要分水岭，社区党建在实施的力度、机制、目标取向等方面，都开始出现明显的变化。鉴于此，本节将以天津市两个党建工作模范社区为例，试图回答以下问题：如何归纳新时代城市社区党建的基本逻辑？其实施机制有哪些新变化？廓清上述问题，有助于把握新时代超大特大城市社会整合与基层治理的发展趋势，也有利于理解国家与社会关系的新变化。

一　城市社区党建的政治逻辑与行政逻辑

（一）后单位制时代的城市基层社会整合危机

从世界范围来看，经过社会主义革命的国家往往会形成党政合一的政权形态①，这也是中国早期社会动员和整合的制度前提。在高度集中的计划经济体制下，城市就业人员被安置到不同的公有制单位，单位随之成为政府管理人民日常生活的终端载体：党组织被嵌入各种类型的单位，使得单位高度依附于政治体制；单位则通过包揽成员的所有事务，形成了对员工的利益控制机制。简言之，单位在经济上满足成员的各类需求，在政治上贯彻国家政策，强化社会控制，体现出“国家控制单位、单位控制个人，个人依赖单位、单位依赖国家”的“控制—依赖”型社会整合逻辑②。

然而从20世纪80年代开始，在城市化和市场化的冲击下，党政机构逐步失去了通过指令性计划直接配置资源的能力：国企改革引发了城市的下岗潮，私营和外资经济的迅速发展，则使公有制部门就业人员的比重大幅度下降。随着城市居民纷纷由“单位人”转变为“社会人”，大量社会问题与公共事务开始涌向居委会。但当时这种主要由缺乏技能的退休老人和中年妇女构成的基层组织，显然难以有效应对复杂的社会问题③。居委会应对群众诉求乏力的局面，不仅降低了党政机构的公信力，

---

① Paul M. Sweezy, *Post-Revolutionary Society*, New York: Monthly Review Press, 1980, pp. 139 - 144.

② 吴晓林：《“后单位制”时代中国城市社区建设和社会整合的困境——一个框架性的分析》，载黄卫平等主编《当代中国政治研究报告》，社会科学文献出版社2013年版，第30页。

③ Shieh, L., Friedmann, J., “Restructuring Urban Governance: Community Construction in Contemporary China”, *City*, Vol. 12, 2008, pp. 183 - 195.

也对党的基层社会动员和整合能力造成了实质性的损害。

不同于集政治、经济和社会功能于一体的单位体制，社区是人们在一定的生活空间中形成的居住共同体，社区居民与党组织之间不存在资源依附关系。在计划经济年代，由于单位制的存在，社区在基层治理中发挥的作用极为有限①。一直到21世纪初，随着社区建设运动在全国范围内的推广，社区才开始背负起发展基层民主和推动社会整合的双重使命。一方面，社区建设的基本目标是回归居民自治，发展基层民主；另一方面，它也是党在城市基层进行社会动员和整合的主要载体——党的组织网络早已渗透进社区之中，社区党委与居委会之间形成了明确的领导与被领导关系②。然而在实践中，社区党委的制度性权力却十分有限：一方面，由于社区党员的“组织关系”主要在工作单位的党组织中，社区党委对党员的约束力十分有限，党员也普遍缺乏参与社区公共事务的动力和意愿③；另一方面，业主委员会、社区公益组织等新兴的组织力量日益活跃，也对原有的社会整合格局形成了巨大的冲击。在这种情况下，社区“两委”根本不具备单位制时代“控制—依赖”模式下“单位”所具有的资源调动和社会整合能力。社区“两委”在社区治理中的角色缺位和失位加剧了社区空心化，使城市社区逐渐成为各类矛盾的集聚地，基层社会面临着失序风险，损害了党的执政合法性基础。

（二）初衷：社区党建的政治逻辑

社区党建的根本目的在于借助党的权威强化社会整合与动员，进而提升党的执政合法性。从改革开放至党的十八大之前，社区党建显示出单一的强管控导向，基本途径是通过扩大基层党组织在社区的覆盖面，强化社区党组织在社区权力运行中的主导地位。实践层面，各地都将建立健全社区党组织、加强党员管理作为社区党建的重点工作④。然而，由于传统的“组织内党

---

① Wang, Z., Liu, J., Pavlićević, D., “Democratic Localism: The Case of Grassroots Self-governance in Urban China”, *Chinese Political Science Review*, Vol. 3, 2018, pp. 129 – 153.

② Derleth, J., Koldyk, D. R., “The Shequ Experiment: Grassroots Political Reform in Urban China”, *Journal of Contemporary China*, Vol. 13, 2004, pp. 747 – 777.

③ 高同星：《关于发挥城市社区“隐身”党员作用的思考》，《政治学研究》2012年第1期。

④ 张超：《城市社区党组织建设的历史演进及其行为取向》，《中共浙江省委党校学报》2016年第4期。

建”模式未得到实质性改变，社区党组织对党员的动员能力十分有限，使社区党建工作一直存在诸如队伍涣散、重心错位等问题。尤其是在社区结构呈现高度异质性的背景下，社区党组织依然将工作重心集中于政策宣传与信息收集，导致出现了社区党组织缺乏权威、党建资源与社区资源缺乏整合、党建工作与社区治理需求脱节等问题[①]。

现代国家的基层治理离不开强大的政党力量[②]，而强整合与强动员能力则是社区党组织发挥基层战斗堡垒作用的根本保障。因此，党的十八大以来，特别是党的十九大高调宣布“党领导一切”之后，社区党组织获得了全面主导社区治理的政治正当性，经历了一个全方位的增权赋能过程。

一方面，逐步突破“组织内党建”模式的制约，以管理赋能重塑组织权威，全面加强社区党组织对党员的“属地管理”。党员管理是基层党建的基础性工作，党中央以组织生活和教育培训为手段，以组织管理和模范作用为约束，逐步推进两学一做、三会一课等主题活动和党员“双报到”、党员责任区等志愿服务的常态化，激发了党组织的生机与活力。随着基层党建重要性的日益提升，各地开始强化基层党建基础保障，积极探索社区党建经费项目化、党群服务中心标准化和党务干部队伍素质化建设。与此同时，鼓励社区通过党政一肩挑和交叉任职等方式，实现党政权力的统合与集中。在此基础上，以组织增权强化整合能力，从内部建设转向全面领导[③]。即进一步强化管控导向，要求对社区进行更加全面的组织嵌入，保障社区党组织在社区多元治理主体中的领导核心地位。具体的做法通常是以社区党委为核心，以社区党建为纽带，凝聚物业公司、业主委员会等多元力量，形成覆盖整个社区的党建格局，增强社区治理的整体性和互动性。

另一方面，也需要看到的是，社区党组织的权威不仅仅来自上级党

---

① 杨妍、王江伟：《基层党建引领城市社区治理：现实困境、实践创新与可行路径》，《理论视野》2019 年第 4 期。

② 曹海军、曹志立：《新时代村级党建引领乡村治理的实践逻辑》，《探索》2020 年第 1 期。

③ 吴晓林：《治权统合、服务下沉与选择性参与：改革开放四十年城市社区治理的“复合结构”》，《中国行政管理》2019 年第 7 期。

组织的增权赋能，同样可以来自社区群众的拥戴。新版党章明确规定，基层党组织担负教育、管理、监督党员和宣传、凝聚、服务群众的职责。换言之，社区党组织既是社区治理的领导核心，也是社区服务的“龙头”。因此，社区作为党和政府联系群众、服务群众的“最后一公里”，想要夯实社区党组织的凝聚力和向心力，就需要开发社区党建的多重功能，着眼于居民的切身利益，整合多方资源，服务群众需求。究其原因，主要是因为在缺少类似“单位”这种社会管控载体的情况下，强化服务就成为基层党组织动员与整合群众的主要抓手①。

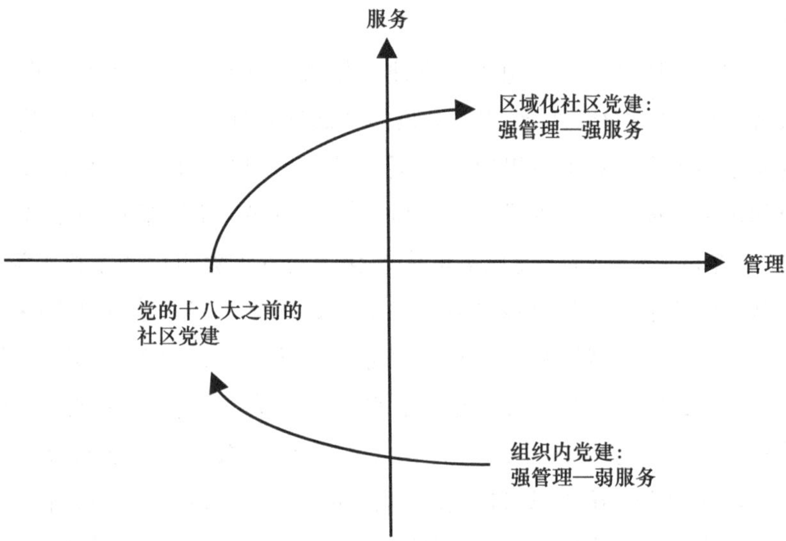

图1-1 城市基层党建的演进历程

综上，纵览党的十八大以来社区党建的新变化，实际上就是社区党组织持续增权赋能并全面主导社区治理的过程。我们将上述新变化概括为新时代社区党建的政治逻辑。简而言之，政治逻辑侧重于党政系统的内部管控和对普通群众的社会整合，党扮演着秩序建构和服务群众的双重角色。

① Lance Gore, *The Chinese Communist Party and China's Capitalist Revolution: The Political Impact of Market*, London: Routledge, 2011, pp. 112-117.

（三）衍生：社区党建的行政逻辑

在各地积极推进社区党建创新的过程中，也开始逐步认识到社区党建同样有助于缓解“条块”矛盾等制约社区治理的体制性弊病。长期以来，“条条统治”始终是支配中国城市行政机器运转的主导思维，社区党委与社区内的其他单位党组织难以形成互补和支持①。尤其是随着属地管理原则的强化，社区日益陷入功能行政化、地位悬浮化和能力薄弱化的困境。鉴于此，以破解城市基层“条块矛盾”为主要目的、社区“区域化党建”为主要载体的“条块”整合式社区党建开始在实践中出现，可称之为社区党建的行政逻辑。概括而言，社区党建的行政逻辑是指社区党组织借助党的统一领导对“条块”关系强大的整合功能，推动社区范围内党政部门和企事业单位的协同合作，提升社区“两委”对居民诉求的回应和解决能力。

作为地方社区党建实践中探索出的“副产品”，以党建推动“条块”整合的改革思路最早出现在北京，主要目的是缓解区级党政职能部门与街道之间的“条块”矛盾，提升街道的工作效能。基本的做法是将街道辖区内的党政机关、企事业单位的党组织进行整合，构筑区域化党建网络，赋予街道针对各类“条条”部门的召集权、指挥权和考核权，突破部门封锁和条块分割，提高基层政府的服务能力②。总体来看，“吹哨报到”机制通过党建引领和向下赋权，缓解了“条块矛盾”等体制弊病，提升了基层政府回应群众诉求的能力。沿着这一思路，针对“如何处理社区党委和驻社区单位关系”的难题，一些地方开始探索“社区吹哨、部门报到”机制，成为社区党建的最新探索。具体做法是以社区公共事务治理为导向，借助党的权威地位，社区党委通过“区域化党建网络”联合辖区内其他党政部门、国企和事业单位、私营企业等组织主体，整合多方资源，以更好地回应和解决居民的诉求。

（四）小结

综上，在社区党建的过程中，中国共产党始终居于多元治理主体之

---

① 彭勃：《国家权力与城市空间：当代中国城市基层社会治理变革》，《社会科学》2006 年第 9 期。

② 孙柏瑛、张继颖：《解决问题驱动的基层政府治理改革逻辑——北京市“吹哨报到”机制观察》，《中国行政管理》2019 年第 4 期。

上，发挥着统筹全局的领导核心作用，促成了横向和纵向多方力量的协同合作。从本质上看，新时代城市社区党建是党在社会整合与行政体制层面进行的嵌入式整合，既要持续强化党组织对社区党员的管控和对普通群众的动员与整合，又要从管理体制和公共服务的视角入手，切实提高基层组织服务群众的能力。需要指出的是，政治逻辑始终是社区党建一以贯之的主导逻辑，主要对象是基层党员与党组织，基本目标是提升党的社会动员与整合能力。行政逻辑只是辅助措施。双重逻辑的最终落脚点都在于有效处理群众诉求和社会矛盾，维护社会稳定和谐，强化党的执政合法性。

在上述认识的基础上，下文将主要通过对天津市两个党建模范社区党建工作实践的深度观察，为本节所归纳的社区党建双重逻辑提供经验支撑。两个案例社区的一手资料均来自笔者 2019 年 6 月至 8 月所做的半结构性访谈。具体访谈对象包括两个案例社区的党委书记、部分“两委”工作人员和社区党员，以及所属街道的部分工作人员等共计 12 人。除此之外，笔者还向社区“两委”、所在市辖区和街道的相关职能部门申请了相关的各种政策文件、新闻报道、总结材料等二手资料。

二 主导社会整合：G 社区党建的内在逻辑

作为本节的案例社区之一，G 社区位于天津市中心城区，辖域内共有 7 个住宅小区。社区共有常住居民 6936 人，其中中共党员 767 名。G 社区作为近年来天津市涌现出的党建模范社区，曾经受到中组部的表彰。之所以选择 G 社区作为案例社区之一，主要考虑到该社区突出体现了社区党建蕴含的政治逻辑，尤其是社区党委对于社区在职党员的有效管理，以及对社区居民、物业公司、业委会、社区社会组织等其他社区治理主体的引领与整合作用。因此，可将其归纳为社会整合型社区党建。

然而，在 2017 年之前，G 社区是一个典型的问题社区。从社会整合的视角来看，优化社区治理的关键之一就在于合理界定社区“两委”、业主、物业公司等直接利益相关者的角色定位，寻找各方的“利益交汇点"[①]。在商品房小区，通常对社区生活环境和服务质量影响最大的是物业服务，因此物业服务质量就成为社区主要的利益聚焦点。在G社区，由于辖域内7个住宅小区均为2000年前后建成的商品房小区，普遍面临基础设施老化、车位紧张等问题。面对居住环境的恶化，居民往往首先会将问题归结为物业公司的不作为，G社区的居民也不例外。尤其是在社区辖域内最大的G小区，居民对物业服务的不满意由最初的指责演化为普遍的拒绝缴纳物业费。在大量居民拒绝缴纳物业费的情况下，物业服务质量随之进一步下降，最终陷入恶性循环。2016年初，G小区甚至一度出现了电梯长期停运、生活垃圾无人清理、公共照明停摆等极端现象。其间，G社区"两委"也曾试图进行协调，但由于物业公司主要归区级房管部门管理，最终协调无果。在此情况下，部分居民开始诉诸群体性信访，并引起《今晚报》等天津本地主流媒体的关注和报道，负面新闻不断出现。面对社区治理的困局，G社区2016年之前连续两任社区党委书记先后辞职，党政力量逐渐被边缘化，社区治理遭遇了极大难题。G社区党建引领下的社区治理创新正是在上述艰难局面下起步的，可以说带有一定的"倒逼"色彩。

（一）组织整合：社区党建的基础

不同于单位制对社会成员的直接控制，社区党建的关键在于借助党组织和党员的影响力，推动社会整合和问题的解决。2016年下半年，G社区新任党委书记在上任之初，首先着力解决了G小区居民与物业公司的矛盾纠纷。在劝退原物业公司的同时，考虑到新物业公司在短时间内难以进入，开始由社区暂时托管物业服务。在托管期间，社区党委带领党员清理垃圾，并鼓励居民从社区内部选聘清洁与保安人员。面对几十万元的公共照明欠缴电费，社区采取了搁置的方式，优先保障居民正常用电。上述举措提升了社区党委的群众威望，初步培养了居民信任。在此基础上，G社区书记为了确立社区党委在社区治理中的领导地位，开始重构社区权力运行体系：首先，借助社区党委与居委会的换届选举，实现了社区书记与居委会主任的一肩挑，强化了社区党委的领导地位。

---

① 赵聚军、张雪莉：《城市基层治理中的居民参与与基层管理体制优化——基于四个异质性小区的调查》，《中国行政管理》2019年第3期。

其次，通过将原来的社区服务工作站更名为社区党群服务中心，将社区党委推向了社区服务的前台，将党强化服务的努力与党的权威地位联系起来。最后，通过要求党员在业主委员会委员中的占比过半、优先聘请设有党组织的物业公司等方式，以及物业公司、业委会和其他社会组织定期向社区党委述职等形式，大大强化了社区党委对其他社区治理主体的监管。目前，G 社区下辖 7 个小区业主委员会委员共计 49 人，其中党员 33 人，党员占比 67%。G 社区的上述做法得到了上级的肯定：目前天津全市已经通过党政文件的形式要求改选或新成立的业委会中必须有半数成员为党员。

党员是激活党组织的关键细胞。在 G 社区，社区党委和居委会成员相加仅 7 人，党员数量更少。这就需要动员组织关系大部分并未在社区的在职党员与离退休党员发挥模范带头作用，进而逐步打破传统以“条”为主的“组织内党建”模式对社区党建工作的制约。具体来看，G 社区采取了规范管理与双向激励的手段强化社区党员的管理。虽然早在几年前，各地便开始尝试推行在职党员向所在单位和社区“双报到”机制，但执行力度松散，参与活动和学习全靠自觉，社区并没有关于参加志愿服务时长以及其他方面的要求，党员隶属单位的管理也不严格。针对上述问题，G 社区设立了党员管理手册，并根据在职党员的行业特点提出针对性的社区志愿服务要求，积极将外部资源引入社区。在此基础上，根据党员管理手册规定的各项考核指标，汇总积分，实时公开考核结果。更为关键的是，伴随着天津市委对“双报到”机制的重视程度不断提升，G 社区逐渐获得了对社区内在职党员的考核权：一方面，社区对在职党员的考核结果可以向其工作单位及时反馈，并成为所在单位党组织考核的重要依据；另一方面，G 社区党委甚至在一些考核指标上取得了“一票否决”权。这种负向激励大大强化了社区党委对党员的管控力度。

从比较的视角来看，新加坡人民行动党的基层社会整合策略与中国城市党建引领下的基层社会整合存在着较大的相似。自 1959 年选举获胜至今，新加坡人民行动党始终保持着一党独大的政党格局。这与其基层组织建设有着密不可分的联系。一方面，考虑到基层选区的党支部是人民行动党联系群众、获取选票的基础，人民行动党通过完善党员管理持续强化基层党组织的服务功能，以服务换选票：由国会议员担任支部书记，每周需要接待和走访居民，带领志愿者和社区工作人员处理选区的日常事务，提供社区服务[①]。另一方面，基层组织作为维系社会和谐稳定与政府有效治理的重要主体，多由半官方的人民协会进行管理。人民协会由人民行动党成立，却又与其保持距离，属于半独立半官方的法定机构，充当了国家与基层组织间的桥梁。而一些没有纳入人民协会管理的组织，则面临着成立条件、注册程序和审核过程中的高门槛[②]。这实质上是将基层组织国家化的模式，但并不具备政党属性，只是在功能上政治色彩浓厚，属于“亚政党基层组织”[③]，与当前中国出现的一些“党办非政府组织”[④] 的现象有着很大区别。但需要指出的是，新加坡的“互赖式治理”模式是基于选票和政治资源的双向利益输送，基层组织可能会异化为政党争夺选票的工具，从而弱化其作为社区治理平台的角色定位。而在我国，社区党委主导下的社区治理能够有效规避西方国家基于选票和政治资源的双向利益输送模式带来的负面作用，避免基层组织异化为争夺选票的工具，更好地发挥利益表达的功能。从社会整合的角度来看，这是对以选票为基础的、具有松散性和功利性整合路径的超越。

（二）制度化运作：要素整合下的社会共治

治理的本质在于不单纯依赖政府的权力资源，而是市场、社会组织等多元主体的共同参与，最大限度地增进公共利益[⑤]。社区整合同样离不开合作网络体系的构建。克服集体行动下“一盘散沙”、互不信任的难题，关键在于社区党委对社会力量的有效整合，搭建各类组织平台，推进各方力量的有效衔接与对接。

---

① Khai Leong Ho, *Shared Responsibilities*, *Unshared Power*: *The Politics of Policy-making in Singapore*, Singapore: Eastern Universities Press, 2003, pp. 202 – 203.

② 王新松：《国家法团主义：新加坡基层组织与社区治理的理论启示》，《清华大学学报》（哲学社会科学版）2015 年第 2 期。

③ 孙景峰、李社亮：《新加坡社会基层组织的地位与性质探析》，《社会科学研究》2010 年第 6 期。

④ Thornton, P. M., “The Advance of the Party: Transformation or Takeover of Urban Grassroots Society?”, *The China Quarterly*, Vol. 213, 2013, pp. 1 – 18.

⑤ Stoker, G., “Governance as Theory: Five Propositions”, *International Social Science Journal*, Vol. 50, 1998, pp. 17 – 28.

社会动员既可以利用基于人情的地方性互动网络等非正式因素，也可以充分借用原有的行政组织网络，将辖区内的主体纳入社区治理中①。社区党建为此提供了强大的组织动员力量。G社区在以下几个方面做出了努力，打造了一套资源共享、优势互补的运行体系。一是整合社区内的党政和企事业单位资源。社区与辖区内16家企事业单位建立了联系会商制度，签署了共建协议书，实现了资源的有效对接，并通过活动共建、场地共享、交叉任职等方式增强互动。二是整合社区内的市场资源，积极推行红色物业制度，优先聘请设有党组织的物业公司，并将“坚持党的领导”写入物业章程。三是整合社区内的社会资源。在这一过程中，社区党委采取了策略化的动员方式，通过与居民的密切联系，构建了一套基于情感、互惠和信任的地方性互动网络②。一方面，社区自发成立了各类社团，开展志愿服务等多种形式的活动，动员了社区居民的参与。另一方面，在推动协同治理的过程中，社区搭建了专门的协商平台，实行重大事项“两委”会议讨论制，将多元诉求整合为利益共识。

事实上，这种整合路径已经具有了新加坡国家法团主义框架的特征。在新加坡，早期的社会组织多由人民行动党直接创建或培育，一些自发性的民间组织则在政策、资金等方面得到支持，带有明显的政党倾向③，为人民行动党政府的基层治理提供支持，发挥着上传下达的“中间人”作用④。换言之，人民行动党通过嵌入的方式，通过与基层组织间的协调合作，更好地发挥了管理和选举的功能。更重要的是，社会组织越发重视联系群众、服务群众的工作，积极承担基层社会治理功能，为社区居民提供了从居住、就业到教育、养老等全方位的保障⑤。由于新加坡的主

---

① 刘威：《街区邻里政治的动员路径与二重维度——以社区居委会为中心的分析》，《浙江社会科学》2010年第4期。

② 刘威：《从“去单位化”到“去社区化”——城市基层社会再整合的“结”与“解”》，《学术论坛》2011年第6期。

③ Diane K. Mauzy, Robert S. Milne, *Singapore Politics under the People's Action Party*, London: Routledge, 2002, p. 95.

④ Lee Kuan Yew, *Nation Building and the People's Association. The First Twenty Years*, Singaoore: The People's Association, 1980, p. 15.

⑤ Jimmy Yap, *We Are One, the People's Association Journey, 1960 - 2010*, Singapore: People's Association: Straits Times Press, 2010, p. 91.

要领导由人民行动党党员担任，社会组织为人民服务，就是人民行动党为人民服务，从而营造了一种“没有党的领导，只有党的服务”[①] 的基层治理格局。

可以看出，中新两国的基层社会治理均显现出政治吸纳的特点：由国家力量对社会组织实行分类管控与选择性培育，使绝大多数城市社会组织都存在明显的“国家属性”，但也在一定程度上实现并扩大了政治参与。然而自第三波民主化浪潮以来，新加坡对基层组织的管控呈放松趋势，与中国的实践呈现出明显差别。表面上看，这是两国不同政治发展路径的选择，即新加坡坚持在政治理性和政治稳定的基础上从强国家向体制内的多元民主发展，中国却更加注重政治稳定[②]。但根本上还是由具体国情和政党制度决定的。中国特大疆域、多层级政府和两化叠加的发展现状使国家治理兼具复杂性与多样性，也决定了党必须发挥起总揽全局、协调各方的领导核心作用。党是领导一切的，但这不应当等同于无所不包的控制与事无巨细的管理。如何保持自上而下的管控与自下而上的表达之间的适度平衡，考验着中国共产党的政治智慧。

综上，从 G 社区党建的经验来看，以社区党建为契机，党对社区党组织进行制度化赋权，由社区党委整合多方资源，统合各类组织，从而真正确立以社区党组织为领导核心的一元化权力结构。在这一过程中，党逐渐意识到仅靠国家力量的介入难以实现目标，社区党组织的领导方式需要从行政化转向协商化，充当社区公共服务的供需对接者，从而增强党组织领导的合法性。然而我们也发现，对各类社会组织的动员，主要依托的是一种弱联系。直到上级政府赋予相应的考核权后，社区党委才真正对“条条”部门产生了制约作用。或者说，社会整合逻辑的实现离不开体制、机制改革的配合。

三 引领“条块”整合：社区党建在 M 社区的新发展

2018 年，中央深改委对北京市“吹哨报到”机制给予了肯定，并决

① Khai Leong Ho, *Shared Responsibilities*, *Unshared Power*: *The Politics of Policy-making in Singapore*, Singapore: Eastern Universities Press, 2003, p. 345.

② 李路曲：《新加坡与中国政治发展路径的比较分析》，《政治学研究》2015 年第 3 期。

定在全国推广。2019 年，天津市参照“吹哨报到”机制，开始积极推进党建引领下的基层治理机制创新。作为一个商品房社区，M 社区同样位于天津市中心城区，社区共有常住居民 2069 人，其中党员 192 名。M 社区之所以能够成为社区党建工作的模范社区，主要是因为在通过社区党建推动条块整合方面有所成效，尤其是在同社区范围内的职能部门、事业单位和“两新”组织的协作与整合方面颇有建树，体现出社区党建背后的行政逻辑。相较于 G 社区，虽然社区辖域内的 M 小区也属于建成年代较早的商品房小区（建成于 2000 年），但由于社区“两委”积极作为，且物业收费标准远低于市场价格，因此居民与物业公司的关系总体比较正常，社区“两委”也比较受居民信赖。显然，不同于 G 社区的被动而为，M 社区之所以能够成为天津市社区党建工作的最新模范社区，更多源于社区党委，特别是社区书记积极主动的工作作风和敏锐的“政治嗅觉”，带有较强的主动作为色彩。

（一）整合横向资源，打造社区党建联盟

在现有的制度设计中，社区居委会被定义为居民自治组织，而非一级政权，这就决定了它在基层并不具备法定的权威地位，所能借用的行政权力更是稀缺。因此，社区需要充分利用本土性社会资源，为居民提供更好的公共服务。例如，为了解决老党员的学习和生活困难，M 社区与某高校团委主动对接，形成了“一个高校团支部长期对接服务一名老党员”的工作模式，每月至少开展一次送学上门，每两周至少开展一次志愿服务。既体现出党对老党员的关怀，也减轻了社区工作者的压力。值得注意的是，这种结对更多是基于一种非正式联系的地方性互动网络，或者说是基于非正式政治的“条块”协调机制：由于 M 社区书记曾在共青团天津市委工作，与一些高校团委书记建立了良好的私人与工作关系。假如缺乏这种密切的非正式联系，中国的“条块”关系往往会衍生出互不配合、推卸责任和出工不出力等难题，协作治理是难以迅速实现的。

社区动员既可以基于人情等非正式联系，还可以借用既有的组织网络，调动体制外单位和社会力量共建共治。社区党建为此提供了制度化资源支持。M 社区积极打造区域化党建品牌，与医院、学校和律师事务所等辖区内单位的党团组织签订共建协议，推动建立志愿服务、法律援

助、健康服务、民生服务、社团自治等五大联盟，形成法律咨询、健康直通车等20余个惠民项目。可以看出，这些联盟聚焦于志愿服务事项，为社区搭建了专业化的服务平台，便利了社区居民的日常生活。然而，对于一些更加复杂的问题，尤其是需要上级党政职能部门牵头解决的问题，党建联盟便显得有心无力。鉴于此，为了完善更高层次的“条块”协作机制，M社区从2019年初，在天津率先开始在社区层面推动“吹哨报到”机制，推动纵向层面的资源整合。

（二）纵向资源整合，优化基层治理机制

在属地管理原则日益强化的今天，城市社区治理大致是基于“谁发现问题谁解决”的逻辑。然后，社区处于问题的第一线，承担了无限的责任，但缺乏相应的事权，职权不对等现象非常突出。在制度层面，对于社区无法解决的难题，可以通过正常渠道，向上级政府汇报，请相关职能部门进行协调。但在政府运行过程中，“条条”部门却往往推卸责任，“条块”部门间难以形成良性互动。另外，过多的上报与请示也容易被上级政府打上“治理能力不足”的标签，使社区不愿意上报，或是选择性上报，矛盾开始在基层累积。这也意味着，社区党建必须跳出社区层面，朝“条块”整合的方向前进。在这一过程中，社区党委要发挥好轴心作用，对政府系统进行组织渗透和统筹协调，整合“条条”部门的治理资源，将解决社区民生问题作为核心。

党建工作的实际成效需要在社区具体事务的解决中验证。为了及时发现问题、解决问题，M社区党委将社区的十六栋居民楼划分为八个网格，每个网格由一名党支部书记或委员担任网格长，一名社工担任网格员，社区精英担任楼栋长，明确不同主体的工作责任。社工进行定期走访，将居民的需求第一时间反馈到社区。社区内部无法解决的难题上报街道，由街道层面进行协调。由于街道办事处逐步取得了对区级职能部门的考核权，可以有效调度各执法部门，间接促成了执法力量的下沉。这一机制包括两个方面，一种是针对社区内部的突发性紧急事件，例如下水道堵塞等民生问题，社区建立了专门的联席会议机制，确保执法人员尽快赶到现场。另一种则是针对日常的管理与服务，目前已形成了综合执法力量到社区“报到”、驻区党组织和在职党员“双报到”等多种形式，引导干部深入群众、体察民情。例如，围绕高龄老人群体的实际需

求，安监部门主动研讨解决方案，使用专项经费为高龄老人免费安装烟感器，保障了老人的安全。针对社区环境脏乱、基础设施老化的难题，住建、园林等多个部门开展了联合整修行动。伴随着天津市社区党建改革的深化，该社区党委将以“社区吹哨、科室报到”为抓手，进一步简化吹哨流程，使社区真正成为收集诉求和服务群众的基本单元，构建党建引领的高效基层治理新格局。

整体来看，“吹哨报到”机制的出发点在于解决社区治理中的“条块”分割与权责失衡问题，以便更好地处理基层剩余事务。在早期，条块整合更多依靠领导的权威，而社区党建为此提供了更具持续性的激励，由社区党委负责组织建设与社会动员，便利了对“条条”部门的纵向整合。在这一过程中，一些复杂的管理职能复归社区的上级职能部门，更好地激活了社区“两委”服务居民的功能。基层党组织不再悬浮于社区，而是植根于深厚的群众基础。

总之，行政逻辑作为城市社区党建实践过程中的衍生品，之所以能够在一定程度上缓解“条块”矛盾等体制性弊病，根本原因在于党领导一切的权威地位，这既是中国的社区党建与新加坡模式的重要区别所在，也是我国制度优势在基层治理中的显现。中国共产党不仅可以嵌入社会组织，同样可以实现对机关事业单位和经济组织的有效管控，党建的覆盖范围更加广泛，组织动员的效率更高。而在新加坡，人民行动党直接领导的是基层党支部，但在政府各部门内部，却只有人民行动党的党员，没有党的组织①。当然，需要警惕对“吹哨报到”机制的过度依赖，这种自上而下的治理模式容易忽视居民自治的内生动力。

四 基层党建创新的理论意涵与发展趋势展望

新时代中国城市社区党建最本质的特征在于坚持中国共产党的领导，以党的建设统领社会整合，而不是西方式的平等协商。在这一过程中，党的目的和策略是多重的，并在中央和地方层面形成了良性互动：党的根本目的是通过社区党建提升社会动员与整合能力，并开始从社会自身

---

① 李路曲：《新加坡人民行动党执政方式的转变与宪政建设》，《马克思主义与现实》2007年第5期。

的发展逻辑来审视基层社会治理问题，从而使管控与服务的双重目标实现了有机统一。与此同时，地方政府以区域化党建为契机，着眼于“条块”矛盾，有效缓解了长期困扰基层社会治理的体制障碍，提升了服务群众的能力。在这一过程中，中国共产党超越了现代西方政党充当部分民众与政治团体的“代表机构”和“表达工具”的角色定位，实现了代表与表达、整合与分配、服务与引领三重功能的有效结合①。回顾改革开放以来中国城市基层社会整合的发展历程，不难发现，这一过程中的理论意义与实践经验都远远超出基于西方传统社会理论的基本想象和认知框架。以社区党建透视中国城市基层的社会整合，我们试图提炼出这一过程中的内在特征与发展方向（参见表1－1）。

表1－1　　　　新时代城市社区党建的双重逻辑

城市社区党建	政治逻辑	行政逻辑
逻辑导向	社会整合	条块整合
主要对象	党员与社区居民	党政职能部门
核心手段	党的纪律与社区服务	党的领导与社区服务
短期任务	利益协调	执法力量下沉
长期目标	推动社会整合与动员	理顺“条块”、明确职责
根本诉求	党的执政合法性	党的执政合法性

（一）从国家优先到人民本位：城市基层社会整合的路径转换

联系前文的分析过程，中国的城市基层社会整合经历了从计划经济年代动员组织为主，到改革开放至党的十八大之前以动员普通群众为主，再到党的十八大以来以动员党员为主的三个主要阶段。在世界范围内，以人民行动党、古巴共产党为代表的许多政党同样把社区作为摄取政治资源、强化社会整合的重要途径，并赋予基层党组织和党员争取选民、发展党员、社会整合和政治参与等多项使命，从而提高国家对社区进行渗透的程度和效率。

中华人民共和国成立初期的基层社会整合主要服务于巩固新生政权

① 唐亚林：《论党领导一切原理》，《学术界》2019年第8期。

的目标，城市居民处在单位制的严密控制下，社会稳定压倒一切。当前，基层社会治理的根本目标依然是强化社会管理，属地管理原则进一步加强了工作策略上的维稳倾向。随着区域化社区党建的探索，社会整合与社区服务真正出现了交汇点，社区党建不再是空中楼阁，而是要切实回应居民对社区服务的多样化需求。在这一过程中，基层党组织的服务与治理功能开始凸显，回应群众诉求不仅是社会整合的结果，更成为其必要条件。可以看出，社区正在经历从授权和控制职能到服务与救助功能的转变①。这充分体现出中国共产党回归群众路线、从底层突破、平衡政治秩序与社会活力的路径创新与独特智慧。

然而，虽然社区正在朝着更广泛的政治参与和社区赋权发展，但仍需要有更加持续和明显的进步②。事实上，国家从未从社会领域中退出，而是持续通过强化整合能力渗透进社会基层，最终实现管理触角的全覆盖。在某种程度上，社区党组织的服务导向来自外部驱动而非自发产生，很容易走向社区服务的内卷化，难以建立一套长效机制。实践中，各级党政部门依然更倾向于通过自上而下的方式激活公民身份，这种参与性赋权尽管鼓励了居民的政治参与，但距离社区自治尚远③。另外，“以人民为中心”极易使居民产生一种依赖心理，无法协调资源有限性与民众需求无限性、非理性之间的紧张关系④。

（二）从社区建设到街道变革：城市基层社会整合的现实困境

中国社区治理转型最重要的特征，在于其所处的“双向建构”过程，它既是社会自治的组成部分，又是政权建设的组成部分。然而，相较于社区建设，基层管理体制改革却严重滞后。长期以来，城市基层行政体制改革的重点在于强化属地管理，通过行政发包将责任层层延伸到

---

① Thomas Heberer, Christian Göbe, *The Politics of Community Building in Urban China*, London: Routledge, 2011, p. 113.

② Benjamin L. Read, “The Politics of Community Building in Urban China by Heberer and Göbel”, *The China Journal*, Vol. 70, 2013, pp. 219 – 223.

③ Thomas Heberer, “Evolvement of Citizenship in Urban China or Authoritarian Communitarianism? Neighborhood Development, Community Participation, and Autonomy”, *Journal of Contemporary China*, Vol. 18, 2009, pp. 491 – 515.

④ 郁建兴、黄飚：《超越政府中心主义治理逻辑如何可能——基于“最多跑一次”改革的经验》，《政治学研究》2019 年第 2 期。

社区[①]，国家对基层社会的渗透能力不断加强。但地方实践中涌现出的诸多模式，例如撤销街道、居委会与社区工作站职责分离等，绝大多数没能发展为长效机制，也没有在优化政府权责配置方面取得明显突破。街道办事处的职能定位始终没能明确，街道与社区在运行层面的关系也较为随意，从而成为困扰基层治理的体制性难题。相对而言，社区党建引领下的“吹哨报到”机制借助党的权威，在党政权力重构、条块关系整合、规范治理流程等方面取得了突破，较为有效地理顺了区级职能部门、街道、社区的角色定位。

本质上，“吹哨报到”改革属于条块协同机制创新，没有触及更深层次的体制变革。此外，吹哨机制客观上给区街两级的党政职能部门带来了过多的负担，治理资源不足的问题并没有得到根本解决。这些问题的根源在于权责配置的体制障碍。在政府过程层面，街道与社区的权力与责任依然是模糊的，它们承接了过多上级政府与职能部门下派的职能。因此，从根本上来看，最终有赖于明晰不同层级政府及其外延组织，以及各政府部门间的职能与责任配置，坚持权责一致的原则，明确治理过程的责权利归属，禁止各级“条条”部门将自身职责范围内的公共事务转嫁给街道及社区。

第二节　党员报到：党建引领基层社会整合的实践机制

基层党建与社区建设的有机结合，是中国政治建设与社会发展的重要生长点。在这一过程中，党员是激活党组织的关键细胞，是社区工作得以开展的中坚力量。社区党建的关键就在于借助党组织和党员的影响力整合社会[②]。在上述政策背景下，如何加强社区党建工作，切实发挥好广大党员的先锋模范作用，进而扩大社区党组织的影响力、号召力和凝

① Zhou Li-an, “The Administrative Subcontract: Significance, Relevance and Implications for Intergovernmental Relations in China”, *Chinese Journal of Sociology*, Vol. 2, 2016, pp. 34 – 74.

② 袁方成、杨灿：《嵌入式整合：后“政党下乡”时代乡村治理的政党逻辑》，《学海》2019 年第 2 期。

聚力，是基层党建面临的一项重要课题。

一 现实分析：在职党员向社区报到的运行机制

面对新的社会背景和目标任务，社区党建也应当与时俱进，尤其是要积极探索党员服务社区、联系群众制度的常态化和长效化。本部分将基于对天津市几个案例社区的调研和已有的文献分析，对党员社区报到的相关问题进行简要的概括和总结。本节研究试图回答以下问题：党员社区报到的实现机制是什么？各地在具体探索中都有哪些经验借鉴？更进一步来看，它是否达到了预期目标？又产生了哪些新的问题？廓清这些问题，对于深入理解这一中国特色的社区治理机制以及后续的实践创新有着重要的借鉴意义。

（一）党建引领：党员社区报到的核心抓手

党员社区报到机制得以实现，最根本原因在于以党建为核心抓手，明确了社区党建创新的整体目标、实现路径与方式选择①。在这一过程中，中国共产党充分发挥了总揽全局的领导作用，在顶层设计层面提出了目标和要求。地方党组织则积极探索出区域化党建模式，通过党建联席会议、党建协调委员会等形式，将处于辖区范围但没有隶属关系的驻区单位负责人召集在一起，协商社区治理中的重要问题。借助整合区域内各基层党组织的党建资源，要求在职党员向社区报到。在这样的政策背景下，党员向社区报到不再仅仅是一种义务，更成为一项规章制度，是党员必须遵守的纪律。

党员向社区报到是“社区双报到”机制的重要内容，即在职党员到居住地社区报到，不仅要在八小时的本职岗位上恪尽职守，更要在工作时间外走出“单位人”身份，接受社区党组织的统筹安排，想群众所想，解群众之忧，参与社区的党员活动和志愿服务。可以看出，这一模式主要针对的是党员群体的职住分离问题，首要目的是加强对党员（主要是在职党员）的管理，并借此开发党员的服务功能。天津市某模范社区与辖区内单位党组织积极对接，首创了五星党员考评法、党员手册管理法

① 孙柏瑛、张继颖：《解决问题驱动的基层政府治理改革逻辑——北京市“吹哨报到”机制观察》，《中国行政管理》2019 年第 4 期。

和荣誉积分激励法来规范党员管理。首先，由党员自行讨论党员的考核标准等相关内容，明确了社区报到的目标要求、考核指标和参与范围。其次，为每名党员发放管理手册，记录党课学习内容、党员报到时长等内容，对党员的社区活动进行动态跟踪，并根据在职党员的行业特点与服务意向发放任务，设置了社会治安、就业引导、志愿服务、家政服务、政策宣传等服务岗位，建立了社区在职党员联络站、文化活动小组和各类兴趣小组，为党员发挥作用提供平台。最后，将完成的任务进行积分汇总，实时公开排名，并提供了可供兑换的奖品，形成了精神和物质的双重激励。还有一些社区党委充分发挥能动性，要求党员在业主委员会中的占比过半，并优先聘请设有党组织的物业公司。这样一来，社区可以通过引导党员群体来实现对其他治理主体的监督和管理。上述做法也得到了上级的肯定：目前天津全市已经通过党政文件的形式要求改选或新成立的业委会中须有半数成员为中共党员。

需要注意的是，尽管党员社区报到机制已实施多年，但对绝大多数社区来说，早期效果并不明显：执行力度松散，参与活动和学习全靠自觉，社区并没有志愿时长以及其他方面的要求，党员隶属单位的管理也不严格。直到党的十九大高度明确“党领导一切”后，天津市委对基层党建工作的重视程度不断提升，社区逐渐获得了对在职党员的吹哨调度权、人事建议权和考核评价权，尤其是一些指标上的“一票否决”权，才更好地将党员在工作和生活领域的隶属关系有机结合，大大强化了对党员的管控力度。在此基础上，一些社区将基层党组织延伸到楼栋和单元，要求党员积极分子担任楼栋长，并在单元门牌上直接亮明党员身份，随时受理居民的意见和诉求，带头参与社区建设，实现了“支部建在社区”向“支部建在楼上”的转变，形成了“社区党组织—网格党支部—楼栋党小组—党员中心户”的新型基层党组织架构，建立起更加紧密的政党—社会关系。可以看出，这一机制的关键在于充分发挥基层党建的领导和动员能力，借助党建联盟打通条条单位与块块社区间的党员资源界限，进而激发党员干部的主体责任。

（二）机制创新：党员社区报到的重要保障

就像上一部分提到的，党员社区报到的前期效果并不明显，缺乏约束力。一些社区书记更是指出，“早期的党员社区报到解决的更多是‘锦上添花’的事务，而非是‘雪中送炭’”。对于社区层面难以解决的一些复杂性事务和突发性事件，依然缺乏规范的机制来调动相关职能部门的资源，需要在体制机制层面进行创新。由此来看，既要在横向上加强区域化党建，又要在纵向上整合组织体系，形成一套横向协作与纵向整合相结合的“双轨运行制度”。通过党组织规范化和标准化建设，保障社区党建和党员服务的空间、资源，发挥党组织、党员的模范带头作用，引导社区治理的良性运行①。其中最具代表性的当数北京市的“街乡吹哨、部门报到”机制，核心抓手在于整合条块部门，“坚持条块结合、资源共享、优势互补、共驻共建”的原则，赋予街道（社区）召集权、指挥权与考核权，建立了以社区党组织为核心、驻区单位党组织参加、社区全体党员为主体、社区各类组织共同参与的区域性大党建新格局。这一机制更多针对的是执法部门，将动员的主体从党员扩大到整个政府机关的公务人员，重构了一套明确而实用的基层治理流程，扭转了社区党政组织在处理基层事务中的弱势地位。这实际上是一种“居民 + 党组织 + 执法人员”的服务模式，即居民发现问题后点单、社区（街道）党组织审核通过后吹哨、相关单位派遣执法人员接单，将以往临时性的联合执法活动常规化，真正实现了向基层赋权②。实质上，这一机制借助的是党统领全局的综合整合作用。相较于政府职能部门，党组织的设置具有“跨部门”与“跨界”等属性，党管干部的原则更是便于它对干部群体的调动管理，能够在协调和整合资源的过程中发挥自身优势。在这一过程中，北京市积极利用信息化手段，以 App 为载体，直接对接相关部门，将发现问题、提交问题、解决问题、问题追踪和问题反馈有机结合，切实提高了解决问题的效率。

除了吹哨报到机制，各地还普遍将网格化管理作为社区党建工作的重点③。以天津市为例，一些社区进一步完善了网格责任制管理模式，真正推动党员个体下沉到社区。一是将党组织建在网格内。依托现有的网

---

① 吴晓林：《以社区党建引领社区治理》，《人民日报》2019 年 6 月 27 日第 9 版。

② 吕德文：《属地管理与基层治理现代化——基于北京市“街乡吹哨、部门报到”的经验分析》，《云南行政学院学报》2019 年第 3 期。

③ 岗位认领制、党员承诺制、党员责任区、党员示范岗、党员示范楼组等多种形式均属于网格化管理的具体化措施。

格化管理格局，因地制宜设置党支部或党小组，或由社区选派指导员开展党建工作，完善组织体系。二是推行网格规范化建设。由社区党委绘制“党建网格分布图”，明确各单元网格的责任人、责任范围、党员数量等具体情况，以及网格党支部“示范引领、组织协调、服务党员、联系群众”的主要职责。三是实行网格责任制。明确不同主体的工作责任，由网格党支部书记负总责，做到“自身职责清、管片资源清、人员类别清、矛盾隐患清”。每个网格由党员担任网格长，带领社区专职工作者和社区精英等不同群体管理社区的各项基础性工作。明确规定每名党员每月走访联系居民，为居民群众排忧解难。在社区党组织的领导下，由社工进行定期走访，将居民的需求第一时间反馈到社区。社区内部无法解决的难题上报街道，形成需求清单，由街道层面进行协调。网格化管理与吹哨报到机制相结合，有效应对了基层治理的需求。

（三）分类管理：党员社区报到的横向拓展

党员管理是社区党建工作的重要组成部分。伴随着经济社会发展和城市化进程加速，社区党员群体的内部结构越发呈现出多元化色彩，流动的趋势也越发明显。其中一个重要的特征是社区离退休党员、流动党员、下岗职工党员、退伍军人党员等群体的数量不断增多。这些群体具有高度的异质性，参与社区党组织活动的积极性普遍不高，社区党组织也缺乏足够的影响力和凝聚力，在人员配置、管理方式等方面已经难以适应新的形势，党员社区报道机制也无法有效覆盖到这些群体。基于以上背景，各地社区党组织逐渐探索出分类管理的手段，将党员社区报到机制进一步细化、延伸，实现了对不同类型党员的有效凝聚、管理与动员，进而发挥其联系群众的作用。主要包括以下几个方面。

第一，对直属党员进行全面动员。社区直属党员是指由社区党组织直接管理的党员，在动员的过程中具有组织严密和效率高的优势，是基层党组织开展党务工作、联系其他群体的最重要力量。在党员社区报到的过程中，需要首先发挥这类群体的带头作用，采取一种加压式的全面动员：一方面，创新并改进直属党员的教育形式，丰富并完善组织生活，锻炼直属党员的工作能力；另一方面，强化党建目标管理。由党支部与所属党员签订责任书，广泛开展党员责任区，并进行定期检查，进而强化其党纪意识和组织观念[①]。

第二，对在职党员进行显性动员。长期以来，在职党员是以单位党组织管理为主，他们无须参加社区党建活动，也缺乏参与的主动性，处于一种“隐身”的状态。这类群体人数多、素质高，理应是社区党员的中坚力量[②]。事实上，党员社区报到的主要群体即为在职党员。通过建立各种规章制度和配套机制，切实赋予社区对在职党员的考核权，明确规定党员应定期参加社区的党组织活动和志愿活动，并向所在单位进行定期反馈，进而强化其责任意识与服务意识。

第三，对离退休党员进行引导式动员。这一群体的管理与动员需要分为两个方面。一方面，针对离退休党员群体年龄偏大、学习不便的问题，可以采取更加灵活多样的方式。例如，通过成立离退休党小组开展就近学习和休闲活动，或者与高校、中学等组织积极对接，采取志愿教学的形式。另一方面，离退休党员由于空闲时间长，社会责任感强，在社区治理中参与度更高，可以通过引导式动员的方式，设立党员责任区，鼓励老党员利用长期积累的领导才能、工作经验和社会关系，继续发挥余热。

第四，加强对流动党员的动态管理。流动党员主要包括外出务工经商或失业党员、学生党员、复员退伍军人党员等多个群体，构成复杂，管理难度大。个别流动党员甚至在社区带头违法违纪，造成了不良影响。需要对这类群体实行规范的管理和灵活的教育，实现从“党员找组织”向“组织找党员”的转变。在设立流动党员支部的基础上，既要对这类群体进行统一要求，无差别对待，也要根据他们的职业特点分类编组，因地制宜，坚持做到“教育引导，帮扶并重”，最终实现“学习不断档，思想不掉队，组织不断线”[③]。通过有吸引力的活动和回应性服务增强他们对社区党组织的归属感，提升他们在社区建设中的积极性。

---

① 祁程：《基层社会建设新视角：探索基层党员发挥作用的运行机制》，《哈尔滨市委党校学报》2011 年第 5 期。

② 高同星：《关于发挥城市社区“隐身”党员作用的思考》，《政治学研究》2012 年第 1 期。

③ 周全绍：《党员在居住地发挥作用机制初探》，《上海党史与党建》2010 年第 6 期。

二 可持续性：在职党员向社区报到面临的主要问题

从治理资源的视角来看，对党员进行动员意味着从向外寻求资源转为向内寻求，实现了在不增加治理资源的情况下，通过完善社区治理的体制、机制来提高绩效。随着党员社区报到规模的扩大以及居民需求的日益增加，党员社区报到工作的任务日益繁重，产生了一系列衍生问题，成为制约其进一步发展的瓶颈，对它的可持续性提出了挑战。

（一）“不掉队即可”的游戏规则

本质上，党员社区报到依赖的是自上而下的推动力，是党的纪律和规章制度的要求，对“掉队者”施加的是一种经济和政治惩戒（负向强激励）。尽管一些社区在鼓励党员报到的过程中开始探索出公布排名等精神激励，甚至有些社区提供了一定的物质激励，但这些并不足以从思想上真正动员党员干部积极参与社区活动。更直白地说，面对党员队伍涣散的困境，各级党组织必然会采取高强度直接控制与持续性负向激励的策略，对党员个体施加威权。然而，这种动员更像是一种底线思维，而非争先竞争，理性的党员更多采取的是一种“有限遵从”[①]，即报到是一种政治正确，但这种“被动式”报到的质量和效果得不到保证。这种“不掉队即可”的游戏，是制度激励（尤其是正向激励）不足的必然结果。

（二）“结对竞赛”下的治理创新异化

从另一个角度来看，虽然缺乏对党员个体的正向激励，但上级政府实际上存在着对街道社区与各单位的正向激励，有学者称之为“结对竞赛”[②]。具体到党员社区报到的过程中，由于印象政绩的存在[③]，条块部门在政绩压力下会形成一种合作创新的新型竞争模式，并极有可能异化为一种社会治理领域的“层层加码”。以吹哨报到机制为例，这一机制在

---

① 刘江：《大气污染强化治理：激进动员、有限响应与默契互动》，《甘肃行政学院学报》2019 年第 3 期。

② 黄晓春、周黎安：《“结对竞赛”：城市基层治理创新的一种新机制》，《社会》2019 年第 5 期。

③ 印象政绩是指在公共治理领域，由于“条条”和“块块”部门的政绩难以进行横向比较，上级政府只得依赖汇报资料、专项会议、决策咨询、参考要报、上级表彰等形成总体性印象，具有高度的主观性。

得到中央肯定后，各地都推出了自己的“吹哨报到”机制，但在内容上大同小异，更多是在一些具体指标上提出了更高的要求，给党员带来了不必要的负担，缺乏实质性的内容创新。事实上，这种以政绩呈现为重要目标、高度依赖条块结对的治理创新经验常常缺乏后继深化学习的动力，业已成为当前基层治理创新中的难点问题①。

（三）社区党务工作者队伍的“后继无人”

值得引起注意的是，不仅仅是向社区报到的党员，社区党务工作者同样缺乏正向强激励。作为社区工作的“掌舵人”，社区书记的个人素质与关系网络对报到机制的效果具有至关重要的作用。然而现实却是，包括社区书记在内的社区工作人员只是政府雇员，并不具备常任制公务员的身份，且待遇差、缺乏晋升空间，难以吸引优秀人才。一些地区针对社区书记晋升的改革也尚未得到有效落实。社区党务工作者“青黄不接”“后继乏人”的现象，很容易产生“劣币驱逐良币”的效果，制约了社区党建工作的开展②。仅仅依靠党的纪律进行一种负向强激励，只会加剧基层党员推诿责任、缺乏担当和不作为的现象。

（四）“无限责任”下的党政部门不堪重负

在调研中我们发现，社区报到尤其是吹哨报到机制给相关职能部门和党员干部群体带来了巨大的负担。据悉，北京市房山区在五个月内吹哨7000余次，使“条条”部门苦不堪言。一位社区书记指出，“在党员社区报到机制下，群众提出的任何问题、任何诉求都要接，这就意味着无限的责任，坚决不能向人民说不”。在这样的背景下，党员是永远不够用的，一些党员的合法权益难以得到保障，甚至被当作无偿劳动力而滥用。问题的根源在于没能明确党员接单报到的事项范围。再加上“以人民为中心”容易使居民产生依赖心理，更加难以协调资源有限性与民众需求无限性、非理性之间的紧张关系③。这种无限责任会使政党、政府与

① 李友梅：《我国特大城市基层社会治理创新分析》，《中共中央党校学报》2016年第2期。

② 李德、纪伟昕、于洪生：《城市社区党建的问题、原因与对策》，《中国浦东干部学院学报》2013年第1期。

③ 郁建兴、黄飚：《超越政府中心主义治理逻辑如何可能——基于“最多跑一次”改革的经验》，《政治学研究》2019年第2期。

社会的边界更加模糊。

（五）地方发展的不平衡

尽管中国是一个单一制国家，但人口众多、国土广阔，区域间差别很大。党员社区报到同样存在着地区发展不平衡的问题。一方面，由于东部沿海地区经济发展迅速，汇聚了各类优质资源，基础设施完备，党员群体的素质更好。面对居民多样化、高质量的服务需求，地方自然更加重视基层治理创新，对于党员社区报到的探索也就更为丰富。但对于西部欠发达地区来说，实践效果便难以保证；另一方面，即便是在东部发达城市内部，不同区县对于基层党建的重视程度也是不同的。在调研中一些社区书记直言，“对于那些经济不发达的区县，社区党建更多是做一做样子，主要精力依然放在经济发展与招商引资上”。这也很好地说明了，为什么有些地区的党员干部苦不堪言，有些地区的党员报到却流于形式，只做“表面文章”。

三　对策分析：新时代党员向社区报到的政策导向

伴随着城镇化进程的加速和市场化改革的深入，社区在城市基层发挥着越来越重要的作用，但积累的矛盾也越来越多。党员社区报到是对当前社区党建创新的高度概括和关键一招，承担着社会整合和公共服务的双重使命。然而，相关改革仍处在探索阶段，尚不成熟。该部分在上文分析的基础上提出了几点对策导向，以期进一步释放党员个体在社区治理中的重要作用。

（一）形成央地层面的有机互动

推进党员社区报到的长效化，需要中央和地方党组织合理分工、密切合作，以形成合力。仅仅依靠地方党组织的自主探索是远远不够的，需要由党中央做好顶层设计，完善相关的体制机制建设。一是要明晰不同层级政府及其外延组织，以及各政府部门间的职能与责任配置。打破权责配置的体制性障碍，规范社区治理过程的责权利归属，在制度层面明确社区党组织对党员的双重管理权。二是要加强社区党务工作者队伍建设，对社区党务工作者的选拔、薪酬和晋升等制度进行完善。创新选用方式，通过“选”“派”“招”“考”等多种渠道充实社区党务工作者队伍[①]，并通过职级分离、提高待遇、健全激励等多种方式吸纳优秀人才。三是要鼓励地方自行探索。基层是党的各项改革创新的发源地，好的工作经验必然来自基层。上级组织可以在明确强化党建和下沉服务的原则下，充分发挥地方基层党建的创新意识，鼓励多样化原则，不搞“一刀切”。尤其要注意的是，社区报到的数量和规模不能要求过高，更不能搞攀比，不应该影响到他们的本职工作。

在当前，地方已经逐步建立并完善了党员社区报到的管理机制，但仍需要在配套机制建设方面继续发力。一是要提供更加充足的资源保障，尤其是经费支持。可以考虑进一步加大对社区党建的经费投入，例如，加大社区党费返回比例和各级财政转移支付力度[②]，建立驻地单位优势互补的资源利用机制和包联帮扶机制等[③]，为党员开展服务提供更加优质的空间场所和物质支持。二是要加强对党员队伍的教育培训，尤其是要增强党员为社区服务的思想意识和能力素质。积极依托地方党校开展社区党员教育培训，掌握基本的社区工作方法，拓宽服务领域。三是要鼓励多元主体的协调配合，努力形成社区党委统一领导，社区服务中心、社会组织、驻地单位等多元主体共同参与、密切配合的工作机制，实现从“一核多元”到“一核多能”的发展。例如，广邀不同群体参与党员报到事项的界定，明确规范社区吹哨、点单的适用范围，尽可能地穷尽各类事项。

（二）实现两个激励的有效结合

在高节奏的现代社会和职住分离的背景下，既有意愿也有精力参与社区服务的党员个体是少之又少。因此，当前广泛采用的动员方式是一种负向激励，具有受众广、效率高的优势，但其可持续性是值得怀疑的。在党员社区报到的过程中，应坚持做到正向激励与负向激励的有效结合，形成长期且持续的动员效果。

充分发挥正向激励的作用，关键是做到“想党员所想，排党员之

---

① 贺先平：《城市社区党组织建设与党在城市基层执政地位的巩固——对广西城市社区党组织建设的调查与研究》，《广西社会科学》2011 年第 5 期。

② 《城市社区党建：问题与对策》，《理论探索》2011 年第 5 期。

③ 贺先平：《城市社区党组织建设与党在城市基层执政地位的巩固——对广西城市社区党组织建设的调查与研究》，《广西社会科学》2011 年第 5 期。

忧”。一是要不断完善党员报到的管理机制。做好对党员服务社区的登记管理、资源对接、管理台账与情况公示，作为单位对党员进行考核与党员晋升的依据①，并逐步从“要求党员做什么”转向“关心党员能做什么”，给党员发挥作用的空间。二是为党员服务社区提供更多的物质和精神奖励。例如，定期张贴参与志愿的党员光荣榜、在党员晋升和补贴方面进行倾斜、提供可兑换的基本生活用品或是休假等奖励。三是要创新社区报到的内容和形式。找准社区不同主体的利益结合点和关注兴奋点，激发党员参与社区建设的积极性和主动性②。四是要增强党员对社区的归属感。在情感上主动关心党员的需求，加强双向沟通与联系，通过建立党员联络服务站等方式让他们感受到社区党组织的关爱③，更好地从思想上强化党员履行责任和服务群众的主动性。

继续发挥负向激励的优势，关键在于科学设计督查考核体系。在考核机制的内容上，需要统一思想、严格管理、完善奖惩制度，充分突出党员社区报到的重要性，并定期向单位党组织反馈，对消极怠工的党员进行严肃处理。在考核指标的设计上，坚持定性与定量考核相结合，对考核内容进行精细化和具体化处理，明确党员开展社区服务的具体职责。在考核主体的选择上，需要突破体制内的考核评价方式，强化以群众满意度为标准的考核导向，将社区群众特别是所服务群众的评价作为社区党员报到考核的重要内容。既要包括党员社区服务的时间和频率，更要考评党员社区服务的态度和效果④。

（三）动员党员积极参与

某种程度上，社区党员报到更多针对的是普通党员干部。这类群体的数量多，动员的效果也更加明显。然而，对于高级别的党员干部以及一些高级别单位的党员，这类群体的工作更加繁忙，在没有强有力政策支持的情况下，社区党组织很难有效组织他们实质性参与社区活动。很

---

① 陈超：《新命题：在职党员参与社区党建工作》，《上海党史与党建》2013 年第 8 期。

② 陈超：《新命题：在职党员参与社区党建工作》，《上海党史与党建》2013 年第 8 期。

③ 王杉：《浅析城市社区在职党员在居住地发挥作用的难点与对策》，《求实》2012 年第 2 期。

④ 周贤山：《以机制创新推进社区党员联系群众工作——南京社区党员联系群众工作的调查与思考》，《中共南京市委党校学报》2012 年第 6 期。

多社区都难以实现对高层党员干部的长效化管理，一些先进的社区党委采取了鼓励捐款、捐物的方式，但这在某种程度上也是对资源的浪费。

高级党员向社区报到，不仅仅是要做好服务，同时也是一种表态与“作秀”。这是因为，他们在解决剩余事务和提供志愿服务的过程中拥有更多的资源。一方面，能够更好地解决群众反映的各类问题，展示亲民形象，密切党群关系；另一方面，也能够为普通党员干部做表率，起到示范作用。因此，需要社区党组织进行更加灵活的管理和对接，创造各种便利条件，引导高级党员积极参与社区报到，接待群众来访，了解群众需求，倾听群众呼声。对于确实有困难的党员，可以由他们的家人代替参与服务，或是提供相应的资源作为对社区的弥补。此外，需要在制度设计尤其是考核机制方面真正形成对高级干部的激励，让他们真正意识到社区报到的重要性。

此外，党员同样可以划分为体制内党员和体制外党员。自改革开放以来，广大城市地区涌现出各类新型经济组织和社会组织，被看作基层党建最有张力感的地带。这是因为，这类组织大多与社区缺乏功能上的联系，对党建也有着较大的心理距离①。但由于它们会聚了相当一部分的党员（很大一部分属于“隐形党员”和“失联党员”）以及其他高素质人才，基层党组织向“两新”组织覆盖同样成为基层党建工作的重点。总体来看，当前对这类群体的管理尚处于扩大党组织覆盖面的阶段，还未深入对体制外党员的有效动员。这就需要采取一种更具针对性的方式，进行一种互利共赢的回应式动员。首要前提是党组织的活动和服务需要对这类党员形成吸引力，最大限度地回应他们的实际需求，关注这类群体的基本权益，进而实现党组织的巩固。在“两新”组织党建步入正轨之后，可以依托区域化党建，以“两新”组织党建为抓手，配合工地党建、商圈党建、楼宇党建等新的形式，将党的基层组织进一步延伸，鼓励这些体制外党员群体投身社区公益，认领服务清单，更好地满足社区居民的多元需求。

---

① 叶敏：《巩固薄弱地带：城市楼宇上的政党建设策略——对上海 J 区 N 街道“支部建在楼上”经验的政治社会学分析》，《华中科技大学学报》（社会科学版）2019 年第 1 期。

（四）发挥数字信息化技术的关键作用

数字信息化技术是推动基层治理现代化的关键要素。一些发达地区将互联网技术与党员社区报到深度融合，打造出“资源数字化、应用网络化、流程规范化”的智慧化社区党建体系，不但明确了社区党组织、单位党组织和党员等不同主体的功能和责任，还切实推动了党员资源的下沉，实现了对党员社区服务的全流程动态监管，体现出数据集成和资源联通的优势，生动诠释了国家通过技术性治理与服务行为来推进新时代网络化社区建设的新模式①。

在未来，党组织要适应新形势，继续完善党员服务的综合信息平台建设，为党员社区报到提供“一站式”服务。一是要打破部门间的信息壁垒，将党员的服务信息网络嵌入社区信息综合服务平台。要求党员在平台进行实名注册，对报到情况进行实时记录。规范不同条块部门之间党员信息的共享范围和方式，尤其是党员发生组织关系转变后需及时在平台修改信息，做到“数据一次采集，资源多方共享”，为社区进行党员管理提供便利。二是要积极开辟网上服务通道，鼓励社区居民的信息化参与，促成双向的信息流动。进一步优化党员报到机制的流程，鼓励社区居民直接在信息平台反映问题，参与协商，并对效果进行反馈，为社会力量的参与提供保障。三是要打造集党员管理、党员学习和党员服务于一体的智慧党建平台，整合网上党支部、网上学院、党员动态管理系统、党员服务系统等多类信息系统，构建统一的社区信息平台②。

综上，中国共产党作为一个拥有近一亿名党员的使命型政党，每一名党员都是构成政党肌体的最基本的细胞。加强对基层党员的教育管理，对服务社区群众和巩固社会基础有着至关重要的作用。探索党员如何在居住地发挥作用，是改进基层党组织领导方式、巩固党组织基础的关键一招。透视党员社区报到机制的发展过程不难发现，基层党组织的服务与治理功能日益凸显，社区正在经历从授权和管控职能到服务与救助功

---

① 陈荣卓、刘亚楠：《城市社区治理信息化的技术偏好与适应性变革——基于“第三批全国社区治理与服务创新实验区”的多案例分析》，《社会主义研究》2019 年第 4 期。

② 卢爱国、陈洪江：《论城市基层区域化党建的整合功能》，《湖南师范大学社会科学学报》2015 年第 1 期。

能的转变[①]。这充分体现出中共回归群众路线，从底层突破，平衡政治秩序与社会活力的独特智慧，同时也是协调政党、国家、社会三者关系的可行路径。

---

① Thomas Heberer, Christian Göbel, *The Politics of Community Building in Urban China*, London: Routledge, 2011.

第二章

社区异质性：超大特大城市社会整合的社会基础

党的二十大报告将建设人人有责、人人尽责、人人享有的社会治理共同体，作为完善社会治理体系、维护国家安全和社会稳定的重要支撑。作为基层治理的重要组成部分，持续提升社区治理体系的现代化水平，显然是推动社会治理现代化的关键。改革开放以来，快速推进的城镇化进程导致了社区人口结构的异质化，市场经济体制的确立引发了社区空间结构的异质化，单位制的解体则推动了社区组织结构的异质化。而社区异质性增强的背后，则是社区内嵌的利益关系网络的异质化。

第一节　社区异质性的内涵与特质

“异质性”是一个源于生物学的概念。通常认为，一个生物群落中各个物种的相对密度越均匀，则表明该群落的异质性越高。现代城市的基本特征之一就是“异质性”①。考虑到社区的基本要素主要包括一定量的人群，一定的地域和相应的生活服务设施，以及一定的组织形式，因此影响社区结构异质性的因素必然包含在社区的人口结构、空间结构及组织结构当中。

---

① 葛天任：《碎化与整合：中国社区发展与基层治理》，社会科学文献出版社 2019 年版，第 13 页。

一 社区内部人口结构异质性

“异质性”概念最早由布劳引入社会科学研究，并被作为描绘社会分化的重要指标。具体来看，布劳将异质性的概念定义为不同人类群体之间的分化，种族、职业、政治、宗教等多方面的因素都将影响群体的数量，进而影响异质性的程度。布劳认为社区的异质性对于群体的交往行为具有重要的影响：同一群体内部的成员之间更可能进行交往行为，不同群体成员之间发生异质交往的可能性则相对较小①。可见，布劳的异质性概念实际上主要指向同一社区内部的人口差异，对于异质性的影响也主要强调的是不同群体之间的人际交往情况。

围绕布劳的经典概念，国内外众多学者将研究的视角着眼于居民个体层面，分析居民之间的差异是如何影响邻里关系以及居民社区事务参与等问题。正如布劳将异质性的影响称作“一个反论”，国内外对于异质性对社区生活究竟会产生积极影响还是消极影响也产生了较大的分歧。美国学者沃斯认为城市的本质便在于异质性，城市化进程带来了人口异质性的增强、规模的扩大和密度的提高，并对城市社区的形态产生了深刻的影响：在这一过程中，人们将被迫适应新的社区规范，并最终导致人际关系的淡化②。换言之，由城市化和人口流动带来的社区内部人口异质性不利于居民人际关系交往。沃斯甚至认为城市社区的异质化对于城市社区的存在基础将产生极大的冲击，其学说也因此被称作“社区消失论”。与沃斯的观点相左，斯塔塞、甘斯、费谢尔等学者则坚持“社区发现论”或“社区转变论”，认为城市社区的异质化发展实际上带来了多种多样的生活方式和社区管理模式，更容易满足居民选择和需求的多样化③。而且，人口在不同社区之间基于经济水平等因素流动，最终会导致在同一社区内部的居民拥有类似的社会经济地位、共同的社会经历，由

① ［美］彼特·布劳：《不平等和异质性》，王春光、谢圣赞译，中国社会科学出版社 1991 年版，第 115—118 页。

② Louis Wirth, *Urbanism as a Way of Life*, *in Hatt*, Glencoe: The Free Press, 1938, pp. 46 – 64.

③ 参见程玉申、周敏《国外有关城市社区的研究述评》，《社会学研究》1998 年第 4 期。

此增进社区人际交往①。

与国外研究脉络相似，国内学界亦存在“同质相容”论和“异质互补”论两种对立的观点倾向，并通过对整合性社会资本和链合性社会资本的区分，讨论社区内部人口异质性如何影响社区邻里关系及社会整合②。对于社区人口结构的理想模式，国内学界也存在“同质聚居，异质隔离”和“多元混合”的争议。尽管普遍认为居住隔离现象会加剧社会矛盾，凸显贫富分化问题，并主张建立“大混居小聚居”模式③，但也有学者认为社区内部居民的同质性使得同一社区内居民利益一致、问题诉求相近并更利于社区问题的解决④。

二　社区外部异质性

尽管学界对于社区内部异质性的讨论已经十分丰富，但普遍仅聚焦于社区内部的居民个体差异，存在一定的局限性。在此情境下，国内外对于社区异质性问题的研究也产生了新的变化，开始出现从内到外的变化，社区外部的异质性，也就是社区类型本身的异质性问题，开始被关注。在此情况下，社区异质性研究不再着眼于微观层面的个体居民，而是从中观的社区层面入手把握整体情况，对诸如性别、年龄等人口要素以社区为单位进行统计整合，从社区治理模式、社会治理水平、居民公共参与等层面进行跨社区比较，甚至是比较不同类型、不同区域的社区异质性问题⑤。近年来，有研究者更是将社区的内部异质性与外部异质性结合进行比较，分析社区的内部和外部异质性与社会整合的关系⑥。

---

① Margaret Stacey, “The Myth of Community Studies”, *British Journal of Sociology*, Vol. 20, 1969, pp. 134 – 146.

② 李洁瑾、黄荣贵、冯艾：《城市社区异质性与邻里社会资本研究》，《复旦学报》（社会科学版）2007 年第 5 期。

③ 赵聚军：《社会稳定的增压阀：对居住隔离现象的政治社会学解读》，《江海学刊》2013 年第 6 期。

④ 王郅强、张晓君、吴克昌：《什么样的社区更稳定？——异质性社会结构对社区稳定影响的实证研究》，《中国行政管理》2018 年第 6 期。

⑤ 王郅强、张晓君、吴克昌：《什么样的社区更稳定？——异质性社会结构对社区稳定影响的实证研究》，《中国行政管理》2018 年第 6 期。

⑥ 蔡禾、张蕴洁：《城市社区异质性与社区整合——基于 2014 年中国劳动力动态调查的分析》，《社会科学战线》2017 年第 3 期。

需要注意的是，社区外部异质性在国内外有一定的共性，但其形成机制却存在明显的差别。对于国内而言，社区的异质化过程源于改革开放以来包括单位大院在内的传统社区模式的逐步解体以及住房商品化改革。而对于西方国家来说，19世纪末20世纪初的工业化浪潮加速了城市化进程，城市社区数量激增，这一过程也引发了城市社区形态的变迁和异质性社区的涌现。当然，西方国家尤其是美国等国家在这一时期的居住隔离现象，要比我国当前城市化过程中的更为明显。一方面是因为资本主义社会中房屋较早地成为自由流动的商品，在市场规律的作用下自然地在不同收入群体之间形成“过滤”①。另一方面是因为西方国家突出的种族矛盾和巨大的贫富差异，导致了种族村、贫民窟和灰区等特殊社区形态的形成②，人们的居住选择甚至还受到政治立场、宗教信仰等因素的影响。总之，西方的居住隔离并非简单地以住房市场划分居民社会阶层，而是社会经济地位、家庭生命周期和种族状况等综合作用的结果③。这一点中外存在明显的差别。

当然，虽然研究视域已经从内部转向内外兼顾，但多数研究对于异质性的定义仍然以关注人口异质性为主，对于社区异质性程度的衡量仍然主要是基于居民的受教育程度、所从事的职业以及家庭收入水平等人口特征指标。因此，对于社区异质性与社区问题的研究，很多情况下都会最终落脚于居民人口特征如何影响居民在社区中的社会行为，如选举投票、邻里关系等。

三 非人口特征的异质性

近年来，关于社区异质性研究的另一个变化在于对概念内涵的扩展，并具体反映为两种类型。第一种类型是从社区居民的利益诉求和服务需求等方面的差异出发，探讨对社区治理的影响。例如，有研究者明确指

---

① 张鸿雁：《侵入与接替——城市社会结构变迁新论》，东南大学出版社2000年版，第32页。

② London, B., Bradley, D. S., Hudson, J. R., "Introduction: Approaches to Inner-city Revitalization", *Urban Affairs Quarterly*, Vol. 15, 1980, pp. 373 - 380.

③ W. A. V. Clark, Jun L. Onaka, "Life Cycle and Housing Adjustment as Explanations of Residential Mobility", *Urban Studies*, Vol. 20, 1983, pp. 47 - 57.

出社区治理本质上是一种利益分配机制，社区内嵌的差异化利益关系网络，是影响多元主体行为选择的基础性结构①。也有学者从不同类型社区居民群体的需求差异性出发，探讨对社区治理和社区服务体系建设的影响②。

第二种类型则表现为脱离传统的社区居民研究视角，将更多的社区要素作为分析对象，重点关注社区基础设施、生态环境等要素的差异对社区治理的影响。例如，鉴于社区运动是空间、人口、组织三个社区性要素的循环互动过程③，而社区空间又是由社会空间、物理空间、生态空间等共同组成的④，因此公共设施就成为营造邻里社会意识的重要纽带，甚至能够“决定”社区社会生活质量。当然，也有学者认为不存在所谓的社区“环境决定论”，认为社会生活的根本是社会性的，而非限定在环境空间范围内⑤。

总体而言，国内外学术界对于社区异质性的相关研究较为丰富并且已经取得了一定的成果，总结出了社区异质性（又称社区的碎片化）的基本特征⑥。其中，利益结构的异质性则主要涉及由户籍、身份、阶层等居民差异导致的居民利益分歧。权力结构异质性用于描述多主体共同参与社区治理过程中产生的权责不统一、治理主体不明确等现实问题。这样的框架构建是对已有研究的高度概括，也是对我国社区治理现状的深入认识。

当然，已有研究普遍存在研究视角较为单一的问题，缺乏对社区异质性问题的综合考虑。相关研究往往仅从单一社区要素入手，缺乏将多

---

① 赵聚军、张雪莉：《城市基层治理中的居民参与与基层管理体制优化——基于四个异质性小区的调查》，《中国行政管理》2019 年第 3 期。

② 于健、刘畅：《基于异质化需求的都市社区更新策略初探——借鉴台北市民生社区经验》，2019 城市发展与规划论文集，2019 年，第 1526—1531 页。

③ 黄晓星：《社区运动的“社区性”——对现行社区运动理论的回应与补充》，《社会学研究》2011 年第 1 期。

④ 贺霞旭：《空间结构类型与街邻关系：城市社区整合的空间视角》，《社会》2019 年第 2 期。

⑤ ［英］尼格尔・泰勒：《1945 年后西方城市规划理论的流变》，李白玉等译，中国建筑工业出版社 2006 年版，第 40 页。

⑥ 葛天任：《碎化与整合：中国社区发展与基层治理》，社会科学文献出版社 2019 年版，第 14—18 页。

层面异质性综合考虑的研究。然而综合课题组的田野调研来看，不同要素的异质性之间存在相互影响、相互联系，如一些老旧社区治理主体的缺失属于权力结构异质性的表现，却也会因此无法满足日益多元化的利益结构异质性需求。在内部异质性与外部异质性方面，现有研究同样以考虑单一类型的异质性为主，综合考虑二者的较少。对于社区外部异质性，自市场化改革以来形成的居住空间分化也意味着社会利益的分化，不同类型的社区在治理模式等方面各具特色，但跨社区类型的比较研究依旧不够充分。

第二节 超大特大城市异质性的社区结构

社区权力结构是指社区治理各主体之间相对稳定的权力关系，即由谁以及通过什么样的方式实施权力①。在基层社会治理的实践中，如果权力结构和资源配置出现了失衡，就会导致各主体获取资源的能力和持有资源量有所差异，进而引发各主体之间或主体内部的利益博弈和关系调适。改革以来，收入水平、政策因素等开始成为影响居民住宅选择的主要因素，从而导致城市社区结构的异质性水平不断提升。而且，超大特大城市作为我国经济增长的主要引擎，随着人口和资源的不断聚集，使社区结构的异质性尤为突出。在这一过程中，各类基层社会治理主体的角色定位和互动方式亦产生了明显的社区间差异。具体来看，当前超大特大城市的社区类型通常包括商品房社区、老旧社区、作为老旧社区特殊类型的“准单位制”社区、公租房社区和“村改居”社区五种基本类型。

一 商品房社区

1978 年以来，特别是 20 世纪 90 年代后期的“房改”以来，伴随着井喷式的地产开发，商品房逐渐成了城镇住房市场的主体，商品房社区随之成为城镇最主要的社区类型。与主要源于计划经济年代的老旧社区、

---

① 石发勇：《城市社区民主建设与制度性约束：上海市居委会改革个案研究》，《社会》2005 年第 2 期。

“准单位制”社区和作为本地中低收入居民聚集区的公租房等其他类型的城市社区相比，商品房的住户可能来自不同的行业、地域和国家，甚至可能是季节性居住，从而导致社区居民的邻里关系通常不够紧密，普遍呈现为典型的陌生人社区。与传统的熟人社会以血缘和地缘作为主要的社会联系纽带不同，陌生人社会多是建立在利益和法律基础上的。尽管这在某种程度上与现代社会的社会关系网络更加契合，但也给现代社区共同体的构建带来了极大的困难，社会整合度普遍较低。商品房社区在居民构成、权力分布和社区服务供给等层面的新特点，必然对其内嵌的利益关系网络和基层社会治理各主体的互动模式产生深刻影响。

第一，对于基层政府和社区“两委”而言，其利益诉求主要表现为社区的稳定和谐与治理绩效。随着改革开放以来市场经济的深入发展，特别是国企改革导致单位制的逐步解体，导致“单位”分离出来的政府职能和服务职能需要由新的组织来承接。在这种情况下，1991 年民政部提出“社区建设”概念，旨在构建独立于企业和事业单位的社会服务网络和福利保障体制，将其作为新型社会组织去承接原本主要由单位组织和政府提供的部分管理与服务职能。另外，由于社会结构重组和体制转轨，社会矛盾加剧，维稳任务加重，社区建设的另一个重要目标在于“加强基层政权建设”，维护社会稳定。随着公权力的“重心下移”，街道办事处作为城市基层政权组织，在运行机制和组织体制上都获得了实质性的权力，同时，“官民二重性”亦开始成为居委会典型的组织特性。居委会作为法律上的自治组织与实际运行中的准行政组织，代理政府的各项服务性事务，如帮困、优抚、社会保障及社会救济等，行政化色彩日渐浓厚，成为实际上政府在社区层面的代表。

第二，作为单纯的市场主体，以物业公司为代表的市场主体的利益诉求比较简单，居于核心的就是经营利润。对于物业公司而言，尽管从表面看来，其并不掌管社区管理事务，仅仅依据合同提供相关物业服务，但在实际运行过程中，物业公司才是商品房社区重要公共设施的直接管理者和主要维护者，同时它们还管理公共盈利收益，社区居民虽然在名义上是社区公共事务的管理者和决策者，但他们在每一个环节都离不开物业公司。因此，对于商品房住宅小区而言，物业服务质量是社区管理水平和质量的集中体现，物业公司因此成为社区治理的核心参与主体。

第三，业主和居民以及作为其利益代言人的业主委员会，同样是商品房社区治理中的重要参与主体。作为一个法律概念，业主是指在区分一个建筑区划内或者所有建筑物内拥有一个或者一个以上专有建筑物房屋或者空间的所有权人。在现实生活中提及业主，通常是指城市私有产权住宅的自然所有人。从时间上看，业主这个称谓实际上随着住房商品化改革之后才开始逐渐普及。当前，随着国内大中城市住房价格持续处于高位，“房子”不仅是保障城市居民生活质量的主要物质载体，也是多数人最为重要的资产。因此，维护住宅小区优良的生活环境、促进房屋的保值升值，已成为城市居民最为关注的事务之一。此外，在当前的商品房社区治理结构中，业委会已成为业主和居民保障其权利的主要组织载体。从实践来看，通过业主委员会的协调，业主与物业公司之间通常更容易达成合作双赢格局。

此外，需要说明的是，社区社会组织和驻社区单位虽然也可以归为社区治理主体中的社会主体，但它们更多的是站在外部参与者的立场，助力社区治理，聚焦于外部资源的引入和提供拾遗补缺性质的社区服务。在社区治理的利益互动和博弈过程中，社区社会组织和驻社区单位作为“外来者”，影响通常比较有限。

作为社区治理最直接的利益相关者和应然的核心参与主体，商品房社区居民的利益诉求主要表现为主要社区生活生态环境、社区服务质量以及与之紧密相关的房屋保值升值问题，且通常主要由来自市场化经营的物业服务机构提供。社区能够提供的诸如文化活动、医疗卫生、养老等服务，由于与以中青年人居多的商品房社区居民的实际需求普遍存在脱节，并不是很被看重。在这种情况下，党政力量因为缺乏有效的“抓手”，很难单独主导社区社会整合过程，社区治理各参与主体之间的互动关系呈现出相对更多的扁平化特征。

综上，在商品房社区治理中，各方的利益诉求存在一定的差异甚至冲突，从而导致各主体的互动过程实际上也是一个利益博弈的过程。特别是在社区重要公共设施维护和服务供给方面，物业服务机构通常发挥着主导作用。与之相伴而行的，则是近年来商品房社区物业纠纷矛盾的不断增多、升级，乃至出现了大量物业公司弃管、业主维权抗争事件。考虑到物业服务质量对商品房社区业主核心利益关切的重要影响，业主

（居民）与物业关系问题就成为影响商品房社区利益关系网络和社区治理主体互动模式的重要因素。特别是在那些存在较为激烈的物业矛盾纠纷的商品房社区，社区治理模式的成型则在较大程度上取决于党政力量调节居民与物业矛盾的态度和成效。

二　老旧社区

在近年来的基层治理研究热潮中，城市老旧社区作为一种独特的类型，也受到了广泛的关注。一方面，与当前占据主导地位的商品房社区不同，多数城市老旧社区由于建成时间较早，无论是房屋本身还是配套设施，普遍面临严重的老化；另一方面，老旧小区普遍没有引进专业的物业公司，很多老旧社区的物业服务是由街镇政府牵头引进的“准物业”公司负责，仅提供保洁等最基本的托底物业服务。这些“准物业”公司虽然收费相对较低（通常主要由政府承担或者给予一定的补贴），但只能提供保洁等托底性的准物业服务，导致居民能够享有的物业服务质量与商品房社区相比明显偏低。此外，由于老旧社区居民的老龄化程度普遍较高，对于养老、医疗、文娱等社区服务的要求也明显更高。

没有聘请专业的物业公司并不意味着老旧社区居民不需要相应的服务。相反，由于老旧社区普遍存在房屋设施陈旧、公共空间缺乏专业规划等突出问题，相应的社区服务需求反而更加强烈。此外，很多老旧社区由于开放式的空间布局而引发的居民对社区安全的关注等问题，也较之商品房社区更为强烈。上述这些本应主要由物业公司具体负责的事务，现实中大部分转移给了社区“两委”承担，这无疑大大增加了工作负担：在商品房社区，居民遭遇社区公共问题时，通常是先了解该问题的职责范围是属于物业还是社区“两委”，但老旧社区由于物业服务的严重缺陷和自组织能力的不足，导致居民只要出现问题，最常见的反应就是求助于社区“两委”。

在居民的公共参与方面，老旧社区居民更乐于通过公共参与提出各种复杂多元的利益诉求，这在推动社区治理的同时也在客观上增加社区“两委”的工作负担。商品房社区和老旧社区在居民构成等方面的差异，使得两种类型小区的居民在社区公共参与方面也呈现出了明显的区别。在商品房社区，居民整体年龄通常更为年轻化，日常工作较为忙碌且物业服务本身较为专业和完善，使得居民与社区“两委”之间的关系较少，对于社区公共活动的参与程度较低。而在老旧社区，由于居民年龄结构偏大，闲暇时间较多，再加上居民的流动性偏低，很多居民之间属于原同事关系，带有较强的“熟人社会”特点。老旧社区居民结构方面呈现出的上述特点使得社区“两委”的社会动员更为便利，居民社区活动的参与积极性明显更高。老旧社区居民更高的公共参与热情显然有利于社区“两委”更好地倾听和回应居民的诉求。然而，这种较高的参与度随之而来的往往是形形色色、复杂多样的利益诉求，这就在客观上进一步加重了社区“两委”的工作负担。尤其是社区书记作为社区工作的第一负责人，需要随时随地准备着处理居民提出的各类诉求。

此外，老旧社区的社区“两委”已经普遍开始陷入有限权力与无限责任的悖论之中。虽然《城市居民委员会组织法》详细地规定了居委会应当遵守的规范和履行的责任，但几乎没有任何关于居委会职权的规定。这样明显的权责不对称，导致在解决诸多社区治理难题时出现两难局面：既要解决问题对上下两个层面负责，又没有足够的法律支撑采取应对措施，沟通协调成为唯一能采取的方案。遗憾的是，如果仅仅依靠沟通，对于问题解决能起到的作用往往十分有限。在近几年的基层治理实践中，属地管理的明显强化，不但无助于老旧社区上述典型难题的解决，反而进一步加剧了社区服务供给与居民实际需求的脱节，干扰了居民自治的推进，已经演变为推进老旧社区减负增效、提升治理水平的新难题。

基层社会治理体系一定程度上可以被视为调节各种利益关系的框架结构，其有效发挥作用的关键之一就是根据社区内嵌的利益关系网络，找寻合适的整合点与整合手段，否则就难以形成持续的激励机制。对于很多老旧社区来说，其社会整合的基本特点是以社区服务供给等纵向利益输出手段为主要“抓手”，以社区“两委”为主要载体，维持着自上而下的管控型社会动员与整合，社区治理各主体之间的互动关系具有较强的非均衡性。具体来看，在很多老旧社区，原产权单位退出社区治理后，准物业服务公司难以满足居民需要，多数社区服务须依靠街道办事处和社区“两委”，从而构成了维系管控型社会整合的物质基础。在这一过程中，街道利用行政手段下派“任务”，整合各种资源，并由社区“两委”

负责具体的落实，以实现对社区治理的总体把控。与此同时，市场主体和社会主体没有发挥应有的作用，居民的主动性也没有得到充分发挥。

三　作为老旧社区特殊类型的“准单位制”社区

梳理从新中国成立到改革开放之前的中国城市基层管理体制，无疑绕不开单位制。在计划经济时代，单位是政府在城市基层进行资源分配和社会整合的主要组织载体①。随之而来的是，大量的城市居民亦居住在各类“单位大院”中，居住空间具有较高的同质性。单位制的长期存在，对中国社会的政治、经济、文化产生了巨大的影响，反映在基层社会，就是在城市基层建立起了以各类单位为中心的管理体制。在当时，单位制是一项整合社会资源的制度创新，能够适应高度集中的政治体制和计划经济体制，具有一定的历史特殊性，保证了社会秩序的稳定，提高了经济运行效率，“改变了中国分散零乱的格局，创造了在一个超大型社会进行有效治理的范例”②。尤其是20世纪中叶在“单位办社会”这一时期得到快速发展，人们甚至提出设想，随着社会主义改造的顺利完成，我国城市居民的方方面面都将纳入单位组织的轨道，由单位全面地为社区居民解决问题，为其提供全方位的服务。

在单位—街居制的城市基层管理模式中，单位在社区中处于核心位置，是政府的神经末梢。在这一阶段，政府是社区管理的唯一主体，其他主体难以参与社区管理的活动。政府主要通过行政命令对社区进行日常管理，维持基层日常事务的运作。而作为自治组织的居委会被纳入这种行政命令型的管理体制中，表现出逐渐科层化的态势。政府通过对单位的管理和控制实现社会资源的重新分配，并实现对基层的管理。然而，这种高度组织化的管理方式虽然具有一定的效率，但缺乏必要的活力。长此以往，居民对单位产生高度的依赖性，缺乏积极主动参与社区公共事务的热情和经验，导致居民缺乏行使自治权力的自觉，也没有建立起相应的行为模式和习惯。

---

①　李路路：《“单位制”的变迁与研究》，《吉林大学社会科学学报》2013年第1期。

②　刘建军：《“跨单位组织”与社会整合：对单位社会的一种解释》，《新华文摘》2004年第14期。

改革开放以来，计划经济年代我国城市原有的以“单位大院”为代表的居住格局开始被逐步打破，取而代之的是以经济收入为主导的居住格局①。其间，原“单位大院”纷纷通过“公房买断”等形式，转制为当前的城市老旧社区。单位制的解体和居住空间分异，最终导致了以计划经济年代单位体制为主轴、街居制为辅的基层社会治理结构难以为继，20 世纪 90 年代初期开始推行的社区建设即是在此背景下展开的②。

虽然城市老旧社区很多源于计划经济年代的“单位大院”，但又存在一定的差别，大致可以分为两类。一类是原产权单位为国有或集体所有制企业的老旧社区。随着公有制企业改制的完成，企业作为这一类老旧社区的原产权单位，已经基本不再履行基础设施维护等职责，相应的责任主要转嫁给了街道办事处和居委会，也就是本章所指的普通“老旧社区”。另一类则是原产权单位为政府或事业单位的老旧社区。在这一类老旧社区，虽然已经通过“公房买断”等形式实现了产权改革，原产权单位也基本不再参与具体的社区管理工作，但“社区建设和发展的资金主要来源于单位；大部分基础设施由单位提供；文化娱乐活动依托单位组织举办”③。鉴于此，可称之为“准单位制”社区。在“准单位制”老旧社区，虽然街道办事处和居委会在社区治理中具有法定的权威地位，但在社区服务供给中的责任却相对较轻，角色相对“超脱”。原产权单位在社区服务中依然扮演着重要的角色，但却不直接参与社区治理。街道办事处和居委会虽然在社区治理中处于主导地位，但能够提供的社区服务却相对有限且不甚关键，缺乏实施自上而下利益管控的物质基础，因此无法像在很多普通老旧社区中那样强势，日常工作中更多也更习惯于采用协商的方式，社区治理结构表现出一定的居民需求导向。

在很多“准单位制”社区当中，原产权单位虽然不再参与具体的社区治理，但依然是基础设施维护等社区服务的主要承担者，街居两级在

---

① 赵聚军：《社会稳定的增压阀：对居住隔离现象的政治社会学解读》，《江海学刊》2013 年第 6 期。

② 夏建中：《从街居制到社区制：中国城市社区 30 年变迁》，《黑龙江社会科学》2008 年第 5 期。

③ 车婧：《单位型社区治理路径探析——基于社区和驻地单位的良性互动关系》，《学理论》2014 年第 3 期。

社区服务供给中的角色不甚重要，这就使得街道和居委会由于缺乏对居民实施自上而下管控的利益基础，从而使社会整合的过程呈现出更多的利益互动与协调特征。

在既有的基层治理权力结构和资源配置框架下，原产权单位的角色定位就成为“准单位制”社区治理的一个重要外生性变量，深刻影响了此类社区内嵌的利益关系网络和社会整合模式。目前，很多学者将社区制和单位制简单看作发展和替代的关系，认为社区完全承接了单位原有的社会职能，这显然低估了新旧体制衔接和转换的复杂性。随着单位制的逐渐解体，尤其是在社会保障制度和住房商品化改革的冲击下，单位所承担的一部分社会—政府职能确实已经转移到社区。然而，这并不意味着其福利导向就此消失，“准单位制”社区的存在就是典型的体现。但是，需要注意的是，这种只负责提供社区服务、不具体介入社区治理的“准单位制”社区的存在，本身就是计划经济模式的延续，应认识到其过渡性。在党政机关和事业单位已经有明确职责的前提下，如果继续长期承担额外的社区服务供给职责，并不利于转变政府职责和推动事业单位改革的深入，未来的目标应当是“社区的归社区，单位的归单位”。

四　公租房社区

除了收入、职业等市场化因素，公共政策因素也加快了城镇社区类型的异质化进程。这一点在公租房社区中表现得最为明显。在现有的各类保障性住房中，公租房显然已经成为主要类型。具体来看，公租房社区是在国家住房保障政策及相关规定引导下，由政府统一规划设计，享有一定政策优惠及建设标准，专门向城市中低收入群体提供带有保障性质的住房所形成的社区①。近年来，为致力于解决中低收入群体的住房问题，政府全面介入以公租房为主的保障性住房的建设和管理，承担了保障房建设者、管理者和后期服务者的角色。由于公租房带有福利性特点，在保障房财政投入、提供建设用地、融资、建设、制定标准、申报分配、

---

① 武田艳、何芳：《保障性社区公共服务设施供给研究：以上海市宝山“四高”小区为例》，《生态经济》2011 年第 9 期。

审批入住资格、后期物业运营管理等环节，都由政府统一负责，并提供租金和税收方面的补贴。由于公租房对承租居民资格的严格限制，导致其居民构成相对商品房等其他类型的社区，具有比较鲜明的共性。具体来看，公租房社区居民在自身构成和社区公共参与方面表现出几个较为鲜明的特点。

一是居民构成的贫弱性。正常情况下，公租房社区主要是政府提供给城市中弱势群体的住房，居民多为收入偏低群体，人员构成复杂、特殊群体集中、精神面貌较差，是积贫积弱者生活共同体。而且，相比较商品房社区，公租房社区普遍存在选址偏远、集中连片和配套设施滞后等规划布局特点。这种空间布局长远来看，有可能造成社区居民的居住空间和社会地位的双重边缘化，引发或加剧社会分层标签化、贫困的聚集与再生产、纵向社会流动不畅等问题。而且，考虑到住房具有长久的使用寿命，不同社会群体在城市的居住空间格局一旦形成，往往很难在短期内改变，久而久之易形成特定的地缘文化，乃至固化为群体的空间身份标签。长期来看，有可能导致公租房社区的居民偏离主流社会价值观，从被标签化走向整体被边缘化。

二是居民严重依附于政府。在公租房社区，政府性力量通过申请资格确定、房屋补贴等方式，掌握着社区社会整合的主导地位。一方面，由于公租房只能提供给满足特定条件的中低收入者，居民需要按照租赁面积向政府缴纳租金；另一方面，公租房的租金主要通过政府直接补贴显现出价格优势，而社区性公共服务等也主要由政府提供，居民对政府的依赖性较强。正因为居民的利益诉求与房屋产权并不直接相关，而是主要反映为由政府承担相当责任的房屋租金补贴，以及物业服务、社区性公共服务等，使社区居民严重依赖于党政机关的政策及资源支持。与之相适应，基层政府和社区“两委”推动的各项工作，往往也能得到居民及时的响应。

三是居民参与的被动性。就居民参与而言，由于需要通过社区“两委”、街道等主体提供的租金补贴、物业服务、公共基础设施等服务才能保证日常生活的运转，这就使得居民对由相关主体发起的社区活动虽然有着较高的参与热情和参与率，但多是为了配合政府工作，避免利益被剥夺。此外，公租房社区的居民主体大都是迁移而至，并非土生土长的本地居民。

因为居民的社会身份多样化，来源地域差异化，社区居民之间以前并没有共同生活的经历，因而居民之间的社会资本不太高，所以他们的社区归属感也非常弱。在这样的情况下，社区“两委”的行政性质与职能显然比较凸显，其对于社区自治的指挥领导作用就超过了其应然的指导地位，因而也会对当地社区居民的参与动力与意愿产生负面影响。

总之，正是因为政府根据相关政策，直接决定公租房社区居民的入住资格，给予入住居民较大比例的住房租金补贴，并提供大量的社区服务，导致居民对政府的依赖性较强。所以从一定程度上看，公租房的社区结构与计划经济年代的单位大院比较类似，只不过对居民实施管理和社会整合的主体由单位转变为房屋的权属部门和所在地的基层政府、社区“两委”。和单位大院类似，社区工作的行政化色彩非常浓厚，政府中心主义凸显。在这种情况下，公租房社区的治理模式总体上属于自上而下的政府主导模式。

就此来看，有效激发公租房社区居民参与社区治理的意愿、动力与能力，对避免公租房社区沦为贫民区至关重要[①]。因此，在公租房社区中，如何在基层社会治理中更多地引入居民参与的元素，是一个值得深入分析的问题。这就要求充分发挥社区“两委”的作用，服务功能与管理职能并重。具体来看，社区“两委”要加强自身的居民自组织特性，以提供社区服务及交流平台为第一目标，充分调动社区居民参与社区活动的意愿与能力。同时，社区“两委”在提供社区居民沟通交流渠道、保障与其他社区交流等方面也要积极发挥作用。

五　“村改居”社区

简言之，“村改居”特指我国基层社会自治体制由村民委员会转变为居民委员会的制度转型。“村改居”是“在我国长期实行城乡二元政策背景下，对城中村或经济较发达的城郊农村进行城市化改造的必经过程”[②]。21 世纪以来，随着城镇化进程的持续快速推进和自上而下的推动，“村改

① 邓锋：《公租房小区的特征及治理》，《城市问题》2012 年第 8 期。

② 郑风田、赵淑芳：《城市化过程中“农转居”与农村集体资产改制问题研究》，《农业经济导刊》2006 年第 3 期。

居”进程加速推进，“村改居”社区目前已成为一种重要的城乡过渡型社区。当前，虽然很多“村改居”社区经过了改制，但原集体经济组织对居民的社会整合作用并没有减弱，相反倒是增强和固化了。“集体经济组织是社区中独特的内部利益载体，以相对封闭和排他的形式保护并改善其社区内所有合法成员的公共利益。”① 在某种程度上帮助居民规避了城市化、市场化带来的某些风险。

从20世纪80年代开始，伴随着高速推进的城镇化进程，国内大量涌现的“村改居”社区受到了学术界的广泛关注。早期研究者普遍将“村改居”社区称为“城中村”或“都市里的乡村”②。近年来，“村改居”社区这一称谓才开始被普遍接受。从演变过程来看，“村改居”社区又可以划分为两种类型：一是由传统城中村经过改造改制后建立起来的原村民回迁安置社区；二是城市建设用地的扩张导致部分城郊农业和农村建设用地（主要是农村宅基地）被征用，由此而产生的专门作为被征地农民集中安置区的新式“村改居”社区。

目前“村改居”社区组织通常由社区居委会和集体经济组织组成。社区居委会承担原村委会负责的管理工作，实力雄厚的集体经济组织则主要负责管理集体资产及企业经营，承担社区正常运转费用，并在维护社区安全、修建社区道路、组织公共娱乐活动方面发挥了较大的作用。由于社区建设和公共服务费用主要由集体经济组织承担，再加上居民彼此非常熟悉、交往较为密切的熟人社会人际关系特点，使得大多数“村改居”社区维持着以集体经济组织为主要载体的利益管控机制，并在此基础上形成了自上而下的社区治理模式。在这种治理模式中，居委会和集体经济组织在社区治理中发挥着主导作用，街镇政权的意愿则通常借助于居委会有效传输至居民。

虽然“村改居”社区已经可以整体归入城镇型社区类型，社区的“城市特质”逐步增强，但囿于城乡分治的制度惯性，仍然普遍地保持

---

① 郎晓波：《城市化进程中“村改居”社区公共领域的再建构：一个经济社会学视角》，2011年浙江省社会学学会年会论文集，2011年，第157—164页。

② 田莉：《“都市里的乡村”现象评析——兼论乡村—城市转型期的矛盾与协调发展》，《城市规划汇刊》1998年第5期。

着一定的“农村特质”，如村居体制并行、集体资产改制进程缓慢、人的城市化滞后于“居”的城镇化等。总之，作为一个集合了部分“城市特质”与“农村特质”于一身的特殊社区，“村改居”社区既像古老历史的遗物，又可以看作快速城市化过程中新生的事物[①]。因此，“村改居”社区具有一般社区的特质，同时“作为城市化进程中出现的新事物，又有自己特有的规定性”[②]。具体来看，相较于一般的城镇社区和农村社区，“村改居”社区在社区治理的基础和治理形态方面存在以下几个突出的特点。

第一，社会生活方面呈现出“亦城亦村”的过渡性。对于那些已经完成“村改居”的社区，通常无论是从居民身份还是管理体制，都已经纳入城市社区的统一管理体制当中。从这个层面上讲，“村改居”社区更趋近于城镇社区。然而，由于“村改居”社区是从农村社区转化而来，体制转型的完成并不能在短时间内抹去原本的农村社区特质，因而才被形象地称为“都市里的村庄”或“都市村社共同体”[③]。反映在居民层面，“村改居”社区的居民主要仍是由农民或从农民转化而来，在物质生活和居住环境方面发生了巨大变化，在生活习惯和思想观念方面仍然保留着农村社会的深厚印记，并且他们的社会交往仍处于“半熟人社会”关系中。尤其是由村民个人的社会化和长久的生活实践而导致的村落社会结构的内化，“村改居”的社区环境仍会保持相对稳定，短期内难以彻底改变。

第二，社区管理体制转变不彻底。作为中国最重要的两种基层群众自治组织，村委会和居委会对于推动城乡基层的经济、政治、文化建设，维护基层社会稳定，发挥着关键作用。但是，村委会和居委会又有明显的差异，“村改居”不仅是自治组织名称的变更，更是治理模式的演变。目前，“村改居”社区普遍面临的一个问题就是社区管理体制转变不彻底。关于这一问题，比较典型的表现就是基层自治组织工作重心的转变

① 李培林：《村落的终结：羊城村的故事》，商务印书馆 2004 年版，第 1 页。

② 操世元等：《“村转居”社区：特点、问题与建设方向》，《西华师范大学学报》（哲学社会科学版）2010 年第 3 期。

③ 蓝宇蕴：《都市里的村庄：一个“新村社共同体”的实地研究》，生活·读书·新知三联书店 2005 年版，第 11 页。

不到位，具体表现为，在“村改居”之前，发展集体经济是村委会的主要工作目标，并同时负责计划生育、邻里调解、卫生检查等社会管理工作；“村改居”后，村委会转变为社区居委会，这就要求其管理职能和工作目标都应进行相应的调整，将工作重心转移到全方位的社会事务管理上来。但从现实的情况来看，改制后的居委会在开展社区工作时仍然普遍习惯性地沿用原村委会的管理方法进行管理，使社区管理机制、管理模式以及社区服务质量参差不齐。而且，机构设置也发生变化，在“村改居”之前，集体经济管理组织和村委会虽然名义上是两个机构，但却是一套人马、“政经一体”。随着“村改居”的开展，社区经济组织与居委会成为相对独立的机构，职能发生分离，基层社区的公共权力进行重新分配。这里的矛盾是，部分“村改居”社区居委会的工作经费主要由社区经济组织承担，从而导致基层组织的事权与财权发生分离，极易出现双方互相掣肘乃至发生冲突的情况。此外，城市社区管理和服务应面向所有的社区常住人口，但“村改居”社区在实践中往往却只对原村民开展服务，也引发了一定的争议和矛盾。

总之，在“村改居”社区中，借助于集体分红等利益管控机制，以原村委为班底的治理机构能够较为有效地实施社会整合，因而目前的社区治理继承了原来的党政力量主导模式。具体而言，“村改居”社区目前普遍还处于一个从农村社区向城市社区的转变过程当中。一方面，由于政府对征地拆迁农民多实行货币化安置，不是就业化安置，相当数量的安置农民没有土地且就业不稳定，存在大量的无业或待业人口，使人们有更多时间参与社区事务；同时，由于熟人社会的影响，社会资本含量较高，人们有时候碍于情面等因素也不得不更多地参与社区事务，使得居民的社区参与程度较高。但另一方面，由于“村改居”社区向城市社区的转变还未完成，这意味着由村委会转变而来的居委会还掌握着大量的集体资产，对社区的日常开销有着重要影响（如缴纳物业费、补贴停车费等）。此外，集体资产产生的年底分红也是居民们收入的重要来源。大量集体资产的存在，使居（村）委会具有较强的组织动员能力和管控能力，居民也须配合相关部门的日常工作，以保证自己的收入。当然，我们也应考虑到“村改居”社区的发展阶段，其目前正处于从村治到社区治理的转型等因素的综合影响下，在社区治理上缺乏经验。在这种情况下，社区民主自治程度就受到了限制，呈现出来的“高参与”状态往往是一种在居（村）委会主导、控制下的参与。

然而，这种依靠强大集体经济和熟人社会进行利益控制的社区模式是长久之计吗？一方面，虽然当前的“村改居”社区的居民主体比较单一，但是随着时间的推移，租赁和搬移的情形会逐渐增加，社区内部居民的流动性也会大幅提升。在此背景下，社区内部的居民很有可能渐渐以外来人员为主。不同地域的人员之间的社会共有属性低、共同话题少且共同归属感弱。而且，共同的利益也少。这样，可预见的是他们对于社区共同活动的参与的意愿与动力都会下降。届时失去了利益控制的居（村）委会，又该如何为继？不仅如此，随着现代化步伐的加快，社会内部的传统共享价值与规范也在不断瓦解。传统的亲缘式、地域式、道德式的社会规范的约束力大大减弱。这种发展会给这类“村改居”社区带来更多结构性的紧张与压力。然而就目前情况来看，“村改居”搬迁型社区内的居民主体基本是原本的农民，虽然身份上变成了城市居民，但社会活动的规范与模式仍有很大的惯性，依赖于原本的农村大家庭、大家族的社会网络。基本还是依赖血缘、亲缘的社会纽带，与现代社会的基于市民活动的现代社区仍有着极大的差异。所以，培育居民的市民意识与自组织能力势在必行。

第 三 章

超大特大城市异质性社区
社会整合机制的生成

与其他公共事务类似，城市基层治理本质上是一种公共利益的分配与协调活动。因此，完善基层治理的一个核心问题，就是根据不同类型社区内嵌的利益关系网络，构建起能够有效平衡各方利益的治理结构。为了检验异质性社区内嵌的利益关系网络对于基层社会整合机制的影响，本章分别选取了三个社区结构和治理模式差异明显的商品房小区、“村改居”小区和公租房小区，作为比较案例，并从利益共识的达成、集体行动的组织和外部力量的影响等三个层面，尝试厘清异质性社区内嵌的利益关系网络在超大特大城市基层社会整合机制生成过程中的基础性影响。

第一节　研究问题与案例的引入

一　问题的提出

公共政策的本质是利益分配，而基层治理作为一项公共政策，城市异质性社区内嵌的利益关系网络同样构成了基层治理结构中最为核心的变量，是基层社会结构内部诸要素关系的基础。从现实层面来看，回顾1949年以来我国城市基层治理的变迁过程，可以发现其背后隐藏着这样一条线索，即基层社会整合机制开始从计划经济年代单一的自上而下的管控型社会整合，逐步演变为现阶段自下而上的聚合型社会整合与传统自上而下的管控型社会整合共存的格局：在计划经济年代，“单位大院”构成了超大特大城市社区的主导类型，借助于单位体制下就业单位与员工之间的半人身依附关系，政府实现了对城市基层的有效管理；随着改革开放以来单位制逐渐势衰，“单位大院”主导的超大特大城市社区结构逐渐被多元化的社区类型取代，党政力量已经无法借助“单位”这个隐形之臂所附带的利益控制机制，对基层实施有效的动员与整合。由此，不同类型的城市社区亦开始在差异化的社会整合机制牵引下，走向多元化的治理模式。

综上，在完善基层治理模式的过程中，关键点之一就是根据不同的社区结构，找到合适的社会整合点，进而搭建起与之相适应的社区治理模式。基于上述认识，本章的主要目的，就是以天津市三个典型的异质性住宅小区为案例，以不同类型基层社会整合机制形成背后的利益关系网络为核心线索，探寻社区治理模式的演化路径和影响因素。

二 案例的选择

（一）案例小区概况

为了检验社区内嵌的利益关系网络与社区治理模式之间的互动关系，本章选取了天津市三个治理模式、居民构成与公共参与现状均存在明显差异的住宅小区作为比较案例，即商品房 J 小区、“村改居” Z 小区和公租房 L 小区。具体来看，三个案例小区的基本情况如下。

商品房 J 小区是一个典型的城市中产阶级居住社区，是其所在社区的 6 个住宅小区中居民自治最为成熟的小区①。自入住以来，居民与物业公司的矛盾就一直比较突出，并经历了多次物业公司更换。J 小区目前的物业公司是由业主和业委会于 2017 年初自主引进。考虑到 J 小区存在一个组织性和权威性较强的业委会，以及业主和业委会在更换物业公司中的绝对主导地位，因此其社区治理模式可以归纳为业主和业委会主导的居民自治模式。

与商品房 J 小区不同，“村改居” Z 小区的社区治理模式可以归纳为居委会（集体经济组织）主导的治理模式，同时街道办事处对社区治理的影响也非常明显，因此整体上属于传统的自上而下治理模式。

---

① J 小区所在的社区共有 6 个自然小区，分别为 B 小区、F 小区、J 小区、M 小区、L 小区和 H 小区。除 M 小区是小产权的村民回迁房之外，其他 5 个小区均属于新型商品住房小区。

与前述两个小区相比，公租房L小区的一个突出特点是住宅属于保障性住房，只能提供给满足特定条件的中低收入者，房屋产权归政府，居民只有居住使用权。表面上看，L小区的租金并不比周边低，但由于政府的补贴，居民实际承担的租金普遍较少。由于政府掌握着入住资格的审核和租金补贴，使居民对政府的依赖性较强，因此L小区的治理模式总体上属于自上而下的党政主导模式。

田野调查方面，主要通过线下随机问卷和半结构性访谈两种方式展开调查。问卷方面，通过便利随机抽样的方式，在三个小区回收了由小区业主填写的有效问卷共计346份。访谈方面，分别访谈了三个小区的部分业主和居民、社区"两委"工作人员、物业公司负责人、业委会负责人等社区治理的相关参与主体。

从问卷反映的情况来看，基本印证了我们对三个小区治理模式的判断：通过"您认为未来社区服务和治理的主体应该是"这一问题的分析结果来看，J小区42%的被访居民认为应该是业委会，其次是物业公司，占25.5%，街道及上级政府占20%，居委会占10.6%，符合业主和业委会主导的居民自治模式。在Z小区，被访社区居民中认为居委会应该作为主体的占比最高，达到了67.3%，其次是街道及上级政府占据24.5%，而物业和业委会相加不到10%。可见，由于集体经济的控制和熟人社会的影响，该社区的治理模式与我们所归纳的居委会主导模式是一致的，属于自上而下的政府主导的模式。在L小区，被访居民中认为居委会应该是社区治理主体的比重为60%，街道及上级政府占21%，物业和业委会分别占10%和9%。考虑到在L小区的治理结构中，社区"两委"的主要任务是负责承接街道和上级交派的任务，所以基本上符合我们对其社区治理模式的归纳，即党政主导的社区治理模式。

（二）案例小区社区结构的异质性

从所选取的三个案例小区来看，在人口的年龄结构、受教育程度、就业分布、家庭收入、社会资本等方面，均表现出了明显的异质性。

第一，年龄结构方面，J小区居民的年龄结构更加年轻化，40岁以下的人口占比超过了50%。而在Z小区和L小区，人口结构则偏向老龄化，50岁以上的人口占比超过了50%，而且60岁以上的老年人口也均超过了25%（见表3－1）。

表 3－1　　受访居民的年龄分布　　单位：%

	30 岁以下	31—40 岁	41—50 岁	51—60 岁	60 岁以上
J 小区	8.7	43.5	23.6	9.3	14.9
Z 小区	4.1	23.7	11.3	34.0	26.8
L 小区	8.5	17.1	20.7	28.0	25.6

第二，居民的受教育程度方面，J 小区受访居民中高中以下学历占比不到 20%，而大学本科及以上学历超过 50%。对于 Z 小区和 L 小区而言，高中及以下学历的人数占比 80% 左右，大学本科及以上学历占比不足 10%（见表 3－2）。由此可见，三个小区人口的受教育程度差异也是非常显著的。

表 3－2　　受访居民的受教育程度分布　　单位：%

	小学及以下	初中或高中	大学专科	大学本科	研究生
J 小区	0.0	18.2	26.1	38.8	17.0
Z 小区	23.5	62.2	5.1	9.2	0.0
L 小区	10.0	70.0	11.3	7.5	1.3

第三，职业分布方面，在 L 小区和 Z 小区，样本中的无业人口分别达到了 57.0% 和 68.4%，虽然我们把退休人口也算在无业当中，但是这两个比例已经远远超出了两个社区在问卷年龄分布中的比例（60 岁以上人口比例分别为 25.6% 和 26.8%），可见这两个小区当中存在大量无业人口。而 J 小区虽然无业人口比例也达到了 15.4%，但是在问卷调查中其 60 岁以上人口也占 14.9%，两者大致持平（见表 3－3）。因而可以认为 J 小区中的绝大多数适龄人口有固定职业，能够维持日常生活的运转。

表 3－3　　受访居民的职业分布　　单位：%

	无业	国企、机关事业单位	私企及外企	个体	其他
J 小区	15.4	49.4	27.2	4.3	3.7
Z 小区	68.4	7.1	14.3	5.1	5.1
L 小区	57.0	21.5	16.5	3.8	1.3

第四，家庭收入情况方面，三个小区亦存在明显的分化。在L小区，年收入3万元以下的家庭占据了被访居民家庭总量50.0%的比例，6万元以下的家庭占82.1%；Z小区虽然情况稍好，但仍然不太理想，其中年收入3万元以下的家庭占30.6%，年收入6万元以下的家庭占61.2%，这也印证了上文两个社区无业人口比例高的现实。与之形成对比的是，在J小区，年收入3万元以下的家庭占比仅为5.7%，而年收入10万元以上的家庭占比为59.6%（见表3-4）。可见，Z小区和L小区居民收入普遍偏低，而J小区居民收入较高，是典型的“中产阶级之家”。

表3-4　受访居民的家庭收入情况　单位:%

	0—3万元	4万—6万元	7万—10万元	11万—15万元	16万—20万元	20万元以上
J小区	5.7	12.7	22.2	30.4	10.8	18.4
Z小区	30.6	30.6	31.6	6.1	1.0	0.0
L小区	50.0	32.1	14.1	0.0	2.6	1.3

第五，居民社会资本的差异。从样本中社区居民的社会资本因素来看，三个小区同样存在明显的差异（见图3-1）。从问卷中5个相关题目的统计结果来看，Z小区和L小区居民的社会资本量在每项题目中均显著高于J小区。尤其在“是否认识居委会的工作人员”“是否有可以登门拜访的邻居”“有烦心事时是否可以向邻居倾诉”等与居民社会资本量关系度更高的题目上，Z小区和L小区更是与J小区拉开了距离。

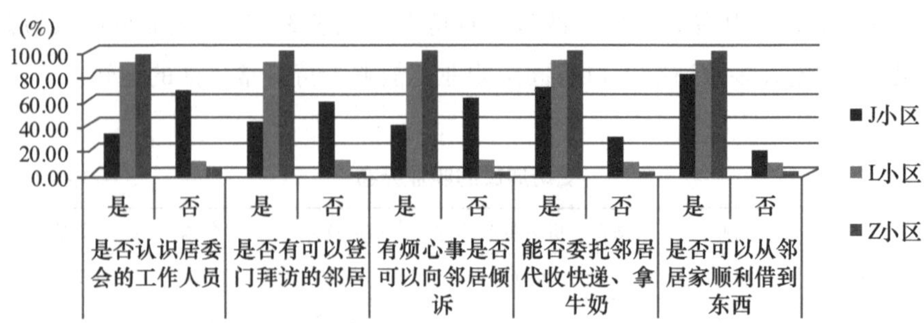

图3-1　案例小区被访居民社会资本量分布

结合问卷和访谈的情况来看，J小区的居民由于其居民职业、年龄等因素的影响，使绝大多数居民的重心不可能落在社区，尤其是工作日的白天很难在社区聚集，因此社区居民之间熟悉度不高。同时，由于居民较少参与街道、社区“两委”发起的社区事务，也使他们对于社区“两委”工作人员不够熟悉，最终导致社区社会资本不高。相对于J小区，Z小区和L小区居民中的老年人的比例偏高，而且即使是中青年群体，赋闲在家的比例也相对较高，这使居民的空闲时间较多，有利于相互交流和增强居民间的熟悉程度。而且，Z小区的居民绝大多数是原村的村民，熟人社会的特点比较明显。此外，如前所述，Z小区和L小区的居民对政府和居委会的依赖性较高，使他们能够被有效地动员起来，经常参与由街道办事处、居委会发起的社区事务，所以对相关工作人员也很熟悉，最终使这两个小区的社会资本量较高。

通常认为，社区居民之间的社会交往程度与居民参与社区治理的意愿呈正比例关系，即居民之间社会交往的程度越密切，居民对社区事务的参与意愿就越高。需要引起注意的是，L小区和Z小区较高的社会资本只是有利于调动居民参与由政府及居委会主导的社区事务，与社区自治程度并不存在直接的联系。比较典型的表现就是，Z小区的住房产权虽然完全私有，但至今仍没有成立业委会的打算。由此看来，社会资本量的差异虽然会影响到居民参与的频率和意愿，但是对于居民自治的影响却很小。

总体来看，在L小区和Z小区，虽然居民参与程度较高，但这种参与更多的是一种在党政力量引导下的被动参与，显然这并不利于提升居民的自治能力，反而在一定程度上促进了现行的自上而下的社区治理模式的形成。J小区居民的整体参与程度虽不如L小区和Z小区，但更多的是一种自发的主动参与，更有利于形成社区居民自治。

第二节　案例小区社区治理的主要特点

一　J小区：居民自治模式初步成型

从国家与社会关系的视角考察，在J小区目前的社区治理体系中，大致存在业主及作为其代表的业委会（社会性力量）、街道办事处和社区

“两委”（党政力量）、物业公司（市场性力量）三类基本的主体单元。上述三类治理主体的关系大致呈现这样一种格局，即业主与业委会居于绝对主导地位、业主自主聘请的物业公司总体上受制于业主和业委会，街道办事处和社区“两委”则被边缘化。

（一）居于主导地位的业主与业委会

相较于政府主导下的传统社区治理模式，业主和业委会主导的社区治理模式是在1994年房改后才逐渐出现的新型治理模式，目前主要存在于新式商品房小区。这一社区治理模式之所以能够形成，在很大程度上是因为商品房小区的社区服务主要依赖于市场化运作的物业公司，党政组织对居民切身利益的影响有限，缺乏有效的利益整合手段。

在J小区，第一届业委会早在2010年就已经成立，社区工作站则是2013年才正式进驻，这使业委会在社区治理中具有一定的先天优势。然而，由于第一届和第二届业委会均为整个社区层面共同选举产生，但社区所辖六个小区由于人口规模悬殊，从而使业委会自身的代表性存在一定的问题①，再加上与物业公司的关系要么过于“紧密”（第一届业委会），要么“剑拔弩张”（第二届业委会），整体履职状况并不理想。在这种情况下，小区的物业服务质量受到了很大的影响，业主们的不满情绪也日渐增多。在第二届业委会的任期即将结束的时候，以J小区为主的业主又开始了第三届业委会的筹备工作。第三届业委会从筹备选举到履职方式等方面，都与前两届业委会表现出了明显的不同。

第一，选举方式方面，为了更好地反映6个小区的差异化诉求，不再以社区为单位选举统一的业委会，而是让6个小区分别选举自己的业委会，使选举的代表性较之前两届更强，更具民意基础。此外，考虑到召开业主代表大会的难度较高，因此并没有采取一人一票的投票方式，而是采取了间接选举的方式，即首先由每个业主家庭派出一个代表，事先在每个楼门选举或协商产生一位楼门长，然后由各个楼门长在各业主家庭代表中投票选出新一届业委会。

---

① 例如，第二届业委会的主任和副主任均来自居民最多且参与积极性较高的J小区，从而引发了H小区等其他小区业主的不满，最终H小区退出了第二届业委会，并以小区为单位选举了自己的业委会。

第二，履职方式方面，新当选的J小区业委会十分注重借助业主微信群等新媒体，通过投票的方式决定社区公共事务，取得了良好的效果。笔者在访谈中了解到，J小区绝大部分的业主家庭中都至少有一位成员加入了业主微信群，代表性极强的业主微信群已经成为业主协商小区公共事务最重要的平台。诸如物业收费标准、小区车位划分、绿化等重要的社区事务，均通过业主微信群集体投票或协商的方式得到了比较妥善的解决。同时，业主微信群也成为业主之间、业主与业委会、业主与物业公司沟通的有效渠道，增进了彼此的理解和妥协精神的养成。

（二）受制于业主与业委会的物业公司

在目前的社区治理体系中，尽管从表面看来，物业公司并不掌管社区管理事务，仅依据合同提供相关服务，但实际上却是小区公共设施设备直接管理者、环境卫生等社区服务的第一负责者，此外通常还负责管理公共盈利收益[①]。尤其对于商品房住宅小区，物业服务质量是社区管理水平和质量的最大影响因素，因此物业公司实际上已成为社区重要的治理主体。

在J小区，可以说居民与物业公司的纠纷始终贯穿于社区的成长进程。在过去的十余年间，居民与物业公司之间围绕物业费征收标准、服务质量、停车费的收取和使用、小区公建的使用和收益支配等问题，先后爆发过一系列的矛盾和冲突，社区所辖6个小区先后经历了5家不同的物业公司。在2016年底的业委会换届选举完成之后，包括J小区在内的6个小区随即开始了新一轮的物业公司选聘工作。2017年初，J小区正式更换了原来的物业公司，引进了新的物业公司。由于新近聘请的物业公司完全由业主和业委会自主选聘，再加上业委会本身比较强势，有关物业服务的重要决策均由业主和业委会做出，业主（业委会）与新聘物业公司之间大致呈现为决策者和执行者的关系。

在新物业公司入驻仅半年时间后，小区的治安、卫生环境、绿化等方面就取得了明显的改善，因此目前业主与新物业公司的关系整体还是比较融洽的。从问卷数据和调研中了解到的情况来看，居民对物业公司

---

① 徐金燕、陆自荣：《城市社区自治组织在社区管理发展中的困境及其破解》，《湖南科技大学学报》（社会科学版）2011年第4期。

的满意度也非常高，与之前与原物业公司的激烈矛盾冲突形成了鲜明的对比。同时，由于得到了大部分业主和业委会的支持与配合，物业管理工作的“权威性”也有了明显的提升。

（三）日益边缘化的社区“两委”

改革开放以来，市场经济的快速发展逐步瓦解了单位体制，从“单位”分离出来的社会管理和服务职能需要新的组织来承担。在这种情况下，民政部于1991年开始提出并推动“社区建设”，社区正式开始承接原本主要由单位承担的社会管理与服务职能。另一方面，随着社会结构重组引发的利益多元化，各类社会矛盾急剧增加，政府面临的社会稳定压力越发严重，因此社区建设又被赋予了另一项使命，即通过“加强基层政权建设”，维护社会稳定。于是，本来作为城市居民自治组织的居委会一开始便具有了“官民二重性”的组织特性，兼具法律上的自治组织与实际运行中的准行政组织，且“行政化”色彩日渐浓厚，从而实际上成为政府在社区层面的代表。

J小区所隶属的社区党委和社区居委会最早源于2013年1月正式成立的J社区工作站。J社区工作站在成立之初属于街道办事处设置在社区层面的便民服务机构，主要目的是为辖区居民提供便捷的社区服务，其工作人员属于街道办事处招聘的合同制工作人员。由于办公和人员经费均来自街道办事处，因此社区工作站的首要角色是承担街道办事处交办或者要求配合的诸多事项，实际上代表着政府一方。虽然目前已经成了J社区居委会，但实质上居委会在性质上依然延续了街道办事处“下属”的角色定位，自治色彩反而并不突出。

如前文所述，包括J小区在内的X社区内各个小区普遍已经更换了3家以上的物业公司，居民与物业公司的矛盾深刻而尖锐。因此自2013年成立以来，无论是早期的J社区工作站还是后来的J社区居委会，除完成街道交派的任务、做好社区服务以外，另一个主要工作就是协调居民与物业公司的关系，化解纠纷矛盾。但由于社区居委会（工作站）在处理居民与原物业公司矛盾纠纷过程中也出现了一些失误，没有扮演好协调者的角色，再加上其在2016年底各小区准备业委会换届选举和更换物业公司时的工作方式和态度出现了一些问题，一定程度上影响了社区“两委”在居民心中的公信力。笔者在调研中了解到，社区居委会的部分工作人员认为J小区改选业委会并决定不再续聘原物业公司，属于“瞎折腾”“不服从党的领导”，甚至抱着一种看“笑话”的心态。以上言论很容易招致业主和居民的反感情绪，不利于社区居委会（工作站）开展工作。以上导致的最终后果，就是社区居委会（工作站）在J小区治理结构中被日趋边缘化。问卷数据也印证了上述判断：在对居委会（社区工作站）和街道办事处的评价中，J小区受访居民的评价满意度明显要低于Z小区和L小区。在针对居委会（社区工作站）的评价中，J小区受访业主选择比较满意和非常满意的比重相加为28.7%，选择不满意和很不满意的比重相加则为39.4%，而L小区和Z小区受访业主选择比较满意和非常满意的比重相加分别为96.3%和90.4%。

二 Z小区与L小区：自上而下的传统治理模式

虽然业主和业委会主导的新型社区治理模式正在逐步扩围，但目前主流的社区治理模式依然是政府主导下的自上而下的传统治理模式。在本章所选取的三个典型小区中，虽然Z小区和L小区的社区治理模式存在一定的差异，但都属于政府主导下的传统社区治理模式。

（一）Z小区：村治向社区治理的转型

结合前文分析和田野调查，Z小区为“村改居”社区的典型，在社区治理的社会基础和治理形态方面存在以下几个突出的特点。

第一，社会关系网络方面呈现出“亦城亦村”的过渡性。对于那些已经完成“村改居”的社区，通常无论是从居民身份还是管理体制，都已经纳入城市社区的统一管理体制当中，显然属于城市社区。然而，由于“村改居”社区是从农村社区转化而来，体制转型的完成并不能在短时间内抹去原本的农村社区特质，因而被形象地称为“都市里的村庄”或“都市村社共同体”①。在Z小区，居民基本为原村民，社会关系方面仍维持村庄时期熟人社会的状态，社区人口结构的同质化程度非常高，邻里关系较为紧密。Z小区这种高度同质化的人口结构一定程度上有利于邻里互动，成为推动社区治理的基础因素，但也存在一定的负面影响，

① 蓝宇蕴：《都市里的村庄：一个“新村社共同体”的实地研究》，生活·读书·新知三联书店2005年版，第11页。

因为在这种高度同质化的社区中，社会交往类型通常相对单一，社会交往仍处于村落时代的“熟人社会”或“半熟人社会”层面。于是，曾经的村落在这种情况下被重新构建，原村民由于居住空间和社会交往的断裂，他们并不能与市民建立私人性、亲密的社会关系，这使他们获得的上升机会比较少。

当前，诸如Z小区在内的多数“村改居”社区，多数面临着社区内部缺乏异质性，容易产生非良性的邻里效应（neighborhood effects）的问题，成为社区居民提升人力资本和职业层次的潜在阻碍。这一点，也在问卷的样本中得到了体现：在Z小区，受访业主的职业分布中无业的比重达到了惊人的68.4%，而在国企和机关事业单位、私企及外企工作的比重相加则仅为21.4%；虽然课题组在设置问卷问题时把退休人口也算在无业人口当中，但如果剔除了问卷样本中27%的60岁以上人口，处于正常工作年龄的受访居民中仍然有41.4%的无业和失业人口。而J小区，在国企和机关事业单位、私企及外企工作的比重相加达到了76.6%，且剔除60岁以上的人口后，几乎不存在无业、失业人口。

第二，居委会和集体经济组织在社区治理中处于主导地位。Z小区的社区治理模式大体继承了原来的村治模式，居委会和集体经济组织作为原村委的继承者，在社区治理中处于主导地位，并对居民具有强大的渗透力。例如，在“是否认识居委会的工作人员”一题中，比起J小区超六成的居民选择不认识，Z小区超九成（95.9%）的居民选择了认识，从这种悬殊差别中，完全可以窥见居委会对居民的渗透之强。

第三，居民的公共参与能力不足。广泛和有效的居民参与是构建多元共治新型社区治理模式的内在要求。在Z小区，居民整体的主动参与意识较低，为数不多的公共参与也多为被动参与，例如，作为居民自发参与社区事务，实现社区自治重要体现的社区协商。在“您是否参加过社区协商”一题中，J小区近半数的居民选择“参加过”，而Z小区居民选择“从未参加过”的占98.0%。因此可以说，社区协商这种居民自治形式，在Z小区是几乎不存在的。

（二）L小区：对政府依赖性较强的公租房社区

公租房是根据国家住房保障政策及相关规定，由政府统一设计规划，按照一定建设标准，享受一定优惠政策，专门向城市中低收入人群提供带有保障性质的住房。L 小区就属于公租房社区。结合前文分析和实践调查发现，相比于一般的城镇社区，L 小区在社区治理基础和治理形态方面存在以下几个突出的特点。

第一，居民以经济贫困的弱势群体为主。总体来看，L 小区多为中低收入家庭，居民学历不高，文化素质较低，失业待业者较多，很多居民靠领取低保或做一些小生意维持生计。从问卷数据来看，L 小区受访居民的受教育程度为初中或高中学历的比重最高，达到了 70.0%。就业结构方面，L 小区居民的就业层次普遍偏低，失业、无业人口的比重较高。普遍较低的受教育程度和糟糕的就业状况决定了居民的整体收入水平不可能理想：在 L 小区，家庭年收入低于 3 万元的受访居民达到了 50.0%，而家庭年收入在 10 万元以上的居民家庭比重仅为 3.9%。在 J 小区，相应的比重则分别为 5.7% 和 59.6%，对比落差异常明显。

第二，对政府的依赖性强。在 L 小区，由于居民的利益诉求与房屋产权并不直接相关，而是主要反映为由政府承担相当责任的房屋租金补贴，以及物业服务、社区性公共服务等。也正是由于居民对政府的依赖性较强，因此街道政府和居委会开展的各项工作往往能够得到较好的响应，社区工作的行政化色彩非常浓厚，政府中心主义凸显。比较典型的反映是，在“您认为未来社区服务和治理的主体应该是谁”一题中，59.7% 的 L 小区的居民选择了居委会，而 J 小区仅一成左右的居民做出同样选择。此外，在“是否认识居委会的工作人员”一题中，比起 J 小区超六成的居民选择不认识，L 小区的表现与 Z 小区类似，同样有超九成的居民选择认识，居委会（村委会）对居民的渗透之强在悬殊差别中可见一斑。

第三，居民参与被动性强、自治性低。关于 L 小区居民公共参与的特点，在 2015 年的居委会成立选举过程中得到了比较充分的体现。在 2015 年的居委会选举中，L 小区的投票率达到了 85%，在街道位居前列，与之形成鲜明对比的则是 J 小区因为选民登记率过低而致使选举流产。这种罕见的高投票率，一方面是因为社区工作站工作人员电话通知到每一户登记选民，但更多则源于 L 社区居民对政府和居委会的依赖，积极参与投票更像是借此表达“对政府工作的支持”。因为在几乎同时进行的 J 小区居委会选举中，社区工作站前期的通知工作也做得比较到位，但最终还是因为选民登记率过低而流产。然而，L 小区居委会选举的高参与率并不等同于参与效果和质量，更多呈现为一种虚假繁荣：在选举中，由于社区工作站人员缺少必要的介绍，使得居民对候选人不甚了解，在投票时也无从比较。而且，L 小区的大部分选民也并没有切实地行使和珍惜手中权利，更多的是配合居委会工作。例如，很多居民在对候选人不甚了解的情况下，仅根据以往经验、性别偏好、学历认知，甚至姓名，如何进行选择。可以说，居民的高参与度是利益驱动下的表象热情，而对于信息的不重视、不关心，选举过程中出现的不了解和无所谓才真正体现了居民参与的冷漠实质。

第三节 差异化社会治理模式生成背后的社会整合机制

在目前的城市社区治理结构中，存在着政府、社会和市场等多个利益诉求重心存在着明显差异的利益主体。联系前文的分析，作为一个基本的研究设定，我们认为社区内嵌的利益关系网络构成了社区治理结构中最为核心的变量，是社区结构内部诸要素关系的基础。为了检验社区内嵌的利益关系网络对基层社会整合机制与社区治理模式的基础性影响，本节将主要从社会整合机制的视角，探讨三个典型案例社区的治理模式生成过程。

一 自下而上的聚合型整合：J 小区治理中的社会整合

人类作为一种社会动物，一定程度上可以说，经由各种社会关系所体现出来的多种需求即可被称为利益。而利益整合则是以保护不同利益群体为前提，让不同的部分能够有序且合理地结合，从而形成利益共同体[①]。作为整体社会的一个组成部分，社区内部也包含冲突与协调两种动力。社区冲突的原因可能是多方面、多维度的，但其中最为重要也最为核心的一点是稀缺资源的配置问题。而且，社区冲突往往还具有外部关

---

① 王长江：《如何认识我国现阶段的私营企业主入党问题》，《中国党政干部论坛》2002 年第 1 期。

联性，即单个的社区冲突的不妥善解决很有可能进一步诱发其他冲突。因此，解决社区冲突的过程实际上就是整合各种利益诉求的过程，其实质是要在现有的法律框架下，在保护冲突相关各方利益的前提下，对冲突进行干预、协调、解决以及后续完善的整个过程。

同样，J 小区目前存在的业主和业委会主导的社区治理模式是伴随着社区利益冲突以及随之而来的自下而上的聚合式社会整合过程，逐步构建起来的。关于 J 小区的社会整合过程，将尝试从利益共识的达成、集体行动的组织动员和外部力量的影响三个方面入手，构建一个初步的分析框架。在这一分析框架之中，利益共识的达成、集体行动的组织动员主要反映为业主群体的利益诉求和围绕共同诉求采取的集体行动；外部力量的影响则主要是指社区“两委”、物业公司等利益相关主体对业主集体行为的态度和施加的外部影响。在分析框架的三个方面中，业主群体利益共识的达成以及随之而来的集体行动的动员，无疑是推动社会整合完成的主导力量，但社区“两委”、物业公司等主体的态度和针对性措施，也始终伴随着社会整合的全过程，并对社会整合的最终走势产生着深刻的影响。

（一）利益共识的形成

随着我国城市物业管理覆盖面积的逐年攀升，与之相关的物业服务问题逐渐成为社区治理的核心问题。同样，在 J 小区的利益整合进程中，物业公司与居民的矛盾逐渐升级是关键性的因素之一，也是促成业主自下而上聚合式社会整合的起点。需要指出的是，与很多商品房住宅小区相类似，物业服务质量问题一直是 J 小区居民关心的核心问题之一。

从问卷样本数据来看，在 J 小区，居民构成以中青年为主，50 岁以下的受访业主占比为 75.8%，而 60 岁以上的受访业主占比仅为 14.9%。在这样一个以中青年为主且就业率极高的社区中，居民平时大多数忙于工作，对基层政府以及社区提供的诸如医疗、养老、文娱等免费或半免费类的社区性公共服务的需求并不是很热切。但对于社区的卫生、绿化、安全等主要由物业公司提供的付费服务却相对敏感。因此，从第一批业主入住开始，居民与物业公司就因为物业收费、停车收费、配套设施、公建的使用和收益归属等问题陆续发生了一系列的矛盾纠纷，成为社区居民的重要利益关切点之一。

然而，不同于计划经济时代的单位大院，新式商品房小区的业主因城市置业聚集在一起，大家来自不同地域、不同行业，在较短的时间内聚合到一起，先天缺乏血缘、业缘之类的黏合剂，导致居民的社区公共参与度通常不高，社区公共活动的组织动员也通常十分困难。在J小区，虽然居民与物业公司的矛盾长期尖锐突出，但除了少数的社区活动积极分子，绝大多数居民并未投入其中，而是持一种观望的态度，很多人持有“搭便车”的心理。

相比较物业纠纷，真正激起J小区业主们的参与热情并达成普遍性利益共识的导火线事件是恶劣的物业服务诱发的房产相对贬值问题。现阶段，在我国城市尤其是房价偏高的大城市中，可以说房产已经成为相当一部分居民最主要的存量资产。因此，购买住房虽然首先满足的是居住需求，但也可以看成一种投资。从2016年开始，天津和其他国内大中城市一样经历了房价的猛烈上涨，“房价”再一次成为全民关注的话题。在这一过程中，J小区的部分业主发现：虽然与H小区属于同一个开发商的同一个楼盘项目，但J小区的房价却比房龄较其更老的H小区平均每平方米要低近4000元，J小区的房价出现了明显的倒挂现象。J小区房产的相对贬值问题，可以说深深地刺激了业主们。

在分析J小区与H小区房产价格落差的原因时，相当一部分业主认为物业服务质量的差距是最主要的原因。城市住房作为一种特殊商品，具有两种功能：一是居住功能；二是投资功能。这两种功能虽然是统一的，但住房的居住功能却永远是第一位的。上述情况在J小区无疑得到了直接的印证：在2013年自主引进了新的物业公司之后，H小区开始由一个纠纷矛盾不断的“问题”社区，逐步向一个生活环境优良、邻里关系和谐的社区转型。在此期间，J小区的生活环境、公共设施等不但没有得到改善提升，反而在持续恶化。在这种情况下，更换物业公司、提升物业服务质量，就成为业主们的普遍共识。可以说，H小区这一合适的横向比较对象的出现，促使J小区的业主开始将物业服务质量与房产保值增值问题直接联系起来，进而成为凝聚业主共识的主要利益聚焦点。

（二）集体行动的组织

在业主围绕物业服务质量与房产保值增值问题达成普遍利益共识后，

如何调动业主们实际参与问题的解决过程并避免搭便车行为，就成为能否达成集体行动目的的一个主要影响因素。在这一过程中，小区内部意见领袖的出现和业主微信群这一新媒体平台发挥了重要的作用。以J小区为例，该小区的业主中不乏一些社区事务的积极参与者。尤其是一些熟悉法律法规的律师业主和一些退休的公务员、知识分子业主，更是在其中发挥了重要的作用。我们在访谈中了解到，业主们先主要借助业主微信群进行了激烈的探讨，并达成了业委会换届、更换物业、申请住房维修基金修缮小区道路等目标共识。在随后展开的集体行动中，在一些意见领袖的带领下，业主们也做了比较合理的分工，以避免搭便车现象的发生：考虑到年轻人工作比较忙，但对网络等新事物比较熟悉，因此主要安排年轻的业主通过业主微信群等渠道，动员业主们参与并商讨解决对策；考虑到部分退休的业主虽然普遍对新媒体的熟悉程度不高，但空闲时间比较多，因此多被安排参与与街道办事处、社区工作站、物业公司的沟通协商工作。可以说，在利益共识达成后向实际行动迈进的过程中，社区意见领袖发挥了主要的引导和组织作用，而业主微信群则成为业主们沟通协商的有力平台。

2016年底，在J小区选举产生新的业委会之后，业委会自然成为集体行动的最主要载体。一方面，新成立的业委会积极履行换届之前做出的承诺，迅速完成了新旧物业公司的交接工作，同时顺利启动了房屋维修基金，对小区的道路进行了翻修；另一方面，对大多数的公共事务，并不是直接代替业主决策，而是借助小区微信群等新媒介平台，通过投票、协商等方式进行决策。在此情况下，业主们对新一届业委会的工作普遍给予了肯定。从问卷样本数据来看，对业委会表示很不满意和不太满意占比仅为16.8%，而表示满意和非常满意的比重达到了65.4%。

（三）外部力量的影响

可以说，除了业主利益共识的达成和集体行动被有效组织动员起来，基层政府和社区“两委”、原物业公司等其他相关利益主体的态度和施加的影响，也是影响是否能够完成业委会的换届选举筹备、解聘原物业公司和引入新的物业公司等目标的重要外部因素。对于基层政府和社区“两委”而言，其参与社区治理的首要目标就是维护社区的稳定和谐。因此，J小区业主们对长期以来的维权行为，起初的态度比较消极，整体上持观望态度。而当时的物业公司也不情愿直接被解聘，而是要求业主补偿公司入驻小区三年期间的亏损。对于物业公司的要求，J小区等小区的态度是拒绝任何补偿，并宣称“不惜采取极端手段将物业公司赶走”。在这种情况下，基层政府和社区“两委”也意识到了事态的严重性，开始从中协调业主与物业公司的矛盾，最终新老物业公司的交接得以顺利完成。

通常来看，从社区治理各参与治理主体的组织化程度来看，基层政府和居委会（社区工作站）、物业公司属于组织化程度较高的“小集团”。与之形成对比的是，如果不存在受到业主普遍认可、执行力较强的业委会，业主通常更接近于结构松散、搭便车现象严重的“大集团”。因此，在三方博弈的过程中，业主经常会处于弱势地位。但在J小区，目前却出现了另一种博弈局面：政府、社会和市场三方力量之间虽然依旧存在一定的博弈关系，但出现了社会与市场力量的结盟，进而导致代表党政力量的社区“两委”在一定程度上被边缘化了。出现这一局面的原因是多方面的：首先，经过与物业公司的“长期斗争”，尤其是2016年底以来，J小区的业主们在围绕房屋保值增值、物业服务等核心利益达成普遍共识后，又在新当选业委会的有效组织下，已经比较有效地减少了搭便车现象。其次，由于2017年新近聘请的物业公司完全由业主和业委会自主选聘，再加上业委会本身比较强势，有关物业服务的重要决策均由业主和业委会做出，业主（业委会）与物业公司之间大致呈现为决策者和执行者的关系，发生矛盾冲突的概率大大降低。最后，作为一个商品房小区，社区“两委”介入J小区社区事务的主要抓手之一就是协调居民与物业公司的关系，但鉴于J小区目前居民与物业公司相对融洽的关系，客观上减少了社区工作站介入社区事务的必要性。此外，社区“两委”所提供的社区公共服务针对性有限、整体水平不高等问题，也是导致目前其自身被边缘化的重要原因。当然，相对于上述原因，社区“两委”在J小区利益整合的过程中出现失误，没有发挥好居民与物业公司纠纷协调者的角色，则是导致其在社区治理结构中被边缘化的更为根本的原因。

二　自上而下的管控型整合：Z小区和L小区的社会整合

（一）集体经济组织主导的利益控制：Z小区社会整合的基本特点

总体来看，在Z小区自上而下的社区治理模式中，以原村委为班底的治理机构主要通过向社区居民（原村民）提供集体分红和各种无偿服务等利益输送方式，有效地实施社区层面的社会整合和对居民的管控。具体来看，在Z小区这样的“村改居”小区，由于集体经济组织拥有大量的集体资产，每年都会产生可观的利润。这些丰厚的利润以分红的方式向居民发放，既是村民重要的经济来源，也是居委会和集体经济组织对社区实施社会整合和管控的主要抓手。而且，集体经济组织作为集体资产的管理者，承担了大部分的社区服务费用，典型的有为村民承担物业服务费用、冬季供暖费用等，大大减轻了村民在社区服务方面的经济负担。

正因为如此，在问卷所涉及的治安、消费、家政、医疗等九类社区服务满意度的调查中，Z小区在三个案例小区中均高居首位，全部选择“非常满意”的居民在80%左右，而L小区为50%左右，J小区做出相同判断的居民则不足10%。这之间的差别也反映了利益控制对满意度的影响。对于这些低价甚至是免费的服务，Z小区的居民心满意足。这些低价甚至是免费的服务，既是Z小区居民对社区服务评价较高的重要原因，也是自上而下管控式社会整合机制形成的基础。

此外，由于Z小区的住房虽然完全私有，但属于小产权房，在房屋的交易等方面受到较大的限制。更为关键的是由于缺乏类似于J小区相较于H小区那样的横向比较对象，使得Z小区业主对房价的敏感度相对较低，进而导致了产权因素对Z小区治理模式的影响不如像J小区那样的新型商品房社区那么明显。

（二）保障与依赖：L小区社会整合的基本特点

总体而言，在类似L小区这样的公租房小区，党政组织则主要通过入住资格审核、房屋租金补贴等利益管控方式，掌握着社区社会整合的主导地位。与J小区和Z小区相比，作为公共租赁住房社区的L小区最大的特点是其属于保障性住房，房屋产权归政府，居民只有居住使用权。一方面，由于公租房只能提供给满足特定条件的中低收入者，居民需要按照租赁面积向政府缴纳租金。在中低收入的条件认证中，政府的作用是决定性的。另一方面，L 小区住房的租金主要通过政府直接补贴显现出价格优势。此外，居民对于主要由街道办事处和居委会提供的养老、公共医疗、文化娱乐等社区公共服务的依赖度也比较高。以上各种因素综合作用的结果就是居民对政府有较强的依赖性，党政力量可以有效地主导社区社会整合过程。

此外，从这类保障性住房的成因上看，政府是决策、行动的主体，社区居民在社区形成过程中基本只是被动接受。所以，首先，该社区的居民主体都是迁移而至，并非土生土长的本地居民。仅从户籍地一项来看，L 小区在三个社区中非本地户籍的比例最高。因为居民的社会身份多样化、来源地域差异化，所以他们直接的共同社会归属感也非常弱。其次，同整个社区的建立过程一致，该社区内的社区组织也都是由政府主导的、自上而下建立起来的，基本领导和管理人员均是外部任命的。在这样的情况下，社区居委会等相关组织的行政性质与职能显然比较凸显，其对于社区自治的指挥领导作用就超过了其本来的指导地位，因而也会对当地社区居民的参与动力与意愿产生负面影响。

三 案例小区社会整合特点的比较

在我国当前的社区治理中，从理论到具体的治理模式划分，不同观点的差异主要集中于治理主体的地位、作用、关系和互动机制，核心的争议在于社区治理中党政力量和其他主体的关系问题[①]。综合前文的分析过程，从案例小区社区社会整合的过程和特点来看，三个小区居民对于社区事务利益聚焦点的差异构成了其社会整合分化的起点和基础。具体来看，作为一个典型的城市中产阶级住宅小区，J 小区居民对于社区公共事业的主要关注点是物业服务质量以及直接受其影响的房产保值增值问题。对于上述问题，党政组织无力也无心协调解决，这就使得其缺乏推动社会整合的有效“抓手”。作为对比案例，虽然“村改居”Z 小区和公租房 L 小区居民的社区公共利益聚焦点有所差异，但也存在明显的共性，

① 夏建中、张菊枝：《我国城市社区社会组织的主要类型与特点》，《城市观察》2012 年第 2 期。

即社区公共利益的聚焦问题均受到党政组织的掌控和主导：在 Z 小区，集体分红、免征物业费等由集体经济掌控的利益分配构成了社区公共利益的聚焦点；在 L 小区，主要由政府掌控和主导的房屋租赁资格、租金补贴及社区公共服务等，则构成了社区公共利益的聚焦点。

案例小区社区公共利益聚焦点的差异直接影响着居民社区公共参与的类型与效果：在 J 小区，由于党政组织无法对居民在社区层面的核心关切施加影响和控制，导致居民对由其发起的社区事务缺乏参与热情，进而积极地参与由小区意见领袖和业委会发起的社区事务，整体呈现为主动参与；但在 Z 小区和 L 小区，由于党政组织主导着主要社区核心公共利益的分配，使得居民对由党政组织发起并主导的社区事务往往抱着"配合政府工作"的心理，能够较为积极地参与，整体上属于被动的参与。

案例小区居民在社区公共利益聚焦点和公共参与方面的明显差异，最终对政社关系和社会整合机制和治理模式的形成产生了重要的影响：在 J 小区，由于党政力量缺乏有效的利益管控手段，再加上工作方式和态度方面存在的问题，导致其在社会整合和社区治理过程中被边缘化，该小区最终迈向由业主和业委会主导的居民自治模式；在 Z 小区和 L 小区，由于党政力量比较牢固地掌控着社区重要公共利益的分配，主导着社区公共事务的发展方向，因此依然能够较为有效地维持着传统的自上而下管控式社会整合模式。

表 3－5　　三个案例小区社区社会整合特点的比较

分析框架/小区类型	J 小区	Z 小区	L 小区
公共利益聚集点	物业服务质量与房产保值增值	集体分红、免征物业费等自上而下的利益分配	由政府掌控的租赁资格、租金补贴及社区公共服务
公共参与的特点	主动参与：由意见领袖和业委会发起的社区公共事务	被动参与：党政力量发起并主导的社区公共事务	被动参与：党政力量发起并主导的社区公共事务

续表

分析框架/小区类型	J小区	Z小区	L小区
党政力量定位	在社区治理中陷入边缘化	主导社区治理	主导社区治理
社会整合机制	自下而上的聚合式社会整合	自上而下的管控式社会整合	自上而下的管控式社会整合
社区治理模式	业主和业委会主导的居民自治模式	自上而下的党政主导模式	自上而下的党政主导模式

第四节 政策导向：构建社区治理的利益共生结构

一 构建利益共生结构的路径导向

比较普遍的看法是，我国现阶段常见的社区治理模式主要有三种：承袭于单位制时代社会环境的行政型社区治理模式；由政府及其依附性力量主导并推动，与社区自治相结合的合作型治理模式；社区居民在治理中处于核心地位的居民自治型社区治理模式。综合前文的分析过程，上述三种常见的社区治理模式不存在优劣之分，只存在是否适应不同类型社区和不同时代背景下社区内嵌的利益结构网络的区别。也就是说，在构建现代社区治理模式的进程中，一个核心的问题，就是根据不同类型社区内嵌的利益网络结构，构建起能够有效平衡社区治理中各利益相关主体的利益、同时亦能发挥各主体自身优势的利益共生结构①。具体来看，党组织的主要优势在于其组织网络和动员整合能力；政府性力量的主要优势在于能够更为高效地提供标准化、无弹性的公共服务；社会组织的主要优势在于能够高效地提供个性化、弹性化的公共服务；驻社区单位的优势在于资源和专业优势。在推动社区治理体系现代化的过程中，

① 在生物学意义上，共生是指两个或多个生物，在生理上相互依存进而达到平衡状态，而不是一方依赖另一方。在这个系统中，各方表现为生产者、消耗者和分解者，个体或群体胜利或成功的奥秘，不在于强者压倒一切的“本领”，而是源于其在这个群体中共生的能力。转引自杨玲丽《共生理论在社会科学领域的应用》，《社会科学论坛》2010年第16期。

应通盘考虑不同参与主体的优势与劣势，取长补短，最终以异质性社区内嵌的利益关系网络为基础，搭建起合作共赢、多元共建的社区利益共同体。

实践中，行政型社区治理模式产生于单位制时代，在特殊的社会环境中，它对社会治理和政治资源进行了有效整合。但是，与此同时它也被看成一种辅助组织，自我管理约束的职能被严重削弱，加上行政的过度干预，往往会导致居民的参与热情不高、对政府的过度依赖以及由此导致的政府负担过重以及责任无限扩大等副作用。

与行政型治理模式相类似，合作型治理模式作为其变种，由于在实际运转中资源的投入仍以政府为主导，所以社区和政府的合作只是名义上的，它们之间很难进行平等的对话交流，政府对社区的行政干预程度依然很重。党政组织仍居于社区治理结构中的主导地位。因此，行政型治理模式的优点以及存在的问题，合作型治理几乎都同样存在。就此来看，鉴于行政型治理模式与合作型治理模式存在的诸多共性，可以将之归纳为传统型社区治理模式。

与上述两种政府主导的传统社区治理模式不同，在居民自治型社区治理模式中，居民处于核心地位，强调的是政府和居民的相互合作。也正是考虑到居民自治型社区治理模式与行政型治理模式、合作型治理模式在治理主体角色定位方面的本质差别，可归纳为新型社区治理模式。它能够激发居民参与社区民主事务管理的积极性，增加居民对社区的认同感和归属感。但也会产生一些副作用，典型的有社区治理中出现的政府、社会、市场三角关系失衡现象。

虽然影响现阶段我国社区治理的因素是复杂多元的，但作为一项公共政策，社区治理与其他类型的公共政策相类似，其本质上依然是一种公共利益的分配与协调活动。在这个意义上，社区治理模式不存优劣之分，只存在是否适应不同类型社区和不同时代背景下社区内嵌的利益关系网络。从实践层面来看，在社区治理中，由于各参与主体的利益诉求存在一定的差异，从而导致社会整合的过程实际上也是一个利益博弈的过程。考虑到我国目前的整体社会环境和政社关系的基本态势，理想的状态，应该是在平衡党政、社会和市场三方利益的基础上，调动各方的力量，共同参与社区治理，即所谓多元共治或协作治理。在构建多元共治模式的过程中，考虑到每类社区面临的治理任务各不相同，各类社区已经具有的要素和缺乏的要素也差异明显，所以需要采取分类治理的方式进行推进。结合三个典型小区，可初步将现阶段城市社区的社会整合机制归纳为两种主要类型，并分别采取不同的完善策略。

二 基本方向：多元共治型社区治理

多元共治型社区治理模式，顾名思义，是在平等合作基础之上，多方主体共同参与，目的在于治理效果最大化的社区治理模式[①]。该类型治理模式的本质仍是“政社互动”，即政府与社会的合作，也可以将其看作混合型社区治理模式在治理理论和合作主义理论引入中国后在参与主体数量上的新发展。具体来说，多元共治型社区治理模式具有三个方面的特性。

一是政府变“主导”为“推动”。从实践来看，完全的业主或居民自治都是无法施行的，“强国家—强社会”模式才是最务实并有效的途径。但是政府“推动”，不代表政府“管理”，也不是政府“管控”，社区并不是单纯的“维稳阵地”，把工作理念和重心放在以社区为依托服务群众，才是搞好基层群众自治的关键[②]。按照这种思路，政府不再是“一家独大”的角色，它应该如同在市场经济活动中一样，扮演好“看不见的手”的角色，制定社区治理的相关法律法规，在资金、人员及场所等方面提供支持和便利，在出现“失灵”情况时及时进行宏观调控。

二是扁平化的治理结构。随着治理主体平等地位的到来，扁平化的社区治理结构也逐渐形成，即治理主体之间不再是过去单向的领导与被领导的垂直关系，也不是完全平行和相互独立的横向网络关系，而是呈现为扁平化的组织关系。这可以从两个方面来解释：首先，政府不再通过街道对社区各项事务进行直接的领导和管控，应逐渐淡化自上而下的行政化模式；其次，在多方治理主体的参与基础上，社区职能不断完善，

---

① 俞楠、张辉：《自治与共治：“合作主义”视角下的社区治理模式》，《理论与改革》2006 年第 6 期。

② 朱仁显、邬文英：《从网格管理到合作共治——转型期我国社区治理模式路径演进分析》，《厦门大学学报》（哲学社会科学版）2014 年第 1 期。

社区事务逐渐变为横向的协调和拓展，各治理主体各自在场域内活动[①]。如此说来，这种类型的治理结构使得公共产品有效性增强，社区回归“服务”本位。

三是各主体平等参与积极互动。这一特征也是“多元主体合作共治”型城市社区治理模式的最基本特征[②]。这意味着多方治理主体不仅拥有与政府平等的地位，各主体之间也是平等的[③]。这体现在两个方面：一方面，政府不再是“一家独大”，治理主体各方形成“柔性合作”，达到治理效用最大化；另一方面，作为我国依法设置的基层群众自治组织，居委会迎来了自身的“服务与自治本位回归”，在社区治理过程中，它们承担着提供公共服务和公共产品的重要职能，此外，物业公司、业主大会以及业委会也在相应社区内发挥着不可替代的作用。此外，平等协作的参与可以使治理主体间互动性增强。合作共治替代了原先的发号施令、强制执行的手段，单向度的管理途径得以改变，使得互惠协商、平等合作的伙伴关系能够建立，而复杂的公共事务的治理也能通过认同的一致性和集体行动得以实施。

三　传统治理模式：积极培育多元化的参与主体

传统治理模式主要存在于城市老旧社区、“村改居”社区、公租房社区等，其基本特点是以社区服务、物业收费补偿、集体分红、房租补贴等利益手段为抓手，以社区“两委”为社会整合的主要载体，并在此基础上构建和维持着党政主导的自上而下的传统社区治理模式。在传统社区治理模式下的社区，由于“群众基础较好”，居民参与的程度往往较高，但参与的事务主要是由党政力量发起并主导的社区事务，参与的效果却普遍并不理想。

联系前文的分析过程，在类似L小区这样的公租房社区，由于政府

---

① 俞楠、张辉：《自治与共治：“合作主义”视角下的社区治理模式》，《理论与改革》2006年第6期。

② ［英］格里·斯托克：《作为理论的治理：五个论点》，华夏风译，《国际社会科学》1999年第1期。

③ 沈荣华、赵利、胡岚：《合作共治：我国城市社区建设的路径——苏州市平江区社区体制创新探析》，《社会科学》2008年第10期。

实际上承担了住户相当部分的房屋租金，居民对街道办事处和居委会提供的养老、文化娱乐等社区性公共服务的依赖度也比较高，进而形成了党政力量主导社会整合的基础。而在类似Z小区这样的“村改居”社区，实施社会整合的主要抓手则是原村庄集体经济附着的各种利益，典型如集体分红、免征物业费等。此外，在相当部分的城市老旧社区，由于政府对社区物业服务给予了大量的补贴，居委会和社区工作站又承担了诸如养老服务、医疗服务等大量的社区服务，从而使得基层党政力量能够主导并实施有效的社会整合，进而形成政府主导的、自上而下的社区治理模式。

整体来看，城市老旧社区、“村改居”社区、公租房社区目前普遍存在的传统社区治理模式大体上符合社区内嵌的利益网络结构，有利于保障社区的和谐稳定。长远来看，随着上述社区内部利益网络结构的变化，尤其是“学区房”等因素引发的社区居民更新，大量维权意识强烈、公共参与能力较强的中青年市民因为子女就学而从郊区返回城市中心的老旧社区居住生活，居民、业委会和物业公司等治理主体在社区治理结构中的角色总体上会越发积极，因此社区治理模式最终的演化方向亦应是建构多元共治的新型治理模式。鉴于此，虽然说在上述类型的社区，目前自上而下政府主导的社区治理模式大致契合了社区内嵌的利益关系网络，但也应积极培育居民的参与能力与热情，随着社区利益结构的变化而适时调整社区治理模式，最终为迈向居民主导的多元共治模式奠定社会基础。

四 新型治理模式：构建“平衡的三角关系”

新型治理模式主要存在于类似J小区这样的新式商品房住宅社区。其社会整合的基本特点是业主以利益共识为主要聚合点，以业主（业委会）为主要载体，开始逐步形成多元共治的新型治理模式。不同于前述的各类社区，新式商品房社区的社区服务主要依靠物业公司，基层政府及社区“两委”对居民的切身利益影响有限，因此缺乏有效的社会整合手段。显然，相对于城市老旧社区、“村改居”社区和公租房社区，新型商品房社区目前已成为城市社区类型的主体。同时，新型商品房社区通常也是社区治理中矛盾关系最为复杂和突出、社会整合最为困难的社区类型。

从社会整合的视角来看，对于新型商品房社区，优化其社区治理在于明晰多元主体的角色定位，激发主体活力，整合资源、联结各方，构建协同共生的治理共同体。目前，基层政府、社区自治组织、居民和业委会以及物业公司等在社区治理中扮演较为重要角色的治理主体，大多存在不同程度、不同类型的“缺位”“错位”或“越位”现象。下文将针对不同治理主体当前面临的“主要矛盾”，分析有效激发多元主体活力、构建协同共生的治理共同体的主要着力点。

（一）推动治理重心下移：实现基层政府治理不“缺位”

在我国的社区治理结构中，基层政府在城镇地区通常是指乡镇或街道办事处，在农村地区则通常是指乡镇政府。当然，需要说明的是，虽然从法律意义上讲，街道办事处仅仅是市辖区政府的派出机构，但从实际的政府过程来看，街道办事处已经在很大程度上被作为城市地区的基层政府，即所谓城市的“两级政府、三级管理”。随着社区事务的日渐繁重和属地管理的强化，无论是作为一级完整政权建制的乡镇政府，还是在法律层面仅是区县级政府派出机构的街道办事处，近年来在社区治理中承担的职责均是越来越重。尤其是在强调各层级政府机构“上下对口”、工作压力层层传导的背景下，无论是作为“块块”的乡镇政府，还是在实践中已经演变成为“块块”的街道办事处，相当多的工作是在完成上级“条条”部门交办的任务。而且，由于基层“条块”矛盾依旧十分突出，无论是乡镇还是街道办事处，其对于“条”上的各种资源通常无权调配，导致社区治理中的权责失衡现象非常突出，经常处在“管而不理，想管没理”的“缺位”局面。

目前，各界对基层政府权责失衡的现状已经达成了基本的共识，实践中的各类创新也主要聚焦于此，典型如“吹哨报到”机制、执法权全面向街镇下沉和网格化管理。其中，“吹哨报到”的基本思路是借助“区域化党建”等途径，采取“街乡吹哨、部门报到”等实践创新形式，使街镇可以调动区县一级各种“条条”部门的资源，集中解决各类民生问题，属于调节基层权责失衡问题的权宜性措施。权力下沉则是通过将区县一级职能部门的人事权、执法权、考评权等重要权力下沉至街镇一级，从而达到充实街镇权力、提升基层执法办事能力的目标，一定程度上代表了构建简约高效基层管理体制的长期改革方向。网格化管理则是以互联网技术为依托，通过将管理区域划分成网格，设置网格员、网格长，进而构建起及时、高效的问题反馈机制，缓解基层政府和社区的工作压力。

目前，国内的很多大中城市，由于市辖区所辖人口规模普遍偏大，甚至出现了一些百万人口级别的市辖区，从而使一些市辖区事实上已经达到了中等城市的规模，“两级政府、三级管理”的纵向管理体制已经事实成型，市辖区政府已经难以避免地成为“管政府的政府”。因此长远来看，只有通过完善街道办事处的职责配置，厘清“条块”关系，才有可能实现基层政府在社区治理中的不“缺位”，推进基层治理现代化。理顺基层治理中的“条块”矛盾，从理想化角度来讲应该是“吹哨报到”、网格化管理和权力下沉三种路径搭配使用，取长补短，逐步推进：首先，区县政府应下沉部分权力至街镇，尤其是行政执法权，充实街镇的职权配置，通过主动缓解基层治理中存在的“条块”矛盾，便于街镇日常化执法管理与便民服务工作的开展；其次，加强党建引领作用，在街镇遇到自身职责范围内难以解决的、需要区县一个或者多个职能部门协调的问题时，可发挥街道大党委的“吹哨”功能，便于重要事件与紧急情况之下各层级、各部门的快速响应联动，以此加强“条块”的协作；最后，还需要充分发挥信息技术在基层社会治理中的作用，以减轻街镇和社区的工作负担，提升信息传递效率，发挥好网格化管理的预警和桥梁作用。

（二）平衡行政与自治属性：实现社区自治组织不“错位”

城市社区自治组织是指社区居民委员会（以下简称居委会），是社区治理工作的一线引导者和关键参与者。从法律意义上看，居委会是城市居民的基层群众性自治组织，理应强调自身的自治性、社会性和公益性。但在实际运行过程中，居委会在社区治理领域长期扮演的都是双重代理人的角色：一方面，居委会是国家在城市基层社会的代理人，具有社会整合与组织动员的功能，尤其是随着近年来不断强化属地责任，使得行政事务开始大量向社区下沉；另一方面，作为群众自治组织，居委会有义务负责向国家反映社区居民的意见和诉求，履行中介协调、自我服务、组织居民自治的功能。现实中，社区的自治状况实际上是由日常工作中所包含的上述两种事务及相关权力之间的比重决定的。

然而，当前居委会的实际运行状态表明，由于具有对政府资源的高度依赖性，使得其双重角色正面临一定的失衡：应然角色的社区自治功能萎缩，而实然角色类行政化组织功能加强，面临着自身角色的冲突。现实中，由于传统官本位观念的残留、居委会成员理性人的行为模式，以及基层政府拥有对居委会成员事实上的任免权、考核权、工资福利、办公经费等资源配置权力，使得居委会成员更倾向于将自身行政化，以享受更多的行政权力和获得最大收益。

另一个值得注意的现象是，在近几年的基层治理实践中，属地管理的明显强化，使社区管理面临更大的压力和全新的难题，进一步加剧了居委会的行政化倾向。作为与垂直管理相对应的一种管理体制，属地管理的主要特点是不考虑“条块”分割等我国行政体制的基本特点，而是以特定的空间作为划分管理范围的依据，特定的管理主体在其辖域内对几乎所有的公共事务负责[①]。客观而言，属地管理原则有利于缓解“九龙治水”等体制弊病引发的部门纠纷扯皮等问题。特别是在非常时期，有利于各个职能部门齐心协力，最大限度地调动各种资源。然而，在不同于非常时期的日常工作中，属地管理的全面强化，往往会造成责任被层层划分、下压，社区等基层单位最终无法避免地成为最主要的执行者和“背锅者”[②]，最终使得居委会的工作精力主要集中于各类自上而下的行政事务，不仅会加剧社区服务供给与居民需求的脱节，也会干扰居民自治的展开。

当然，社区的“过度行政化”倾向虽然引发了很多问题，但这并不意味着“行政化”与“自治”的二元对立[③]，社区发展的目标也不在于“去行政化”[④]，而是在于平衡行政与自治属性，这要求居委会进一步明确自身属性和工作重心，在基层政府之间构建更为合理的政社关系。

---

① 尹振东：《垂直管理与属地管理：行政管理体制的选择》，《经济研究》2011 年第 4 期。

② 杨凡：《属地管理原则“变形”的表现、根源及其矫治》，《领导科学》2020 年第 2 期。

③ 章文光、杨谨頔、李心影：《社区共同体视域下的行政与自治关系重塑》，《城市问题》2023 年第 5 期。

④ 向居民传达国家的方针、政策，履行社会整合与组织动员的功能，始终是社区工作中至关重要的内容。

（三）激发内生动力：实现社区居民公共参与不“虚位”

在社区治理的各类参与主体中，社区居民无疑是最重要、最广泛的主体。积极而富有成效的居民参与不仅是提升社区治理效能的基础，也是推动基层治理能力现代化的基本目标[①]。近年来，随着社区自治工作的持续推进，尤其是社区协商民主的普及，居民的社区公共事务参与有了明显的提升。关于居民社区公共参与社区治理的互动关系，可以从社区事务的来源（自上而下的行政性事务和自下而上的自治事务）和居民参与程度（参与意愿和参与效果）两个维度出发，考察社区的自治程度和居民的参与情况。

首先，如果社区事务主要源于自上而下的行政性事务，那么无论居民参与程度如何，参与的实际效果都不会很理想。例如，在部分社区，社区“两委”的日常工作基本上都是围绕政府的政策和意愿进行，居委会的行政化倾向非常严重。这种情况下，由于社区居民缺少参与社区事务管理和决策的机会，所以参与意识薄弱、参与能力难以提高。与之形成对比的是，有一些社区的日常工作同样也主要是围绕着政府的委托事务展开，更多地是遵照上级政府的相关政策、指示来进行，行使的权力基本上也是“代理权力”。但与第一类社区不同，社区居民参与社区公共事务积极性比较高，对于基层政府和社区“两委”发起的社区事务都愿意或被动参与进去。但是，由于这种参与主要是围绕政府的意愿和议题来进行的，而不是出于自身的期望和要求，因而很多情况下会出现参与议题与居民实际诉求的脱节，且容易陷入轰轰烈烈走过场的窘境。

其次，即使社区事务主要源于自下而上的自治事务，居民参与的程度也可能存在一定的差异。在部分治理良好的社区，社区“两委”有关社区的公共事务主要是在自治的基础上展开的，而非政府干预的结果。同时，社区居民参与的积极性很高，参与的效果也很好。社区居民积极参与社区自治的同时也能享受这种参与给自己和家庭带来的实际收益，可以说这种类型的自治才是理想意义上的社区自治。但与之形成对照的是，在部分社区，虽然社区“两委”的工作重心已经由遵照上级政府意

① 赵聚军、张雪莉：《城市基层治理中的居民参与与基层管理体制优化——基于四个异质性小区的调查》，《中国行政管理》2019 年第 3 期。

愿转变为关注社区内部的公共事务，而且社区自治事务在日常工作中占据很大的比重。然而，尽管自治组织已经有了一定的自治自主权，社区内的居民对于社区的日常公共事务的参与意愿却不高，不愿意积极配合自治组织开展社区公共事务的管理，只有在自身权利受到侵犯时，其参与热情才会高涨。

由此可见，通过外力干预提升居民公共参与效果大多并不理想，更多只是一种“形式化工程”，提升居民公共参与效能的关键在于激发居民内生动力。在社区治理实践中，要充分尊重居民主体地位，在社区决策和具体活动开展的各个环节，建立健全居民参与渠道，确保居民能够实质性参与，使得居民能够在这一实质性参与体验中，不断降解“无权感”，强化积极参与社区治理的自觉意识。此外，业主委员会普及程度也越来越高。业委会既是业主与政府、居委会、物业服务机构等社区治理主体沟通的一个有效平台，也是监督物业公司服务的重要力量。实践中，要充分发挥业委会作为城镇社区业主维权和履行业主权利的重要载体的作用，提升居民参与社区公共治理的集体行动能力。

（四）提升市场化水平：实现社区物业服务不“退位”

在当前的社区治理体系中，各类市场主体同样不可或缺。在各类市场主体中，考虑到物业服务的特殊性——是与居民利益关系最为密切和直接的市场主体，因此，伴随着物业服务在城市社区的普及，社区居民与物业服务机构的矛盾纠纷也日益普遍化，并逐渐成为社区治理中最为突出的难点之一。从应然的视角来看，物业服务机构与业主之间应该是一种简单的市场契约关系。然而，相对于居民，由于物业服务公司通常在组织和资源方面占有全面优势，是一个组织严密的“小集团”；业主虽然人数众多，却因为种种原因难以有效地组织聚合，类似于一个组织涣散、“搭便车”现象严重的“大集团”。在这种情况下，居民与物业公司的关系更多呈现为一种非均衡关系。从社区物业服务和管理等方面暴露出的种种问题来看，物业公司作为组织、资源和行动能力全面占优的一方，应当负有主要责任。

第一，前期物业公司的服务质量不高，是引发矛盾纠纷的起点。目前，由开发商下属的前期物业服务公司作为小区物业服务机构的情况依然非常普遍。但相较于由业主自主选择的物业服务公司，由开发商指定的前期物业公司由于与开发商之间千丝万缕的联系，从物业公司的选定到物业服务的展开，物业公司和业主之间存在严重的信息不对称。开发商为降低成本，大多倾向于选择成本更低的物业公司，当然，这类物业公司的服务水平自然也会相对较低。

第二，开发商的遗留问题也是诱发物业矛盾纠纷的主要原因。住宅小区的物业服务是建立在已经形成并投入使用的房屋和设施基础之上的服务，因此房屋和配套公共设施的交付质量，会直接影响后续的物业服务水平。现阶段，开发商的遗留问题对物业服务水平的制约，主要体现为以下三个方面。一是规划设计缺陷或施工质量不合格等引发的房屋质量和配套设施不足等问题。对于此类问题，相当一部分的业主都不会通过正常渠道与开发商交涉维权，而是与物业公司交涉，从而引发纠纷矛盾。二是部分开发商为了促销，往往会做出一些不切实际的物业服务宣传，但实际却很难完全兑现，引发业主的不满。三是部分开发商不认真履行房屋和配套设施的保修责任，将问题压给物业公司，物业成为其逃避保修责任的“挡箭牌”和“替罪羊”。

第三，更换物业服务公司困难进一步加深了业主与物业公司的矛盾。虽然从法律上讲，业主与物业服务企业之间只是单纯的市场契约关系，但是按照国务院《物业管理条例》的规定，住宅小区解聘原有物业服务机构和选聘新的物业服务机构均需要先召开业主大会并成立业委会，由业主投票决定相关事宜。实践中，由于各方面的限制，业主大会的召开往往非常困难，业主委员会在住宅小区的成立情况也不够普遍，因此解聘前期物业公司往往比较困难。相对于解聘原物业公司和新聘物业公司，实践中续聘原物业公司的程序则要简单许多。在这种情况下，由于很多小区未能成立业主委员会或业主委员会因各种原因未能选聘出新的物业服务企业，导致前期物业服务时间期限极长，即使业主存在不满，也很难解聘。

总体上来看，物业服务企业普遍存在的市场化和专业化程度不高的问题，是导致业主与物业公司纠纷矛盾的一个关键原因。因此，对于物业公司而言，关键是要加快推进自身服务的市场化和专业化程度，不断满足居民日益增长的需求。物业服务需主动提升服务质量，忠实地履行委托合同内容，将物业服务视为一种正常的市场契约行为，才能最大限度地得到业主的认同和信任。为此，一是要继续推行和完善招投标制度，打破“谁开发、谁管理”的局面，形成物业管理市场竞争机制；二是简化物业服务解聘程序，使小区居民能够更加便利地选择物业公司，也从客观上增加物业服务的竞争压力；三是实现物业服务的专业化，打破统包统揽的经营模式，可尝试将保安、清洁、绿化等专项业务承包给专业公司，以提升服务质量、降低经营成本，形成小区业主、物业公司和相关专业公司多方共赢的局面。此外，部分居民对物业服务职责范围的“拓展”也是引发矛盾的原因之一。对此，居民需要避免对物业公司提出不切实际的要求，而是将物业公司视为“合作伙伴”，致力于构建双方都接受的“利益共同点”。

第四章

原单位制老旧社区的转型与社会整合

随着改革开放以来传统单位制的逐步解体及住房商品化改革，原有的单位制社区也开始转型为当前一种特殊的城市社区形态——老旧社区。概言之，可以将原单位制老旧社区分为两类：一类是已经完成社区改制，社区设施维护和管理工作由原产权单位彻底转移至街道和社区；另一类是虽然已经通过“公房买断”等形式完成房屋产权改革，但原产权单位虽然基本不再参与社区管理工作，但依然在基础设施维护和社区服务等方面扮演着关键角色①，因此可称之为准单位制社区。这里的问题是，原单位制老旧社区的内部分化，对基层治理和社会整合造成了怎样的影响？鉴于此，本章拟基于两类原单位制老旧社区在治理模式、社会整合等方面的差别，分析其治理的特殊性并寻求解决方案。

第一节　单位制社区的三重定位与转型

单位制社区的产生，是特定历史时期经济、政治制度共同作用的结果，且经历了一个否定之否定的过程：新中国成立初期，社区建设工作的重点在于由“法定社区”转变为单位制社区，而在单位制解体后又重

① 车婧：《单位型社区治理路径探析——基于社区和驻地单位的良性互动关系》，《学理论》2014 年第 3 期。

新向社区制回归[①]，这一时期对社区的管理也经历了由加强政府管控向强化社区自治的转变。

一　单位制社区的三重定位

（一）作为经济发展组织形式的单位制社区

单位制社区作为单位制的“副产品”，本质上是通过干预社会空间结构来建设社会主义[②]，是计划经济时期单位经济生活在非工作时期的延伸。这种职住合一的社区形式，事实上成为集体经济管理和动员劳动者的关键手段。相应地，单位制的逐步解体直接导致我国经济发展过程中的“去组织化”以及劳动者与工厂关系的变革[③]。城市居住空间由职住合一向职住分离的转变，使得单位不再是一个“绝对的赞助者”，而仅仅成为城镇职工的收入来源，居民的跨社区流动则被认为是劳动力市场化的表现之一。

（二）作为政治动员手段的单位制社区

总体来看，单位制社区背后的社会整合与动员模式，带有强烈的集权主义式的自上而下管控色彩。事实上，从20世纪50年代起直到改革开放，无论是人民公社还是单位制社区，都是推动基层政治动员和社会整合的制度基础[④]。在单位制下，社区甚至承担了一定的行政职能，由单位对社区居民实施管理，社区实际上演变为“集体空间”[⑤]。改革开放之后，单位制度的逐步解体以及社区类型的变更必然会引起社区治理模式的变革，传统的单位制社区强于整合与动员，如今的商品房社区又普遍缺少必要的社会整合抓手，如何在二者之间寻求平衡点是有效推进基层治理

---

① 华伟：《单位制向社区制的回归——中国城市基层管理体制50年变迁》，《战略与管理》2000年第1期。

② David Bray, *Social Space and Governance in Urban China: The Danwei System from Origins to Reform*, California: Stanford University Press, 2005, pp. 123 – 124.

③ Minghua Zhao, Nichols Theo, “Management Control of Labor in State-Owned Enterprises: Cases From the Textile Industry”, *The China Journal*, Vol. 36, 1996, pp. 1 – 21.

④ Jacoby Sam, “Collective Forms and Collective Spaces: A Discussion of Urban Design Thinking and Practice Based on Research in Chinese Cities”, *China City Planning Review*, Vol. 28, 2019, pp. 8 – 17.

⑤ Jürgen Habermas, *The Structural Transformation of the Public Sphere: An Inquiry into a Category of Bourgeois Society*, Massachusetts: The MIT Press, 1991.

的重要问题①。

（三）作为城市社区形态的单位制社区

与常见的城市社区类型相比，单位制社区作为一种城市社区形态，其特殊之处在于居民对社区的强依赖性。这种强依赖性不仅仅指在经济上居民与工作单位的联系，以及政治上强有力的社会动员，也指单位制自身的封闭性和非匿名性。单位制社区一定程度上成了一个“微型城市”，居民的工作、生活、娱乐及主要社交关系都在同一社区之内②。一些学者甚至称单位是“人们唯一与之相关的地方”，因此居民对单位制社区形成了“组织化的依赖”③。正是由于居民与社区及社区内其他居民形成了这样特殊的社会关系，工作单位作为城市生活的主要焦点导致了单位制社区缺乏匿名性的氛围④。社区成员主动或被动地参与社区事务，构筑邻里关系，因此已经超越了单纯的社区生活范畴。尽管基于经济发展和政治动员的视角，单位制社区是一种高效的组织形式，然而对于社区生活来说过于封闭且包罗万象的集权主义却对居民生活造成了一定的影响。随着单位制的逐步解体和商品房市场化改革，在新兴的多元化社会空间城市中，社区异质性正在表达着新兴社区对新身份的渴望，这种新身份以其社会经济地位为标志⑤。单位大院在这个过程中也经历了由封闭走向开放的过程，不仅重塑了城市空间形态，也使得单位制社区的居民享受到了更为丰富的社区生活⑥。

---

① E. M. Bjorklund, “The Danwei: Socio-Spatial Characteristics of Work Units in China’s Urban Society”, *Economic Geography*, Vol. 1, 2016, pp. 19 – 29.

② P. R. Gaubatz, “Urban Transformation in Post-Mao China: Impacts of the Reform Era on China’s Urban Form”, in Deborah S. Davis, Richard Kraus, Barry Naughton, Elizabeth J. Perry, Lee H. Hamilton (eds.), *Urban Spaces in Contemporary China The Potential for Autonomy and Community in Post-Mao China*, Cambridge: Cambridge University Press, 1995, p. 15.

③ Andrew G. Walder, *Communist Neo-Traditionalism: Work and Authority in Chinese Industry*, Los Angeles: Los Angeles University of California Press, 1986, p. 32.

④ Michael Dutton, *Street Life China*, New York: Cambridge University Press, 1998, p. 34.

⑤ Badiaa Hamama, Maria Paola Repellino, Jian Liu and Michele Bonin, “The Processes Behind Community Building and Place Making in Transitional Urban Moments: A Comparison Between China and Italy”, *China City Planning Review*, Vol. 28, 2019, pp. 25 – 34.

⑥ Peiling, Zhou, “A Socio-Economic-Cultural Exploration on Open Space Form and Everyday Activities in Danwei: A Case Study of Jingmian Compound, Beijing”, *Urban Design International*, Vol. 19, 2014, pp. 22 – 37.

二　单位制社区的转型与社区异质性

当前，城市老旧社区普遍存在的缺乏专业物业服务、基础设施陈旧且亟须适老化改造、治理水平落后等问题，引起了广泛关注①。同时，作为老旧社区的重要组成部分，原单位制社区在市场经济时代如何"异化"也值得关注：随着单位制的逐步解体，传统的单位制社区或多或少都具备了一定的异质性特征，尤其是城市化和劳动力市场的建立使得大量人口涌入城市社区，房屋的租赁更是加剧了社区的内部异质性②。然而，对于原单位制老旧社区异质性程度现状如何及异质性发生的途径，仍存在一定争议。

在异质性程度现状方面，一种观点认为随着单位制解体，住房不再与工作等社会关系绑定，导致原单位制社区产生了明显的异质性变化，社区内部已经呈现出异质混居的居住特征。而且，即便是计划经济时代的单位制社区，同一社区内的人口构成始终存在较大差异，而非市场经济时代的独特产物③。当然也有观点认为，与商品房社区相比，原单位制老旧社区在人口构成上同质性水平更高，具有明显的熟人社会特征。在市场化因素的影响下，无论是老旧社区还是商品房社区，都将经历异质化过程，并最终达到新的同质聚居平衡④。上述分歧实际上反映了在单位制解体之后，原单位制老旧社区的发展并没有形成统一的模式，导致面对纷杂多样的原单位制老旧社区现状，现有的社区异质性框架解释力不足。

对于原单位制老旧社区内部异质性的产生机制，比较典型的观点有认为单位制解体后，单位与居住地联系断裂，受住房市场化的影响，单位居民迁出，外部居民"入侵"，最终导致原单位制社区居民构成的杂化⑤。特

---

① 燕妮、高红：《国内老旧小区治理研究现状与热点主题分析——基于 CiteSpace 知识图谱的可视化分析》，《哈尔滨市委党校学报》2019 年第 3 期。

② 葛天任：《碎化与整合：中国社区发展与基层治理》，社会科学文献出版社 2019 年版，第 20—22 页。

③ 张雪筠：《住房商品化与中国城市阶层空间分布的重构》，《理论与现代化》2005 年第 2 期。

④ 穆晓燕、王扬：《大城市社会空间演化中的同质聚居与社区重构——对北京三个巨型社区的实证研究》，《人文地理》2013 年第 5 期。

⑤ 张纯、柴彦威、陈零极：《从单位社区到城市社区的演替：北京同仁堂的案例》，《国际城市规划》2009 年第 5 期。

别是，由于很多原单位制社区因为房屋年久失修和产权不清晰，加上社区居民自身收入水平和支付能力的差异，以及房屋租赁、继承等多种因素的差异呈现了不同方向的过滤现象[①]。在社区外部异质性方面，有学者指出，正如商品房社区依靠房价差异形成了事实上的社会分层和住房阶层化，原单位制社区的原产权单位对于社区管理进行选择性干预，且不同企业在市场经济下也形成了巨大的收益差距，最终导致社区在单位制解体后的建设水平和居民构成也形成了分层现象[②]。

总体而言，有关原单位制老旧社区的异质性，无论是以静态观点对人口统计数据进行分析，还是以动态视角分析异质化过程[③]，均以关注社区内部人口构成异质性为主。对于异质性的其他方面，尽管也有研究论述单位制社区如何从围合性、封闭性、完整性走向对外融合开放[④]，但其研究视角大多属于城市地理学领域，缺乏对单位制社区的转变过程如何影响社区治理的深入分析。对于社区外部异质性，即便有所提及，也多局限于不同老旧社区之间的异质性对比，缺乏与其他类型社区的横向比较。

综上，组织结构的变迁必然引起治理方式的改变[⑤]，单位制解体意味着传统治理模式的终结，而老旧社区也有寻求新型治理体制的强烈需求。另外，单位制解体使这一类老旧社区由封闭走向了开放，原单位制社区的土地利用与物质形态相比于计划经济时期发生了巨大变化，社区居民的人口构成和社会关系网络也历经演变[⑥]。正确理解老旧社区的异质性特征，对于解决社区矛盾，强化社会整合具有重要意义。因此，综合分析

---

① 塔娜、柴彦威：《过滤视角下的中国城市单位社区变化研究》，《人文地理》2010 年第 5 期。

② 魏淑娟、程赛琰：《住房政策改革下单位社区分层现象探析——以 L 市 X 区为例》，《中国行政管理》2014 年第 2 期。

③ 孙炳耀：《社区异质化：一个单位大院的变迁及其启示》，《南京社会科学》2012 年第 9 期。

④ 张艳、柴彦威、周千钧：《中国城市单位大院的空间性及其变化：北京京棉二厂的案例》，《国际城市规划》2009 年第 5 期。

⑤ 王甫勤：《社区异质性与中国民众村居委选举参与研究》，《同济大学学报》（社会科学版）2016 年第 3 期。

⑥ 张纯、柴彦威、陈零极：《从单位社区到城市社区的演替：北京同仁堂的案例》，《国际城市规划》2009 年第 5 期。

原单位制老旧社区内部的异质性变化，同时对比不同类型的原单位制老旧社区之间、原单位制老旧社区与其他社区之间的差异性，具有重要的理论意义和现实意义。

第二节　分析框架与案例简况

城市基层治理过程涉及协商谈判、资源交换、协调互动等具体互动行为。因此，在分析老旧社区基层治理结构的过程中，明确不同主体所掌握的权力结构、资源配置是研究的首要任务，然后才能深入探讨不同主体如何就获取权力、资源配置、权力行使展开博弈与互动。

一　分析框架的构建

马克斯·韦伯认为，权力即“一个特定社会关系圈中的行动者不管他人反对与否，都能实施自己意愿的能力或可能性”①。基于这一标准，对于社区权力结构的衡量应当充分考虑不同主体之间形成的权力关系网络。通常而言，能够体现社区权力结构的重要场域之一，就是公共事务如何决策及具体的执行状况。具体到原单位制老旧社区治理问题，参与社区治理的各主体获取资源和持有资源的能力不同，这往往源于社区的权力结构和资源配置失衡。而其深层结果则会导致不同主体或同一主体内部展开利益博弈，重新调配关系。由此引发的利益关系网络的变化则会从根本上影响该社区的社会整合模式。在当前的老旧社区治理与更新中，主要参与者包括街道办事处、社区“两委”以及居民。此外，对于原单位制老旧社区而言，原产权单位是一个重要的外生变量。

（一）街道办事处

近年来，随着属地管理制度的不断强化，街道办事处在基层治理中承担的职责也越来越重。尽管街道办事处在法律层面仅仅是区级政府的派出机构，但在社会治理过程中已经演变成一个事实意义上的“块”。在工作压力的层层传导下，街道主要的工作量来自上级“条”的工作布置。

---

①　石发勇：《城市社区民主建设与制度性约束——上海市居委会改革个案研究》，《社会》2005 年第 2 期。

而且，街道办事处作为一个派出机构，其法律定位也决定了在大多数情况下无权调配“条”上的资源，这就导致了严重的权责失衡问题。这也导致了街道办事处经常面临“管而不理、想管没理”的局面。而且，街道办事处对社区治理的指导和干预也习惯于跟风行事，形成了这样一种决策环境：区级政府和职能部门下压行政任务给街道办事处，街道办事处全面掌控社区的治理资源。由于在很大程度上控制了社区“两委”的人事任命、考评，甚至接管社区财务，街道办事处又进一步将相关工作责任施加给社区层面的社区“两委”。

（二）社区“两委”

随着国家权力逐渐退出社区，社区“两委”成为社区治理新的中心。虽然社区居委会的法律定位是居民自我管理、自我教育、自我服务的基层群众性自治组织，然而如今社区“两委”的自治功能普遍减弱、行政功能的全面加强成为需要切实关注的问题。然而，社区“两委”这一组织形式相比于计划经济时代的单位，并不具备“控制—依赖”模式下强有力的社会整合和资源分配能力。“管不了”“不想管”甚至是“被寻租”都成为普遍问题，因此这种模式也被称为“半正式”或“半公共”控制[①]。社区治理过程中，缺乏权威性社会整合能力的社区“两委”，事实上也不利于培育公民对社区的认同感。当然，社区“两委”的“行政化困境”并不意味着社区发展就要追求“去行政化”的目标。事实上行政性早已成为我国社区基层组织的重要属性，行政责任对社区工作的开展至关重要[②]。

（三）居民

社区是居民自我服务、自我管理的生活共同体，核心理念应当是居民的自治和对社区生活的参与[③]。然而，当今中国城市社区中的居民自治

---

① Jiang Shanhe, C. L. Kenneth and Wang Jin, "Social Ties, Collective Efficacy and Perceived Neighborhood Property Crime in Guangzhou, China", *Asian Journal of Criminology*, Vol. 8, 2013, pp. 207 - 223.

② Leslie Shieh, John Friedmann, "Restructuring Urban Governance: Community Construction in Contemporary China", *City*, Vol. 12, 2008, pp. 183 - 195.

③ 郑杭生、黄家亮：《论我国社区治理的双重困境与创新之维——基于北京市社区管理体制改革实践的分析》，《东岳论丛》2012 年第 1 期。

能力明显发育不足。20 世纪 90 年代以来，由于全能政府模式的失效和单位制的解体，我国开展了自上而下的“规划性变迁”，即社区建设工作[①]。这在原单位制老旧社区中体现得尤为明显。一方面，单位社会中公民意识较为薄弱，居民对社区和单位更多的是依附意识。然而市场经济的发展带来了基层社会原子化和利益的多元化，社会内部凝聚力也因此下降。另一方面，与现阶段占据主导地位的商品房小区相比，原单位制老旧小区大多建成时间较早，社区规划不科学，房屋建筑及基础设施普遍老化严重[②]。从居民构成上来看，多为原国企的退休或下岗员工，并未形成普遍的有偿购买物业服务意识，在后单位制时期形成了普遍的“集体消费”困境和市场失灵问题[③]。这就导致了这类社区普遍没有引进专业的物业公司，而现存的“准物业”仅仅是提供兜底性的服务，居民享有的社区物业服务质量较低。然而，由于社区居民的老龄化程度普遍较高，又对社区养老、医疗、文娱等服务具有较高的需求。对于社区服务的迫切需求，与现实中社区基础设施不完善且物业服务质量较低的矛盾，导致居民的依赖心理增加，这便形成了单一的利益依附链条。这一点在不同的原单位制老旧社区之间的差异在于，如果原产权单位为政府或事业单位，那么居民的依赖心理更多指向原产权单位，而其他老旧社区居民则更多地指向基层政府和社区“两委”。

（四）原产权单位

正如前文所述，依据原产权单位是否完全退出社区，原单位制老旧社区大致可以分为两类，即原产权单位未完全退出的准单位制社区和原产权单位完全退出的老旧社区。值得一提的是，对于准单位制老旧社区而言，街道办事处和社区“两委”虽然在社区治理中处于权威地位，但在具体的社区服务供给中，由于原产权单位分担了部分责任，街道办事处和社区“两委”的角色相对超脱。

---

① 徐勇：《论城市社区建设中的社区居民自治》，《华中师范大学学报》（人文社会科学版）2001 年第 3 期。

② 李迎生、杨静、徐向文：《城市老旧社区创新社区治理的探索——以北京市 P 街道为例》，《中国人民大学学报》2017 年第 1 期。

③ 葛天任：《碎化与整合：中国社区发展与基层治理》，社会科学文献出版社 2019 年版，第 87—95 页。

基于以上基本认识并结合田野经验，本章尝试构建一个关于老旧社区权力结构、资源配置及利益结构的分析框架（具体如图4－1）。为了更好地基于社区异质性视角进行跨社区对比，所选的两个案例社区的原产权单位具有较大差异，X社区原产权单位为天津市已经完成转制的国企，D社区原产权单位则为天津市教育类事业单位。原产权单位在两类社区的治理中角色定位明显不同，进而导致社区内部的利益关系网络也存在明显的不同。同时，为了更好地分析老旧社区在社会整合方面的特殊性，选取一例商品房社区F社区作为社区外部异质性对比分析。

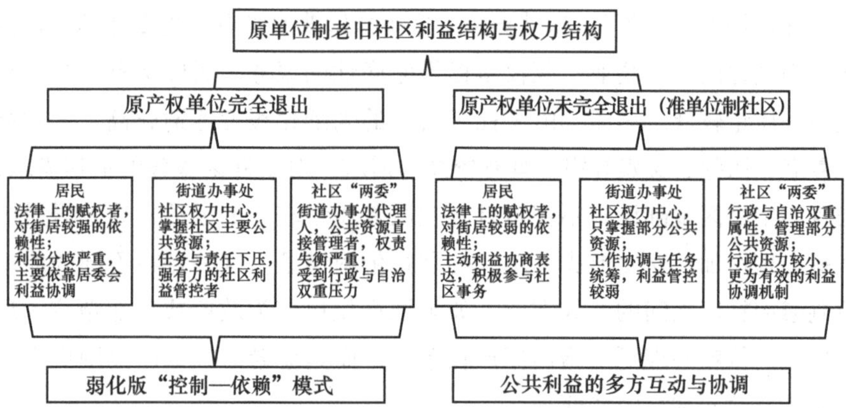

图4－1 原单位制老旧社区的利益结构与权力结构异质性框架

需要指出的是，相对于已有研究，本章的研究存在两点明显的进展。首先，尝试将社区内部异质性与社区外部异质性研究视角结合。传统的社区异质性研究往往仅考虑社区内部异质性或社区外部异质性这两者之一，少数将二者综合分析的研究又多为二手资料分析，基于人口统计数据得出结论。另外，在外部异质性研究的案例选取上，缺乏跨社区类型的比较。本章在分析视角上既关注两个老旧社区出现的内部异质性现象，也关注两个老旧社区之间的外部异质性差异。同时将老旧社区与商品房社区进行跨社区类型的对比，面临相似的社区治理问题，两种截然不同的社区治理模式导向了不同的治理过程及结果，由此更能突出表现老旧社区这一特殊的城市社区类型所面临的独特问题。

其次，尝试将社区利益结构异质性与权力结构异质性研究视角结合。

现有研究通常认为社区异质性问题研究最主要的切入点在于人口异质性，在关注其他利益结构、权力结构的异质性时往往也只集中于单一社区要素。然而社区治理是一个综合性的动态过程，不同社区要素之间会相互影响，社区主体的行为也是由多方面因素共同导致的，将其隔离开来分析某一社区要素与社会治理的关系存在一定的片面性。鉴于此，本章试图在研究中综合考虑多种社区要素的异质性特征，剖析社区事务从产生到解决的内在逻辑，而非单纯对变量间的相关性进行分析。

二　案例社区概况

本章选取了天津市两个原单位制老旧社区作为核心案例，并选取一个商品房社区作为比较案例，通过走访社区内社区“两委”、业委会、物业公司、原产权单位等社区治理主体，详细了解社区情况。具体访谈对象包括社区“两委”负责人、主要成员、物业机构负责人等，调研过程采取半结构访谈的方式。同时，对三个社区的居民进行随机抽样，共发放问卷 325 份，回收有效问卷 246 份，其中 D 社区回收有效问卷 86 份，X 社区回收有效问卷 82 份，商品房 F 社区回收有效问卷 78 份。具体来看，三个案例社区基本情况如下。

（一）D 社区——原产权单位完全退出的转制社区

D 社区始建于 20 世纪 80 年代，在完成单位制改制前为天津市某国有纺织企业的单位大院。目前社区共计居民户数达 2222 户，户籍人口数量为 6078 人，共计 57 个楼栋，常住人口超过 5700 人，老龄化人口比重相对较高，管理规模适中。自小区建成以来，经历了原产权单位从国有企业单位制向公司制的转变，该小区也逐渐由单位制走向社区制。在居民人口构成方面，社区居民的主体为长期居住于此的原棉纺厂下岗及退休职工，在计划经济时代居民与单位联系紧密，在单位转制后社区居民的整体流动性依旧较小，“熟人社会”的特征依旧明显。

同其他的城市老旧社区一样，房屋及基础设施的老化和落后是 D 社区面临的突出问题。由于建成时间久远，以及在建成之初未进行科学的设计规划，其在社区设施、居住环境等方面严重落后于附近的商品房社区。值得一提的是，D 小区与若干商品房小区相邻，这些商品房小区也大多是住房货币化政策实行初期建成的小区，该街道商品房小区与老旧小区交互错杂分布，并由 D 社区“两委”统一管理，其社区“两委”管理和服务范围共覆盖近 2 万户。

随着原产权单位由计划经济时代的国企转制为公司，D 社区的社区服务与管理工作同样脱离了原产权单位，当前主要由街道办事处和社区“两委”承担，其中包括房屋、基础设施的维护更新等重要工作。然而，社区并未成立业主委员会，物业服务也是由天津市政府进行部分补贴的“准物业公司”，虽然收费较低，但也仅能提供社区环境清洁等兜底性服务。年久失修的基础设施和较低的物业服务质量在事实上很难满足社区老年人普遍存在的医疗、养老、文娱等需求。治理主体和居民自治理念的缺失也导致了该社区在一些治理方面还保留着较多的单位制的色彩，许多居民对社区“两委”存在比较明显的依附心理。这增加了街道办事处和社区“两委”的工作负担，也使社区“两委”在社区治理中扮演的角色由法律规定的基层群众性自治组织，变为曾经“全能”的单位在改革开放后社区中的替代者。尽管在管控强度上无法与计划经济时代的单位相比，但社区“两委”与居民的关系实际上呈现的仍旧是纵向利益管控以及居民的单向依赖。

（二）X 社区——原产权单位仍存影响的准单位制社区

X 社区始建于 20 世纪 90 年代，目前社区共计居民户数达 2106 户，户籍人口数量为 4248 人，常住人口超过 3800 人。社区由四个住宅小区组成，总面积约 5 万平方米。与 D 社区相似，X 社区居民自治整体水平并不高，当前并未成立正式的业主委员会。在物业服务方面同样是由社区“两委”牵头，在政府的补贴下引进“准物业公司”为居民提供保洁等兜底性社区服务，其人口构成特点及熟人社会特征也与 D 社区大体类似，事业单位离退休及在职人员在社区居民构成中占较大比例，老龄化程度明显的同时社区居民又带有明显的高知识水平特征。社区居民不仅有强烈的医疗、养老、家政服务需求，其对于文娱类服务的诉求也明显高于其他老旧社区。

然而 X 社区的原产权单位与 D 社区具有明显的不同之处，并非传统国有企业而是教育类事业单位，正因如此，其社区改制的过程也与国企改制不同，其原产权单位并未完全退出社区。尽管国务院于 1994 年颁布的《关于深化城镇住房制度改革的决定》中明确规定了单位不再享有住房的建设、分配、维修和管理职能，房屋的管理应当由单位主导向市场化转变，然而在原产权并未完全退出的社区，单位至今仍然在房屋修缮、基础设施维护等方面发挥着重要的影响。正是由于原产权单位在社区治理中扮演的特殊角色，X社区目前的治理模式同时呈现出单位制社区和新型城市社区的特点，这也是将其定义为准单位制社区的重要原因。在此情境下，尽管从表面上看，X社区和D社区一样，社区制改造的完成意味着社区“两委”和街道办事处在社区治理中居于法定的权威定位，掌握较多的公共资源。然而由于原产权单位在社区治理过程中是房屋维修、基础设施维护等社区服务的实际责任主体，这些问题恰恰是居民更为关心的，因此并未形成居民对社区“两委”的单向强依赖关系。街道办事处和社区“两委”尽管是X社区法定的权力中心，但并未掌握全部社区资源，对居民的利益管控机制更接近于对公共利益的互动协调。

（三）F社区——建成时间较早的商品房社区

F社区建立于21世纪之初，其下辖小区建成时间最早的距今已有20年。目前社区共计居民户数达1536户，户籍人口数量为3815人，常住人口近3000人。尽管社区建立于住房商品化改革之后，且在社区管理模式上属于标准的商品房社区，然而由于建成时间较早，其房屋和基础设施建设同样面临严重的年久失修问题。在人口构成上，60岁以上的老人占常住人口比例超过20%，尽管没有达到D社区（25%）和X社区（29%）的程度，老龄化特征也同样较为明显，不同之处在于这些居民的工作、生活经历各异，并不具备熟人社会的特征。

在社区治理主体构成上，作为商品房社区的F社区与原单位制老旧社区便存在巨大差别。该社区不仅引进了专业的物业公司，而且成立了专门的业主委员会，二者均按相关规定进行定期的续签与换届。同时，在日常社区治理过程中，F社区引入了更多外部主体参与其中，可以说在日常社区服务供给上具有原单位制老旧社区无法相比的优势。由于居民与社区的关系是“购买—享有服务”的模式，因此社区“两委”对居民的利益管控程度整体较低，在社区治理过程中情感因素发挥的作用并不明显。

第三节 案例社区内嵌的异质性利益结构

社区之中不同主体的相互作用是社区治理结构的重要表现，因此基于不同主体对社区治理问题展开分析一直以来都是相关研究的重要切入点。行动理论认为，一项行动在逻辑上包含身为当事人的行动者，同时这一行动者必须有明确的行动目的，以及与之相对应的行动条件和行动手段，最终的行为必然是受某一独立、明确的选择性因素的影响①。在原单位制老旧社区治理与社会整合过程中，居民、社区“两委”、街道办事处以及原产权单位都是重要的利益相关者，了解不同主体的利益诉求，并结合社区实际情况以及社区利益协调机制展开分析，是分析其社会治理与社会整合的前提。

一 内部异质性：主体利益诉求不一致

比较D社区与X社区的情况，尽管原产权单位在社区中的地位不同，但同样具有社区居民、社区“两委”和街道办事处等治理主体，社区内部利益结构异质性在两个原单位制老旧社区之间则主要表现为不同居民群体之间，以及居民与社区和基层政府之间的利益诉求差异和矛盾。

（一）居民：有限的利益分化与冲突

1. 人口杂化后的利益差异

通常而言，老年居民与年轻居民、社区原住民与外来居民之间的群体利益差异，是老旧社区居民内部利益分化的典型表现。尽管单位制的解体使社区由封闭走向开放并带来了人口结构的变更，还使一些社区迅速由同质化社区转变为杂居型社区。但就本章选取的两个原单位制老旧社区而言，在计划经济时代人口同质性较强，在商品房改革之后也并未迎来大规模的人口流动，社区主要居民群体依旧是趋于老龄化的原住户。受限于不平衡的居民构成和有限的社区资源，老旧社区确实存在青年群体的利益诉求在社区治理中优先度较低的问题。D社区“两委”工作人员对此表示，“年轻

---

① ［美］塔尔科特·帕森斯：《社会行动的结构》，张明德、夏遇南、彭刚译，译林出版社2012年版，第49页。

住户对社区生活参与确实较少，社区‘两委’的工作重心都在老年群体，他们（老年群体）面临的现实问题更多也更急迫”。

事实上，老年居民与年轻居民之间的利益诉求虽然不同，却并未产生严重的利益冲突。一个典型的表现，就是在影响受访居民在社区继续居住意愿的因素中，外地人增多、租房户增多并不是主要原因（如表4－1所示）。社区中年轻的“外来者”普遍忙于自身的工作，其参与社区生活的积极性与频率本就是普遍低于退休的老年住户，而那些积极参与社区意见反馈的老年居民，由于没有成型的业委会组织居民自治活动，对与自身利益并非直接相关的事务往往漠不关心。

表4－1　　案例社区居民影响居住意愿情况（可多选）　　单位:%

影响居住意愿选项	D社区	X社区
社区居住环境差	4.84	31.71
社区居住人员构成复杂（外地人增多、租房户增多）	3.23	8.54
有更好的社区可以选择	17.74	18.29
工作地点变化	4.84	23.71
孩子就学需要	22.58	37.8
老人照料需求	9.68	25.61
对更好的社区住房有支付能力	20.97	29.27
其他	43.55	17.07

从问卷数据来看，两个社区的受访住户在对社区家政、医疗等服务进行评价时，几乎每一项服务都有相当比例的住户表示“不了解”或主观地认为社区“不存在该项服务”（如表4－2所示），与老年人关系较少的社区就业和教育类服务的不关心比例更是达到了最高。虽然这导致了年轻居民的利益在一定程度上被忽视，但他们进入社区的主要途径为租房、房产继承以及备用住房。因此，对于年轻居民尤其是外来务工人员而言，城市之中的“老破小”往往只是过渡性质的短期住房，这些居民在社会关系上也并不属于单位制遗留熟人社会的一分子，对社区的集体归属感淡薄。年轻

居民缺乏积极参与社区治理的动力，相对应地，并没有对此涌现出积极的“维权者”。而老年居民群体之间尽管家庭收入、教育背景等因素有所不同，但在社区生活中的核心利益诉求高度一致，主要在于社区维护改造。

表4-2　社区居民对社区服务评价　单位：%

		家政服务	医疗服务	消费服务	文化服务	老年服务	社区教育	社区就业	社区治安	环境卫生
D社区	不了解	27.42	6.45	0	16.13	8.06	25.81	37.1	3.23	3.23
	认为无该项服务	19.35	6.45	3.23	0	1.61	4.84	4.84	0	0
X社区	不了解	2.44	8.54	1.22	3.66	3.66	19.51	24.39	0	1.22
	认为无该项服务	0	4.88	2.44	7.32	0	15.85	8.54	0	1.22

当然，社区居民的利益分化是客观存在的，只不过对于D社区、X社区这样人口同质性较高的原单位制老旧社区而言，居民利益的分化程度受人口特征影响较少，更多围绕具体的社区治理事务。老旧社区的居民自治往往具有“因事而起，事终而散”的特点①。例如，有车的用户更加希望社区能够统一规划停车位，并以社区活动督促社区“两委”完成工作，无车用户则对此漠不关心几乎不会参与相关的社区讨论，而若是一楼的无车用户则往往会对在其窗前设立停车位表示强烈反对，因为用作车位的空地原本可由其自由支配。这种利益诉求的差异化更多表现为居民个体零散的意见表达，而非群体与群体之间的利益对抗。

原单位制老旧社区在社区生活中受现实条件所限，社区服务与管理工作难免存在一定的非规范性，这在一定程度上成为社区居民利益分化的另一原因。以近年来社区层面普遍推行的网格化管理为例，网格员对于居民日常服务、管理工作发挥着越来越重要的作用。天津市较为普遍的执行方案是由包括社区“两委”、街道办事处成员在内的社区工作者队

① 望超凡：《利益共同体自治：老旧社区治理困境的破解机制——基于重庆市W社区“院坝会”治理实践》，《湖北行政学院学报》2020年第6期。

伍兼任社区网格员、楼长等职务，形成“志愿者—楼门栋长—网格员—总网格长—街道包片领导”的“街片长”管理模式。然而在两个案例社区，在社区治理负担较重的同时，社区工作人员数量明显不足，往往需要动员居民中声望较高的住户以半志愿性质担任网格员和楼长，这就导致居民日常享有的社区管理与服务质量在很大程度上取决于这些非专业人员的工作态度和能力。面对相同的社区服务，不同居民群体的获得感是不同的，并由此产生利益诉求的差异。事实上，在案例社区也确实出现了由于楼长宣传不力导致楼门住户对社区“两委”选举的消极参与，并认为应当加强社区“两委”建设工作的情况。或是由于网格员对准物业工作监督不到位导致某一片区垃圾大量堆积等问题，该片区居民由此产生对加强社区环境清理工作的强烈诉求。

总体而言，两个案例社区内部的居民利益诉求虽有差异，但这种利益分化相比于商品房社区程度较低，且并不是由年龄、收入等传统研究关注的人口特征导致的。社区利益是否分化以及产生多大程度的矛盾，取决于具体的社区事务。而当涉及的是社区翻修改造等核心事务，往往会产生严重的利益冲突。

2. 有限资源下的利益冲突

通常而言，社区居民具有相同的利益诉求有利于集体意志和行动的达成。而在原单位制老旧社区，居民面临着相同或相似的现实问题，然而一旦社区无力解决，面对有限的社区资源，不同居民将会围绕资源获取形成激烈的利益冲突。对于老旧社区而言，设施维修与改造是社区治理工作的重点，老旧的房屋和陈旧的基础设施甚至构成了一种“集体危害品”，尽管老旧社区居民自治水平较低，但面对公共危害品时，居民很难使自己置身事外[①]。后单位时期，在单位普遍已然割裂了和社区之间的联系的情况下，原单位制老旧小区逐渐不再承担社区公共物品的供给，但由于原单位制老旧社区并没有建立一种新的合作机制促进社区多元主体互动[②]，因

---

① 林雪霏：《协商民主与老旧社区的“集体危害品”治理》，《国家行政学院学报》2018年第2期。

② 郝彦辉、刘威：《制度变迁与社区公共物品生产——从“单位制”到“社区制”》，《城市发展研究》2006年第5期。

此围绕社区公共物品的供给展开社区资源动员，是原单位制老旧社区在单位制解体后面临的普遍问题。即便是原产权单位并未完全退出的“准单位制社区”，原产权单位对社区公共资源供给的“质”与“量”也无法和计划经济时代相提并论。同时，社区“两委”作为社区生活新的中心，却并不能掌握足够多的资源，加上老旧社区没有专门的物业公司承担社区服务，最终房屋修缮、设施改造等工作只能被迫分批进行。

尽管集体行动理论认为，公共物品的消费与供给会普遍存在搭便车的消极行动策略，但老旧社区公共物品的特殊性在于其具有公共性的同时又与作为个体的社区居民密切相关，公共物品供给过程中不同居民群体的利益并不一致，居民往往会热衷于谋求自身收益最高的公共物品。这里存在的问题是，没有成型的业主委员会的原单位制老旧社区事实上在综合住户意见并加以协调方面并没有有效的机制，熟人社会的感情因素很难说服对方接受实质的利益分配差异，在这样的客观条件下形成一个让各方满意的维修方案和标准自然是极其困难的。对于社区居民而言，参加社区生活的目的主要是维护自身的利益，他们往往并不会站在社区整体的角度行动，难免会形成对房屋修缮顺序、投入资金差异等的不满情绪。当社区资源不足以满足居民群体的需求时，不同居民群体之间甚至会围绕社区资源的分配问题产生激烈的矛盾冲突。

（二）社区“两委”：晋升、考核与生活压力

为切实推动党建引领基层治理，天津市普遍推行了“书记主任一肩挑”模式。从应然性来说，社区“两委”本身不应当有自己的独特利益，从实际情况看，社区“两委”的工作人员则面临着上级晋升考核以及维持自身生计的现实压力，从而在社区治理的过程中形成了自身的利益诉求。

D社区“两委”在日常工作中面临着自下而上和自上而下的两种压力，即居民自治的诉求与基层政府下派工作的压力，不仅要引领居民自治参与社区治理活动，更是要在不同时期承接基层政府下派的各类定期工作或突发任务。基层政府掌握了社区干部的考核和人事任命权，在这样的压力体制下，一方面出于对自身利益的考虑，另一方面老旧社区改造维护工作周期较长见效较慢，而政府工作周期更短，二者对于社区人员工作质量考核产生的影响差异显著，基层政府布置的工作任务往往会具有一个更高的优先级。X社区由于原产权单位并未完全退出，除了应

对基层政府的施压，也需要协助原产权单位完成部分工作，这在实际操作中基本同样是由社区“两委”牵头主导的。例如X社区原产权单位承担了对口产业扶贫工作，便通过社区平台进行部分产品的销售，同时X社区“两委”也积极地协助作为事业单位高校的原产权单位学生和职工的调研活动，这些活动都消耗了社区的资源和社区“两委”工作人员的时间和精力。

与此同时，原单位制老旧社区繁重的社区工作与社区“两委”人员配置、薪酬待遇的差距也是影响社区工作者积极性的重要因素。两个社区的“两委”负责人坦言，当前的人员配置完全无法应对现实的工作需求，而且近年来社区工作者流失严重。尽管《天津市社区工作者管理办法》对“严格落实AB岗、错时上下班、全日值班、节假日轮休等工作制度”做出了明确规定，但天津市的大多数社区均并未形成明确的减负清单。“社工一口清”的目标，即做到每一名社工都能了解各个社工岗位的基本知识，对社工团队的工作能力提出了更高的要求，也造成社工普遍身兼多职，一人分管多种类型的社区服务工作。此外，社区的工作时间不规律，休息时间无法得到保障，社区“两委”的工作人员“上班是社区工作者，下班也要随时服务小区居民”。对于两个案例社区而言，随着近年来住户老龄化水平进一步提高，也有很多原本的半志愿性质社工由于健康原因退出社工团队，进一步加剧了人手不足的问题。

新时代社区工作不仅仅要求社工队伍的专业化，繁杂的社区工作本身也要求社工极大的情感投入和责任意识，社工的工作状态极大影响着社区工作的开展情况。薪酬待遇不仅关系到劳动者的劳动价值，更是为其日常生活的顺利进行提供了重要保障①。与繁重的社区工作相对应的则是社区“两委”工作者微薄的薪水和虚无缥缈的晋升途径，户口、编制等福利更是无从谈起。尽管天津市已经出台文件规定优秀社区“两委”负责人可以转为事业单位编制，然而与之配套的具体执行准则和政策标准却几乎没有。全市范围内不同区、不同社区之间差异严重，如何对不同的社区“两委”负责人进行评价衡量也存在着明显的现实执行难题，

① 钟莹、赖丰茹、麦富兴：《专业社会工作者的职业状况及其启示》，《江西师范大学学报》（哲学社会科学版）2010年第1期。

而且究其实际也仅仅是针对少数干部而非惠及普通社工。对社区工作者而言另一重要晋升途径是报考公务员，天津市公务员招考中存在面向基层社区工作者进行定向招录的岗位，然而这些岗位的设置与否和具体要求完全取决于各区组织部。与工作压力毫不匹配的薪资待遇和几乎不存在的晋升途径不仅打击了社工的工作积极性，也致使社区难以招录到优质专业群体从事相关工作，社工队伍水平难以大幅提升。

（三）街道办事处：社区生活的非直接参与者

政府依法“管治”、居民有序“自治”与多元组织“共治”能力的提高，是在基层治理中实现多元互动、政社合作的必然要求①。政府是社区治理的重要主体，更是众多社区服务直接或间接的生产供给者，其中包括政策制定、标准制定、监督协调等方面②。相比于市场力量，政府生产供给效率相对较低，与社区“两委”等社区组织相比，基层政府在社区生活中又处于地理空间上的“不在场”，政府作用的发挥通常是通过向其他组织购买服务或任务分派的形式实现的，因此政府在社区治理过程中扮演的角色呈现出显著的“隐性在场”与间接性治理的特点③。近年来，属地管理制度的不断强化也影响了基层治理中街道办事处的角色，使之逐渐成为“条块机制”上的重要一环，既要完成上级各个“条”布置的工作安排，又要对下完成引领基层治理的任务。

对于D社区而言，街道办事处在社区治理中居于掌控地位，享有最多的社区资源。尽管在实际治理过程中多数活动是由社区“两委”出面协调，但社区“两委”的人事任命权和活动资源都由街道办事处掌握。同时街道办事处还向社区提供了残疾人服务、社区矫正和动迁人员安置等多项社区服务，这是其作为政府派出机构在社区治理中的重要职责。与此同时街道办事处的部分工作也需要社区层面的协助才能完成，这些工作往往是通过责任下压的形式委派给社区“两委”，自身的利益诉求也

① 陈文：《“社区三治制”：管治、自治与共治的调适逻辑与理论建构》，《和谐社区通讯》2017年第5期。

② 何继新、李原乐：《社区公共物品供给主体多维分类、角色功能与复合协同治理——基于利益相关者框架的分析》，《广西社会科学》2015年第11期。

③ 彭小兵、郭梦迪：《何以弥补城市社区公共环境治理责任真空？——基于重庆市LX社区公共环境治理的考察》，《天津行政学院学报》2020年第4期。

促使其配合社区“两委”共同进行社会整合。这里存在的问题是，政府作为一个资源的提供者，与社区居民的利益需求存在一定程度的脱节。事实上D社区养老机构建设、房屋环境维修、社区医疗、社区安保等与老旧社区老龄化居民密切相关的服务都是由社区“两委”或其他营利机构提供的。这些社区服务是老旧社区居民最为关心的，而社区“两委”作为一个居民自治组织的资源与职权难以保障这些服务的高质量。在X社区，由于原产权单位承担了大量的房屋设施维护和社区环境治理等工作，这种供需脱节的矛盾相对较少，街道办事处在社区生活的定位自然也相对更为超脱。

而另一个问题则在于，街道办事处作为一个利益相关者却并非担任了一个积极的利益协商者。对于两个案例社区而言，街道办事处作为基层政府的派出机构，几乎不参与社区治理事务的具体协商，更不用说主动发起事务协商，对于其提供的社区服务，也较少接收来自社区层面的建议反馈。事实上由于街道办事处对社区“两委”财政和人事的绝对管控，社区“两委”处于绝对服从的姿态，其意见对街道办事处并不重要，政府公共服务建设也并未主动听取社区“两委”意见。社区“两委”行政权力扩张，加之缺乏居民自治和社会组织的协调监督，有时甚至会偏离社区公共利益。

当然，基层政府在社区治理中的重要作用无可替代，即便是那些由社区“两委”提供的社区服务，归根结底也是基于街道办事处和其他基层政府办事部门提供的资金和社会资源，只不过街道办事处在社区生活中的“隐身”导致了居民和社区“两委”对社区利益结构认识的差异。在调研中分别对三个案例社区的居民和社区“两委”工作人员就哪一社区主体最为重要进行提问，最终的结果排序如表4－3所示。

对于社区居民来说，社区“两委”是各类服务的直接提供者和社区生活的核心，利益依赖链条最直接的是指向社区“两委”，而且大多数居民也没有了解其背后的详细运作机制的动力，在居民的视角中社区“两委”才是社区生活的主导者。然而对于社区“两委”而言，街道办事处才是社区治理实际的主导者，由街道办事处执行的行政动员相比于来自居民的社会动员更具不可抗拒性。

表 4－3 社区治理主体重要性排序

	社区治理主要主体重要性					
	D 社区居民排序	D 社区“两委”排序	X 社区居民排序	X 社区“两委”排序	F 社区居民排序	F 社区“两委”排序
社区“两委”	1	2	1	2	1	2
业委会	—	5	—	—	4	3
街道办事处	3	1	2	1	3	1
物业公司	—	3	—	—	2	4

二 外部异质性：利益协调机制差异化

在计划经济时代，社区是一个绝对的供给者，是我国构建的全能型政府在基层的体现，居民几乎可以从中获取所有生活所需的物质资料。随着商品房成为城市社区主流形态以及原单位制社区由封闭走向开放，异质化社区的涌现不可避免地造成社区之间服务质量的差异，并为老旧社区居民带来了明显的相对剥夺感。

在 D 社区，社区“两委”除了管辖本社区事务，还同时负责辖区内其他商品房社区的管理。在几年前，这些商品房社区建成较早以及由于前任物业公司的不作为，与 D 社区同样呈现出治理水平低下、社区环境脏乱的特点。然而近年来社区“两委”引导成立业主委员会，重新选聘物业公司，在极大改善社区环境的同时也带来了房价的提高。

X 社区的情况则更为特殊，它和与其相邻的社区挂靠的是同一原产权单位，然而两个社区在社区服务方面各自为政。隔壁社区养老服务水平高于本社区的现状引起了部分老年住户不满。也有一些住户认为本社区文娱活动组织水平较低，因而选择跨社区参与活动。有效的利益协调机制不仅是推动老旧社区改造顺利进行的必要手段，也是透视基层社会整合的一个重要窗口。从中观的社区角度来看，不同老旧社区之间的利益诉求差异并不明显，然而其背后却存在截然不同的利益协调机制，产生了不同的社会整合模式和效果。

（一）D 社区：管控色彩的利益协调机制

虽然已经完成由单位制向社区制的转变，但对于包括 D 社区在内的众多老旧社区而言，社区的社会整合模式仍具有单位制时期纵向管控遗留的痕迹。社区“两委”作为新的社区中心，以社区服务的供给为主要利益管控手段主导社区治理工作，对上则受街道办事处的行政管控。因此，社区“两委”的日常工作体现出明显的行政导向特点，以“上级政府—街道办—社区‘两委’—居民”的纵向利益管控模式取代了单位制时代“国家—单位—个人”的模式，而居民在社区生活中对于社区“两委”和街道办事处的工作往往只能被迫接受。在这条纵向利益管控链上，街道办事处对社区“两委”的利益管控主要通过行政手段下派“任务”，以及把控社区“两委”开展社区工作的各类资源。而社区“两委”为社区居民提供的养老、环境维护等社区服务则成为对居民进行利益管控的物质基础。

对于社区居民来说，单位制解体以后作为原产权单位的纺织厂已经完全退出D社区的日常生活，社区与单位脱钩后便不再承担保障居民日常生活的责任。如今D社区的准物业公司的工作只能满足居民最基本的生活需求，而即便只是这种兜底服务也得益于政府对物业费用的部分补贴。一方面收入水平较低为居民享有优质服务造成现实性的阻碍，另一方面居民自治水平低下以及社区内几乎不存在任何可以发挥作用的社会组织和市场力量，也使得依赖社区“两委”和基层政府成为居民唯一的出路。当然，社区“两委”成为社区生活中居民最熟悉的角色，在熟人社会的整体社区氛围下也让社区动员变得相对容易。

需要指出的是，这种纵向利益管控机制并不意味着在社区生活中社区“两委”单纯地取代了单位的角色。单位制时代，由于单位掌握了居民的人事关系，居民对居于绝对优势地位的单位，与其说依赖，不如说是服从更为恰当：不仅在工作中服从于单位的安排，在工作之余的社区生活中也要完全服从单位的管控。在社区制下，D社区“两委”对居民的管控，是借助把控居民的利益需求实现的，这种管控和动员的力度是不如单位制时期的，居民可以选择在社区生活中做一个消极的参与者。此外，正是由于居民对社区“两委”的依赖来源于自身的利益诉求，当社区公共事务与自身利益发生冲突时，出于自利的心理居民会选择通过不同渠道坚持自身的利益主张。尽管最终出于对社区的强依赖性还是会在社区“两委”的协调下达成共识而不会形成二者的彻底对立，但至少相比于单位制时代，居民主动谋求利益的手段已经得到丰富。

（二）X社区：“一核多元”利益协调机制

与D社区相比，X社区最大的特殊之处在于准单位制社区中原产权单位并未完全退出，而是在社区生活中广泛地承担着社区房屋维护等工作，在社区利益协调机制中更是利益互动的一个特殊主体。原产权单位在提供部分社区服务的同时，也可以借此对社区“两委”的工作施加影响，并在事实上削弱街道办事处在社区生活中的绝对权威地位。一般认为，单位制解体后社区居民的单位认同感日渐式微，甚至会使居民产生对制度的不信任感①。但是在X社区，原产权单位与居民的联系在产权关系转变后至今也仍然维系，在社区与居民的利益互动关系中，对于居民而言原产权单位的存在引导了另一种利益协调机制：居民的利益诉求不仅可以向社区“两委”反映，也可以对原产权单位诉求，或由原产权单位直接提供，或由原产权单位出面向社区“两委”和其他社区组织进行协调，原产权单位成为社区矛盾的一个“调节阀”。对于社区“两委”而言，工作中如果遇到居民不配合的消极情况，也可以将原产权单位作为利益协调的中间人，或对退休职工开展“思想工作”，或对在职员工进行非强迫性动员，或借助单位这一平台对社区工作的要求加以强调。尽管原产权单位在大多数场合也并没有直接对社区治理加以介入干预，但其对社区生活的影响却是客观存在的。

原产权单位在社区生活中扮演的重要角色，使得街道办事处和社区“两委”没有推行纵向强管控的现实条件和利益基础，街道办事处和社区“两委”不再是社区绝对且唯一的社区服务供给者，居民对二者的利益依赖程度自然没有D社区那样高。在X社区社会整合的过程中利益互动与协调成为主要的特征，社区生活兼具了行政与自治的特点，街道办事处和社区“两委”若想要实现有效的社会整合，必须精准把握能有效动员居民的利益聚合点。在利益聚合机制下，居民出于理性也会具备更加积极参与社区工作的动机，最终聚合社区居民、社区“两委”、街道办事处以及原产权单位等多方力量共同完成社区治理的各项工作。

多元共治、协同善治是我国社区治理模式的理想目标，这就要求充

① 田毅鹏：《单位制度变迁与集体认同的重构》，《江海学刊》2007年第1期。

分发挥市场和社会的力量，激发社区多元主体参与的协同模式创新[①]。X社区“两委”长期以来积极协调各方利益，调动居民基于自身利益需求参加社区活动，使协商取代管控成为治理过程中主要的利益协调机制，形成了多主体共同参与社区治理的氛围。然而当我们具体分析X社区主要社区活动者的数量和性质，并与商品房社区进行比对，不难发现当前X社区仍然是以社区党委等少数主体为核心加以整合牵头，市场和社会尽管起到了一定作用，但发挥空间相比于商品房社区仍较为有限，与真正的多元共治尚有一定距离。

（三）F社区：多方共治式利益协调机制

有学者将我国社区治理的逻辑演变归纳为，从动“物”、动“人”、动“资源”到动“专业”的变化[②]，具备各类专业的社区组织是成熟的现代社区自治的显要特征。F社区作为一个建成已久的商品房社区，具备专业的物业公司、业委会组织，并形成了相对完善的选聘、换届机制，在近年来更是积极引入各类社会资源参与社区治理的过程。近年来，F社区广泛发挥社区党组织的动员作用，与基层政府部门展开合作或由社区党员个人牵头，将社区外力量引入社区治理，形成了更为成熟的多方共治利益协调机制。

在F社区的利益协调机制之中，街道办事处作为社区资源的提供者表现得更为从容。由于业委会选聘的专业物业公司承担了房屋设备维修、环境卫生、公共安全秩序等关键工作，同时还对社区家政服务、商业零售等服务加以辅助，极大地减轻了政府购买社区服务的压力。而社区“两委”的角色定位，也不必如同原单位制老旧社区一样接替单位成为新的全能型社区治理中心，更多的是发挥利益统筹协调、明确职责范围的作用。当社区居民有明确的问题反馈，F社区“两委”通过沟通引导，帮助居民明确其利益需求应该诉诸的主体，协助居民与其他主体展开沟通并监督问题的落实解决。对于非直接相关的工作，社区“两委”则不

---

① 原珂：《“三社协同”的社区治理与服务创新——以“项目”为纽带的协同实践》，《理论探索》2017年第5期。

② 宋道雷：《国家治理的基层逻辑：社区治理的理论、阶段与模式》，《行政论坛》2017年第5期。

需要亲力亲为，从而将更多的精力投入引领社区居民自治的工作。站在居民的角度，业主自由聚合是商品房社区的重要特征，而房产私有权则是业主行为最重要的利益基础①。F社区建成较早，居民在社区生活中的核心利益诉求同样是围绕房屋修缮等问题。以行动理论加以分析，尽管三个社区的居民都具有明确的行动目的，相比于老旧社区的居民，F社区居民的房屋产权完整且明确，社区内专业的物业公司和以业委会为代表的问题反馈机制提供了行动条件和行动手段，居民自然对于涉及自身利益的社区生活参与更加积极，这恰恰是老旧社区当前不完备之处。

就其他社区治理主体而言，由于商品房社区居民普遍具有较高的消费能力，并已经通过与物业公司的雇佣关系养成了购买社区服务的习惯，在社区层面不仅可以建成非营利性组织，还使引入更多的市场力量也具备了现实的可能性。具体来看，F社区不仅建立了专业的社工站，发挥了高素质社工队伍的专业优势，而且各类营利性组织和社会志愿非营利性组织在社区范围内建立了多种服务设施，包括社区图书馆、心理咨询室等，成为社会整合不可忽视的一分力量。

与老旧社区相比，F社区的治理模式也存在一定缺陷。在完全基于利益交换和契约关系的"购买—享有服务"机制中，社区共同体意识淡薄，集体荣誉感缺失。作为一个整体而言，社区具有匿名性的特征，丝毫不具备熟人社会的感情基础，邻里关系全凭居民自发维护，关系淡薄的现象较为普遍。在这样的机制下，每个人完全基于自身利益出发行动，甚至发生过居民因不满业委会工作打砸业委会办公室的事件。对社区服务的评价也主要依据自身利益的实现程度，一旦利益链条无法如期实现便会造成严重失范。上任物业公司任职期间便曾发生过居民集体不交物业费，甚至迁怒于社区"两委"、业委会的情况，导致社区各主体之间的信任在长时间内无法重新构建。相比之下老旧社区居民虽然同样具有行为自利的特征，但温馨的社区氛围也让居民对社区"两委"的工作增添了一份理解和支持，邻里之间的熟络让社区整体更具"家"一般的和谐。

---

① 陈文：《"社区三治制"：管治、自治与共治的调适逻辑与理论建构》，《和谐社区通讯》2017年第5期。

三　利益结构异质性与原单位制老旧社区社会整合

在奥勒姆看来，社会整合是“借以调整和协调系统内部的各套结构，防止任何严重的紧张关系和不一致对系统的瓦解的过程”[①]。城市社区治理问题是当前我国学界研究社会整合问题的重要场域，寻求有效进行社区内部动员协调、维系和谐社会关系等的机制与手段。相较于传统社会，契约性特征成为新时代社会整合的重要标志[②]，社会整合机制是调节基层社会权利义务关系的基本结构[③]，其过程应当实现整合方向由单一向多元转化、由外在强制向内在凝聚转化[④]。

就社会整合调节利益关系的作用而言，本章涉及的两个案例社区属于典型的原单位制老旧社区。单位制的解体和社区的开放引发了剧烈的社会转型，也使社区居民呈现出利益诉求的多元化。在传统利益协调机制失灵后，新的规范尚未建立，社区内部的高度分化和不同群体间的冲突对立已然成为社区治理的“隐形矛盾”。尽管如今社区内外部利益已经呈现出明显的分化趋势，但不同于商品房社区，D 社区和 X 社区的社会整合机制具有典型的路径依赖。单位制时期社区主导一切的治理模式是基于社区内部利益诉求的高度同质化特征，在新时期如果仍旧推行自上而下的利益把控模式，会造成社区利益异质性现状与社会整合模式的脱节。在社会利益整合的过程中，居民、社区“两委”、街道办事处等多方主体并非基于契约关系协商沟通，即便像 X 社区居民能够主动积极参与利益协商，协商过程的顺利进行仍在很大程度上依赖行政力量的推进。街道办事处和社区党组织往往居于利益关系网络中的优势地位，通过资源把控、道德规范乃至意识形态等手段影响居民群体在社会整合过程中的表现。在这样的协商模式下，虽然达成了社会整合目标上的一致性，

---

① ［美］安东尼·M. 奥勒姆：《政治社会学导论》，董云虎等译，浙江人民出版社 1989 年版，第 114 页。

② 孙立平：《转型与断裂：改革以来中国社会结构的变迁》，清华大学出版社 2004 年版，第 11 页。

③ 赵聚军、王智睿：《社会整合与“条块”整合：新时代城市社区党建的双重逻辑》，《政治学研究》2020 年第 4 期。

④ 程美东：《改革开放以来中国社会整合体系的演变》，《学习与探索》2004 年第 1 期。

但社区内部的多元利益诉求其实并未真正转换成社区整体新的利益共识，从长远来看对于构建社区共同体意识收效甚微。

D社区居民面对政府主导的社区翻新表现出消极配合的姿态，而X社区部分楼栋也难以在社区协调下轻易达成居民利益的一致。这在一定程度上反映出在社区多元共治的过程中，仅仅依靠政府的行政力量进行单向的社会整合推动在新时代往往难以实现，基于利益协调的社会整合机制亟待改进。当然，X社区主动为居民构建的利益协商平台已经进行了社会整合由行政向协商转变的积极尝试。原单位制老旧社区未来的挑战在于如何在利益协商过程中真正回应社区居民越发分化的诉求，满足居民对社区的多样化要求，而非仅仅停留在说服居民接受现状甚至主动放弃自身利益诉求以达成社区决策层面的一致，应当从国家优先回归到人民本位。另外，正视包括社区“两委”在内多元社区主体的合理利益诉求，发展社区建设中的社会力量。毫无疑问，社区建设需要基层政府和社区党组织具有强有力的动员、整合能力，但社会力量对社区事务的主动参与和积极协商同样具有重要的价值。在搭建协商平台完善协商机制的同时，也要为各主体的主动参与提供现实的利益驱动，形成社会整合过程中的正向激励。“一核多元”的共治体系应当切实满足多元主体的利益诉求，而非仅仅关注如何实现“一核”的目标。

第四节 案例社区治理中的异质性权力结构

原单位制老旧社区的社区治理普遍被认为是政府主导型的延续，依旧沿袭了“行政一元化”的特征。这不仅仅是因为原单位制老旧社区居民至今仍普遍对社区具有强依赖性，更是由于在现实社区治理过程中权力结构的差异性。在推动基层治理现代化的过程中，政府、驻社区单位、社区“两委”、物业公司、社会组织以及社区居民都在不同程度成为社区资源的贡献者和权力掌控者①，其理想状态应当是在社区生活中实现各主体协调互动与整合。而在老旧社区，不同主体的实际表现则产生了差异，

---

① 宋道雷：《国家治理的基层逻辑：社区治理的理论、阶段与模式》，《行政论坛》2017年第5期。

社区治理过程中不同主体的互动关系同样受此影响，进而在不同社区形成了不同的治理模式。一方面在社区内部，本应处于均势共同协作的政府、市场与居民力量，由于行政权力的扩张，社区“两委”的尴尬地位以及居民自治能力的低下导致权力/利结构的失衡。另一方面与其他社区对比，原单位制老旧社区在社区生活中参与治理的主体较少，这在权力结构上导致了其余主体的权责失衡以及部分工作的责任主体缺失。如果说不同主体的利益诉求构成了行动理论中行动的目的，社区协调机制构成了行动的条件，那么行动的手段则不仅取决于主体掌握的社区资源，还取决于其享有的社区权力。

一　内部异质性：主体权力资源不对等

当前我国学界对于社区治理模式的分类尽管标准各有不同，究其实质大体可以分为政府主导型、居民自治型以及合作治理型三种，社区治理由哪一主体主导不仅仅取决于其参与社区生活的意愿与动力，更与其在社区生活中掌握的权力与资源密切相关。对于社区的权力结构而言，各个主体享有的权力资源与社区权力的分布呈现出明显的不平等特征，部分主体表现得更为强势而其他主体处于相对弱势的地位[①]。

（一）街道办事处——社区权力中心与资源掌握者

自90年代以来的城市社区管理体制改革带有“政社分离与合作”的尝试，在实践中客观造成了城市基层行政组织的普遍增权[②]，国家未能真正与社会分离，行政色彩始终存在于自治活动之中[③]，反而是街道办事处作为政府派出机构的行政权力不断扩张，社区“两委”的行政化趋势越发严重。街道办事处从法律定位上仅仅是基层政府的派出机构，但随着基层治理权责的不断下沉，街道办事处已经成为我国条块关系之下一个事实上的“块”。尽管在承担上级任务时无法调动其他“条”上的资源，属地管理制和目标责任制在基层治理中的普及为街道办事处提供了责任

① 夏建中：《中国城市社区治理结构研究》，中国人民大学出版社2012年版，第17页。

② 吴晓林：《中国的城市社区更趋向治理了吗——一个结构—过程的分析框架》，《华中科技大学学报》（社会科学版）2015年第6期。

③ 刘成良：《行政动员与社会动员：基层社会治理的双层动员结构——基于南京市社区治理创新的实证研究》，《南京农业大学学报》（社会科学版）2016年第3期。

下压和转移的政策依据。在属地管理制的具体实践下，社区成为最小的空间单位，社区“两委”成为最基层的管理主体，街道办事处则借助自身的行政权力优势，将自身的工作职责在一定程度上细分下压给各个社区。街道办事处自身无须具体执行只需对各社区工作进行监督考核，对上责任转移，对下又惯于层层加码。

自2019年初，天津市开始实行“战区制、主官上、权下放”的基层社会治理改革。这一制度强化了基层党委的主体责任，由党委发挥总揽全局、协调各方的作用，同时下放权力给基层，深化“权、责、利”一体化，实现“条条围着块块转，一针撬动千条线”。现实的问题在于，基层社会治理居于自上而下政策传导与自下而上需求传递的交汇处，使得基层政府处于忠实执行上级政府政策与回应民间差异化环境和多样化要求的交叉点上①。这里存在的矛盾是，街道办事处如果仅仅通过指导社区“两委”的工作参与社区生活，很难第一时间接触到居民的反馈与诉求，甚至会出现政策目标与居民利益相悖，政策执行罔顾社区执行能力的情况。

对于原单位制老旧社区而言，居民对街道办事处具有明显的资源依赖，而社区“两委”又对街道办事处具有行政依赖，较低的居民自治组织程度和几乎没有的社区市场力量又导致了对于街道办事处的监督缺失。街道办事处在权力结构之中同时持有制定政策目标和检查验收的控制权，其与社区“两委”的关系一定程度上具有了“行政发包制”的特征，这样畸形的权力结构会导致街道办事处对社区事务享有核心控制权，扮演的是委托方的角色，政策具体如何执行部署并非其核心关注点，在工作中往往存在结果导向的趋势②。尽管从行政工作安排上街道办事处与社区“两委”明确的上下级依附关系并无实质改变，但二者之间政策统一性与利益独立性之间的矛盾已然不容忽视③。

---

① 孙柏瑛：《城市基层政府社会治理体制机制的现代转型》，中国社会科学出版社2020年版，第18页。

② 周雪光、练宏：《中国政府的治理模式：一个“控制权”理论》，《社会学研究》2012年第5期。

③ 张翔：《“行政共同体”：对城市政府结构化过程的一种解释》，《学术月刊》2018年第6期。

随着社区制度的建立与完善，以街道办事处为代表的政府行政权力对原单位制老旧社区治理的干预也从单位社会时期的统一控制转向“择机进入”[①]，相关法律法规也为政府力量的介入预留了法律支撑，以避免市场力量的盲目性和居民自治的不成熟引发治理失范。在案例社区，街道办事处直接介入并对社区治理予以仲裁、协调和干预主要有两种情况：一是居民对社区“两委”这一直接管理者不满并越级向街道办事处等基层政府组织反映情况；二是社区生活中居民的意见分歧已经大到难以调和的程度甚至引发混乱。然而，街道办事处的介入并不意味着问题的解决，甚至很多时候街道办事处仅仅是在了解情况后再次向社区“两委”施压，责令其完成工作。

（二）社区“两委”——属地管理制下的畸形权责关系

新中国成立初期的居民委员会取代了“保甲制”成为我国国家与社会链接的新途径，是国家与社会相调和的产物，兼具“行政性”和“自治性”[②]。在一段时间内，重行政而轻自治的居民委员会引起了城市居民的普遍不满，认为自身的自治权没有得到充分的保障，社区“两委”的去行政化也成为基层治理体制改革的重要目标。我国曾尝试过“议行分设、居站分离”、街道社工站、准市场型社会组织等模式进行社区“两委”去行政化改革[③]，但产生了社区“两委”被边缘化、基层政府行政效率低下等问题。国家和社会的发展客观上导致了行政权力的扩张，近年来国家治理也越发强调基层的作用，社区“两委”的半行政化特征对国家政策在基层的执行落实以及国家治理体系的完善发挥着重要作用。与此同时，面对这一压力型体制，社区“两委”已然成为基层社会治理的“背锅者”，抑或被迫成为“政府转嫁职能的支点”[④]。属地管理制的强化和普及则使得社区“两委”在实际生活中的行政属性进一步加强。

---

① 王汉生、吴莹：《基层社会中“看得见”与“看不见”的国家——发生在一个商品房小区中的几个“故事”》，《社会学研究》2011 年第 1 期。

② 侯利文：《国家政权建设与居委会行政化的历史变迁——基于“国家与社会”视角的考察》，《浙江工商大学学报》2019 年第 1 期。

③ 张雪霖、王德福：《社区居委会去行政化改革的悖论及其原因探析》，《北京行政学院学报》2016 年第 1 期。

④ 孙旭友：《压力型体制“进社区”：居委会的实践运作与组织形塑——基于南京城市社区的分析》，《社会工作与管理》2019 年第 1 期。

基于与基层政府不平衡的权力结构，现阶段部分社区“两委”的各项工作实质上完全是在政府主导下进行的，自治色彩已经比较淡化。这种矛盾也导致部分学者认为虽然社区“两委”成员理应引领社区居民自治，但在实际的工作中更像是为街道办事处服务的社区工作者①。

2019 年 5 月，中共中央办公厅印发《关于加强和改进城市基层党的建设工作的意见》，提出社区党委书记应当通过合法途径兼任居委会主任，通过交叉任职实现社区居委会和社区党委的统合。天津市较早在市内各个社区予以响应，部分社区甚至早于国家政策号召便实现了居委会成员中较高的党员占比。“书记主任一肩挑”的模式意味着社区“两委”不仅要同往常一样肩负居民自治任务和上级行政任务，还要承担党委政治任务。任务量激增的情况下，两个班子的合并又带来了人手短缺、资金不足等现实问题，解决社区“两委”职能超载问题与为其减负成为新的目标。然而社区减负并非仅仅是减少社区层级承担的工作，对于减去的事务如果不能找到新的责任单位承接相对应的工作，最终只会适得其反，这在缺少其余社区组织的原单位制老旧社区表现得尤为明显。在天津市，尽管当前倡导社区工作的减负增效，但一方面相关文件大多停留在原则层面，缺少可操作的工作细则，另一方面社区日常生活中必然伴随着大量缺少政府职能部门认领的琐碎工作，其中与社区居民密切相关的那些工作，即使并非职责所在往往最终也只能由社区工作者完成。

这里存在的问题是，社区“两委”在社区治理过程中承接的事务逐渐增多，承担的责任越来越重，但在法律地位上却依旧仅仅是一个基层群众自治组织，并没有与日常工作相匹配的职权，面临着严重的权责失衡。此外在原单位制老旧社区，社区“两委”除了承受上级政府的行政压力，还要满足来自居民的自治需求，除此以外还要弥补其他社区组织缺失所导致的责任主体缺失，其中不乏部分工作是社区“两委”没有足够的职权和能力开展的。但这并不意味着这些工作是居民所不需要的，以属地管理制为基础，在这种情况下居民通过媒体曝光、向基层政府反馈等模式对街道办事处予以施压。

① 郭伟和：《基层社会治理的双重背离现象及对其探源》，《浙江工商大学学报》2018 年第 1 期。

然而正如D社区“两委”负责人指出的，“那些社区解决不了的问题，向上级政府反映，最终还是会下压给社区，解决不了的依旧解决不了，并非我们不愿意解决，而是我们确实没有能力解决，不是我们的责任范畴”。来自上级政府不切实际的施压，事实上对于问题的解决并无帮助。在这样畸形的权责关系之下，变通、共谋、应对、选择性执行已经成为社区“两委”应对上级政策和居民自治压力的普遍选择。

（三）居民：自治意识低下的社区参与主体

社区居民是社区治理过程中最为重要的参与主体，居民对社区事务应当做到积极参与且取得较高的成效，这不仅有利于在新时代提高社区治理水平，更是基层治理能力现代化必须实现的目标[①]。正如前文所述，原单位制老旧社区居民参与社区生活的主要活动是“维权”，相较于商品房F社区，D社区与X社区居民对社区日常事务参与度明显更高。老旧社区居民老龄化严重，居民利益诉求更为多元化，退休居民又有更多的时间精力参与社区事务，通过各类渠道随时向社区反映问题。虽然这在客观上进一步加剧了社区“两委”的工作负担，但是居民与社区“两委”密切的联络互动将社区“两委”工作人员纳入了社区熟人社会之中，为社会整合提供了便利。D社区与X社区的受访居民对于社区“两委”呈现出独特的评价，即对社区“两委”满意度较低，对社区“两委”工作人员满意度较高。这说明虽然居民自身的利益诉求没有在社区“两委”得到满意的反馈，但也肯定了社区“两委”工作人员积极的工作态度，了解其在工作之中存在难处，因而更愿意配合社区事务，共同维护社区整体氛围。

由此可见，两个原单位制老旧社区居民的社区参与最主要的问题并非态度冷漠，而是自治能力和自治意识的低下，具体表现为缺乏自我组织的能力同时又没有成型的居民自治组织，意见表达较为零散，社区治理搭便车行为难以制止等。作为一种集体行动，业主自治行为旨在共同参与并最终实现小区的善治[②]，原单位制老旧社区相对较弱的社区流动

---

① 赵聚军、张雪莉：《城市基层治理中的居民参与与基层管理体制优化——基于四个异质性小区的调查》，《中国行政管理》2019年第3期。

② 王德福：《业主自治的困境及其超越》，《求索》2019年第3期。

性、同质化较高的居民构成以及天然的熟人社会带来的社区信任氛围是有利于居民自治的。现实情况是，由于在单位制时代缺乏居民自治的传统，居民习惯于接受单向的组织和管控，对于自治的理解存在偏差，甚至将长期性的“自治”简单理解为阶段性的“维权”，忽略了维权之外的居民自我管理与服务。

业委会是组织居民自治，代表居民整体利益的重要社区主体。但从全国范围来看，业主委员会成立率较低、运行情况较差的问题较为普遍[①]，并非老旧社区面临的独特问题。在定位和工作导向上，理论和现实中都存在着业主委员会究竟应该以居民利益为导向为居民发声，还是应该以社区管理为导向协助社区“两委”和街道办事处开展工作的争议。在具体的工作规则上，理想情况应当是在社区“两委”的引导下，由社区居民集体讨论制定业委会的工作条例。但需要指出的是，形成统一的居民利益是极为困难的，业委会和不同居民群体之间的利益也并非总是统一的。例如商品房 F 社区的业委会已经成立多年并能定期换届，其工作规章经由全社区的居民代表协商并签字确认。即便如此，当居民自身利益未能实现时，仍会对业委会工作加以质疑并引发激烈的矛盾冲突。

对于两个案例老旧社区的居民而言，业委会的定位不够明确。由于单位制时代管控模式的遗留，居民更倾向于将业委会的职责定位理解为管理居民的组织。尽管街道办事处和社区“两委”会在不同程度上推动过业委会的成立，但居民不仅认为业委会没有存在的必要，也不愿作为代表参与业委会的工作。在没有业委会的情况下，居民也难以组织全体业主大会对社区重大事务展开讨论，居民整体利益在内部的协调统一无从谈起。尽管在现实中不同社区对业委会的履职情况褒贬不一，但不得不承认的是业主委员会的存在对于完善社区治理结构和增强居民自治意识发挥着重要的作用。首先，业委会自身具有由法律规定的职权，包括对社区“两委”工作、社区资金使用情况等的监督，在一定程度上避免了行政权力忽略公共利益情况的频繁发生。同时选聘、解聘和更换物业公司的责任主体都是业主委员会，而对更为专业的物业公司的需求也是

① 胡仕林:《元治理视角下业主委员会“成立难”探析》,《云南行政学院学报》2021 年第 1 期。

原单位制老旧社区居民的普遍诉求。其次，业主委员会可以起到联络居民、提高社区工作效率的作用。在D社区和X社区，至今社区“两委”换届选举等大型工作仍然是依靠工作人员挨家挨户走访游说才能完成。最后，业委会可以综合居民的利益诉求引导居民参与社区自治，并代表居民与社区展开沟通协商。例如F社区成型的业委会每月均会定期与物业公司和社区“两委”就社区问题进行统一讨论，相比之下，D社区与X社区中碎片化的意见反馈则是一种只顾私利的居民社区行为，自治程度较低。

除没有成型的业委会组织以外，社区居民难以阻止的搭便车行为同样影响了居民参与自治的积极性。多数居民并不会耗费时间精力参与社区活动，而当少数活跃分子的行为难以满足他们的需求时又会横加指责，这让负有责任感的居民领袖成为一个“受累不讨好”的角色。部分学者认为应当对我国当前社区自治单元予以重构、缩小和下沉①，如果能够缩小自治单位的规模，便可加强个人与团体利益之间的关联性，同时也会更具有对搭便车行为进行惩罚的倾向②。但从两个案例社区的事实情况来看，在熟人社会特征较为明显的老旧社区想要形成这样的惩戒机制是较为困难的，和谐的社区氛围和较为熟络的人际关系反倒成为老旧社区建立较为成熟的居民自治组织的社会心理阻碍。

当前，两个案例社区的居民仍然是自治意识低下的社区参与主体，虽然不乏“居民中颇富声望者”出于半志愿性质担任楼长、网格员等角色，更多的却只是传达社区“两委”的工作要求，动员居民参加社区活动，而较少发挥统合居民意见需求并向上反馈的作用。居民的自治活动既无固定周期，也无指定形式，零散化的居民自治使得本应由居民整体行使的对基层政府和社区“两委”的监督权等仅仅停留在表面，行政权力缺少来自社会的制约。例如，D社区“两委”并不会定期进行社区资金使用状况的公示，社区工作也没有形成固定的居民评价体系。这也是

---

① 许宝君：《我国城市社区居民自治单元重构——兼对“自治单元下沉”论的反思》，《东南学术》2021年第1期。

② 望超凡：《利益共同体自治：老旧社区治理困境的破解机制——基于重庆市W社区“院坝会”治理实践》，《湖北行政学院学报》2020年第6期。

因为没有成型的业委会代表居民利益，居民又不具备行使自治权利的意识，对社区“两委”工作的认识依旧是“服从与配合政府工作”，而非“引领居民自治，解决居民现实需求”。而这反过来又会加剧社区居民需求得不到满足甚至被忽略的现状，导致居民自身对于社区工作的心理期望大幅降低，形成居民不愿积极参与社区自治事务的恶性循环。

二 外部异质性：权力行使主体差异化

当前我国基层治理中的分化和差异不仅表现为利益需求和价值观念的多元化，还表现为住房商品化改革后社会矛盾更加多样，社会行动主体相比过去同样有所增加①。如果将老旧社区的社会整合过程与商品房社区进行对比，或是将不同类型的原单位制老旧社区进行对比，则会发现不同社区之间社区组织情况差异巨大。在单位制解体之后，原单位制老旧社区在社区管理机制方面并没有形成统一的发展模式。尽管街道办事处—社区“两委”—居民的权力关系网络大体一致，但权力行使主体的差异化造成了不同社区之间权力结构的异质性。与商品房F社区相比，D社区与X社区均缺乏成型的业主委员会和专业的物业公司。除此之外，在党建引领社区治理的潮流下，D社区党组织的社会动员能力并没有特别优秀的表现，而X社区则借助原产权单位发挥的作用情况稍好，但总体来讲均弱于人口结构更为年轻化的商品房社区。

（一）准物业公司与社区管理责任真空

建构成型而富有凝聚力的业主团体以及社区共同体意识能够为业主行使权利提供畅通的渠道，在社区之中仍然需要一定的组织负责具体事务的执行②，这在商品房社区主要指物业公司。在单位制度下，社区对于城市公共事务管理与服务的功能在很大程度上是由单位承担的③，原产权单位在社区管理中具有较大的权力。随着单位制度的解体，社区失去了

① 孙柏瑛：《城市基层政府社会治理体制机制的现代转型》，中国社会科学出版社2020年版，第59页。

② 高富平：《我国居住物业法律制度设计的缺陷及校正——物业小区开放的目的和意义》，《河北法学》2017年第11期。

③ 何亚群、王明生：《单位体制与社区体制：当前我国城市社会整合的二元模式探析》，《广东社会科学》2005年第6期。

其最为重要的社区管理者和社区服务提供者，改制后的社区“两委”和街道办事处承接了居民管理的工作，但与商品房社区相比却并没有与物业公司相对应的社区管理服务组织。商品房社区的物业公司与居民之间是以契约为基础构成的等价交换关系，物业公司对社区生活的参与主要目标在于通过自身提供的市场资源谋求自身企业利益[①]。而基于完全的房屋产权私有和契约关系，商品房社区的业主出于自身利益考虑也更积极地通过业委会等组织与物业公司展开互动[②]，形成社区多元主体的良性互动。

现代商品房社区业主的管理权往往是通过雇用专业的物业公司对社区具体事务进行管理而实现的。虽然在实际运作中业主与物业公司矛盾频发、物业不作为乱收费等都是常见问题。但无论具体的履职能力如何，专业的物业公司已经成为社区房屋设施管理、环境生态建设、公共秩序管理等工作的责任主体。相比之下，天津市原单位制老旧社区普遍推行的准物业公司模式与其说是居民购买的社区服务，更像是由政府提供的居民福利。居民支付远低于市场价的物业管理费用，享有兜底性质的社区服务，其余费用则由政府予以补贴。这种兜底服务基本上只包括社区日常的卫生清理，而不包括房屋维修、社区管理等其余服务。与此相矛盾的则是老旧社区居民的现实需求，社区建成较早，内部的房屋和公共设施面临着严重的老化，甚至威胁到居民的日常居住安全。正如前文所述，这些工作大部分由社区“两委”承担，而社区“两委”面对这些工作毕竟不具备专业性，资金和人员同样具有较大的局限性。更重要的是，部分社区管理工作已经超出了社区“两委”自身的职权范畴，这便造成了社区管理的责任真空。

在原单位制老旧社区引入专业物业公司是一种典型的“集体消费”困境[③]。从经济基础来说，原单位制老旧社区的居民构成并非如商品房一

---

① 彭小兵、郭梦迪：《何以弥补城市社区公共环境治理责任真空？——基于重庆市 LX 社区公共环境治理的考察》，《天津行政学院学报》2020 年第 4 期。

② 张磊、刘丽敏：《物业运作：从国家中分离出来的新公共空间——国家权力过度化与社会权利不足之间的张力》，《社会》2005 年第 1 期。

③ 葛天任：《碎化与整合：中国社区发展与基层治理》，社会科学文献出版社 2019 年版，第 93—96 页。

般以房价为经济基础进行了过滤与筛选，社区内部居民在经济收入方面存在着较大的差异，退休居民和低保用户消费水平相对较低，部分居民甚至没有固定的经济收入。一旦引入专业的物业公司，势必会导致物业费用的上涨。对于部分居民来说，现阶段由社区“两委”主导的社区管理尽管有不足之处，但考虑到额外的费用支出也就可以接受了。有意愿选聘专业物业公司的居民群体，无法阻止或惩戒其他居民的“搭便车”行为，更无法强迫其余居民付费购买物业服务，而并不稳定的缴费意愿也让物业公司不愿接手原单位制老旧社区①。一旦引入了专业的物业公司，社区日常维护的责任便由社区“两委”和街道办事处转移到物业公司，由政府的公共管理性质变为商业公司的盈利行为，原本作为公共福利的社区服务也会将费用转嫁给居民。从居民心理来说，长期习惯于全能型政府和单位包管一切的原单位制老旧社区居民，并未形成购买社区服务的习惯，导致市场机制在原单位制老旧社区中的失灵。

对于居民而言，从免费享有各种社区福利到社区福利明显较少已经形成了明显的相对剥夺感，更不用提在此基础上付费购买其余社区服务，政府和居民共同出资的准物业便是双方妥协的产物。从组织流程来说，物业公司的选聘流程通常需要业委会作为居民代表来完成。在没有业委会的情况下，便没有组织能够代表居民整体收取前期费用、考察备选企业，与物业公司就服务范畴、收费等进行谈判，集体消费的组织和管理都缺乏明确的责任主体。基于同样的原因，各类营利性组织均难以在原单位制老旧社区扎根，而志愿服务性质的组织即便成立也难以对现状产生根本改变。

（二）社区党组织管控效力不足

自党的十八大以来，基层党组织越来越被强调在社区中发挥战斗堡垒作用，党建引领社区治理有助于以较低的成本推动居民社区自治和基层社会建设②。近年来天津市在全市范围内推进“党员双报到”机制，即

---

① 从对F社区和D社区周边商品房社区物业公司的调研情况来看，在获取政府补贴、收缴停车场等额外费用后，仍需居民物业缴费率达到80%左右才可实现物业公司收支的基本平衡。

② 吴晓林、谢伊云：《强组织的低成本撬动：党建引领城市基层群众自治制度效能转化的机制》，《广西师范大学学报》（哲学社会科学版）2021年第1期。

在职党员既要接受所在单位党支部的领导，又要配合社区党委的工作。在一些执行情况较好的社区，通过规定在职党员参与社区志愿服务的时长等形式，既调动了居民主动参与社区治理的积极性，又借助党组织这一平台将党员居民的私人外部资源引入社区治理的过程中。伴随着天津市委对“双报到”机制重视程度的不断提升，社区甚至掌握了在职党员的部分考核权①。社区党组织在利益协调和社会整合方面发挥重要作用，又在这一过程中起到服务群众和巩固党的地位的作用。

原单位制老旧社区中，党建引领社区治理的执行情况总体而言相对较差。这在客观上与天津市基层党建工作的开展落实不规范有关，部分区并未完全实现社区党支部建设目标，不同区之间对于社区党支部应当以何种工作形式存在，又要发挥何种作用也存在认识差异，影响了党建引领基层治理工作的顺利开展。尽管D社区“两委”较早地尝试推动党员“双报到”制度，但实际上D社区“两委”负责人坦言该制度对于社区治理工作的帮助“收效甚微”，甚至认为“没有太大必要”。一方面，社区的退休居民和失业居民在常住人口之中占比相对较高，直管党员是社区党员的主体构成部分。在职党员数量较少，能够为社区建设做出的贡献相对有限。另外，社区党委对在职党员缺乏现实的利益管控抓手。社区影响在职党员的人事考核通常需要与党员所在的工作单位进行联动，向单位反映党员在社区志愿服务等方面的表现。因此，若社区居民主体是党政机关工作人员则相对容易达成这一目标，私企则并无太大积极性与社区“两委”配合。D社区原产权单位是天津市的国企，但随着单位与社区脱钩和居民的流动，如今社区在职党员就业情况较为复杂，以人事考核作为利益基础对在职党员进行管控无从谈起。正如前文所述，原单位制老旧社区“两委”并没有能力完全满足居民利益诉求，在这种情况下如果强制要求在职党员参与志愿服务，往往会引发其强烈的不满情绪。最终对于社区党员的动员工作，通常只能寄托于党员的奉献精神和集体荣誉感，并不具备有力的管控机制。因此相比于推动社会整合，D社区党委发挥的作用更多是对社区内较为有限的企事业单位和党政机关

① 赵聚军、王智睿：《社会整合与“条块”整合：新时代城市社区党建的双重逻辑》，《政治学研究》2020年第4期。

进行资源整合。党员“双报到”最终的效果仅仅停留在对于社区党员的登记在册，以及“支部建在楼门上”的基础目标，而无法有效调动社区党员参与社区工作的积极性。

由于原产权单位尚未完全退出社区生活，从理论上说作为准单位制社区的X社区党委引领社区党员居民参与社区治理的效果应当明显好于D社区。这是由于原产权单位在这一过程中能够发挥对社区居民监督考核的作用。从现实情况来看，原产权单位在社区治理过程中扮演的积极角色已经在很大程度上覆盖了在职党员的作用，而且在职党员和原产权单位所能动员的社会资源重复度较高，因此更多的是社区党组织与原产权单位党组织进行联通互动。

三 社区工作：需求扩张与权责结构失衡

基层社会治理是在多重目标的指导下开展的，虽然以“社会”和“人民”为本位，在实际执行中各个部门机构具有各自独立的多重目标和不同利益①。社会治理面临经济、政治等多元治理逻辑和导向的影响，管理和服务的任务也随之多样化②。原单位制老旧社区建成较早，建成初期的社区规划早已无法适应时代的发展。而社区治理主体缺失严重，服务供给能力相对较差，这与社区居民不断扩张的利益需求形成了张力。社区“两委”作为原单位制老旧社区最为主要的社区治理主体，既要在属地管理制下承接基层政府予以的行政压力，又要回应居民的自治需求，同时面临着行政化趋势与社区减负的矛盾，是社区权力结构中权责结构失衡的最典型代表。社区“两委”是众多工作的实际执行者和责任主体，然而却没有与越来越多的责任相对应的事权、财权，甚至成为基层的“背锅者”③，在地方政府的层层加码之下，深陷无限责任和有限职权的矛盾之中。

当前社区“两委”职能的法律依据主要是《城市居民委员会组织

---

① Kenneth G. Lieberthal, David M. Lampton, *Bureaucracy, Politics and Decision Making in Post-Mao China*, Berkeley: University of California Press, 1992, p. 68.

② 周雪光、艾云：《多重逻辑下的制度变迁：一个分析框架》，《中国社会科学》2010年第4期。

③ 杨凡：《属地管理原则“变形”的表现、根源及其矫治》，《领导科学》2020年第2期。

法》。该法虽然详细规定了社区“两委”的职能定位、组织规范和应尽之责任义务，但对于社区“两委”的权力却缺乏明文规定。随着时代的发展，建成较早的社区的早期规划已经不足以满足居民日益扩张的需求，例如由于并没有预料到未来车辆的普及，社区大多没有专门的车位划分，如今对社区车辆进行有效管理已成为居民的切实需求。对此如果社区没有明确的权力主体和合理的权责关系，不仅无法切实解决社区问题，还会加剧社区“两委”的权责失衡现象和工作负担。X 社区的原产权单位具有较高的社会责任感，积极参与社区事务并承担社区责任，这在很大程度上弥补了专业物业公司等主体在社区治理中的缺位。因此本章将以 D 社区车辆管理问题为代表，并与商品房 F 社区的车辆管理情况进行对比，分析面对居民的需求扩张，社区“两委”权责失衡与社区治理主体的缺失如何影响基层社会整合。

（一）D 社区社会整合中的权责失衡与主体缺失

单位制时期社区的“封闭性”主要体现在较弱的人口流动和对外联系方面。事实上，D 社区在空间布局上无论是单位制时期还是如今，都属于典型的开放式小区，在社区各个出入口并没有门禁限制人员进出。考虑到社区老年人较多，出于便民利民的目的，D 社区内设有一个农贸市场，并且是附近几个社区唯一的农贸市场，社区外来人员数量也因此增加。

D 社区在建成之初并没有对社区停车位进行规划，早年间居民购车数量较少，社区范围内对车辆的管理主要是居民之间的“约定俗成”，车主默认社区内的一些空间是可以用于停车的，车辆与车位也并无绑定关系，完全采取先到先得的原则。但是近年来，社区居民用车数量明显增加，车辆的随意停放在影响社区整体风貌的同时也挤压了无车用户的公共生活空间，居民围绕停车空间的归属问题也曾发生过争执。较多的外来流动人员增加了社区车辆管理的负担，而随着周边商业区的建立，未设置门禁且停车免费的 D 社区更是成为商业区工作人员和顾客停车的场所。对于居民来说，《物权法》规定了小区内居民对本小区公共停车位享有优先使用权，这些公共停车位由全体业主共享，不进行额外收费而是计入了房屋公摊面积。尽管这一规定针对的对象主要是商品房社区，但 D 社区居民主张外来车辆不应随意进入社区完全在情理之中。值得一提的是，商品房社区对于停车位的规划和管理主要是由物业公司和开发商主管的，这两者恰好都是老旧社区缺失的权力主体。除此之外，社区外来流动人员的不断增加带来的社区财物安全隐患也成了居民的切实担忧，外来车辆在社区内随意行驶也有可能对老年人生命安全产生威胁。为此，部分居民向社区“两委”提出应当加设门禁和监控摄像头，限制外来车辆的同时合理规划社区内停车位等具体诉求。可以说在D社区，除了房屋维修改造，社区内车辆管理问题已经成为又一矛盾焦点。对于D社区“两委”而言，虽然解决社区内的车辆管理问题是其引领居民社区自治、满足居民现实需求所应当承担的责任，但相对应的是D社区“两委”并没有能够解决这一问题的事权和财权（如表4－4所示），社区“两委”“管不了”“不想管”现象严重。

表4－4　　　　D社区车辆管理问题职责情况

居民诉求	法定责任主体	实际责任主体	执行能力情况
加装门禁	物业公司	社区“两委”	缺少资金
加装监控	物业公司	社区“两委”	缺少资金
驱赶外来车辆	物业公司	社区“两委”	超出职能范围
划分车位	物业公司及开发商	社区“两委”	需与业主协商

在社区“两委”具体执行过程中，停车位的划分需要与社区内居民进行利益协调和意见统一工作。楼门前的空地目前通常由低楼层居民自行支配，而其中的无车居民并不乐于将这部分空间划分成停车位，而且停车区产生的噪音会影响居住。而如果完全将停车位划分至公共区域，则必然导致车位数量的紧张和街区道路空间的狭窄。除此之外，还涉及车位划分后是否应当收费、收费数额多少、由谁收费、费用的具体用途等问题。尽管社区“两委”多次就这些问题与社区居民进行协调，但均未能达成一致，最终只能暂时搁置工作。另一方面对于日常生活中社区内的外来车辆，社区“两委”没有足够的人员配置保持对社区内的巡视管理，即便发现了外来车辆，也没有法律支撑社区“两委”工作人员对车辆进行驱逐或处罚。至于加装门禁和社区监控，则没有足够的资金，社区一旦实施封闭管理也会使社区内菜贩收入锐减，甚至导致农贸市场

整体关停，进一步产生新的社区问题。

D社区“两委”对社区内车辆进行管理的另一个现实阻碍，是在畸形的权责关系下有限的工作精力如何选取工作优先度的问题。在属地管理制和目标责任制下，社区“两委”往往只能依据策略主义制定具体的行动策略①，不同工作见效速度、约束因素等都有可能成为影响社区“两委”行动策略的依据，如表4－5所示。

表4－5　　　　D社区“两委”工作执行策略

工作性质	工作周期	关联社区主体	监督考核情况	执行优先度
政治工作	短	基层党组织	政治考核	高
行政工作	短	街道办事处	人事任免	高
自治工作	长	居民	未行使	低

事实上，承接过多的政府职能干扰了原单位制老旧社区居民自治的正常开展，社区长期治理工作不断被政府短期行政任务所打断，本应是社区“两委”工作重心的居民事务在这种情况下却往往被忽视②。这在2020年开展的第七次全国人口普查工作中尤为明显，社区作为人口普查最基本的单元之一，要求对社区内逐人逐户地进行全项调查登记，在获取了调研资料后还要求社区工作人员完成复杂的系统录入工作。即便动用社区“两委”和街道办事处所有工作人员加上楼长、社区网格员等半志愿性质的社区工作者，也需要耗费大量时间精力才可以完成。考虑到居民对此存在的不配合，以及统计时居民恰好不在家等情况带来的额外工作量，当这类紧急性且工作量较大的任务布置到社区“两委”时，几乎所有的居民自治工作都会停滞，即便这些行政工作并非社区“两委”首要的职责。

居民整体监督权的缺失在一定程度上加剧了这一问题。居民是社区监督的主体，社区“两委”、业委会、街道办事处以及其他社区组织都是

① 钟海：《权宜性治理：城市基层社会治理中的居委会行为逻辑探析》，《广西社会科学》2016年第4期。

② 赵聚军、杨星宇：《属地管理与老旧社区“增负”——基于天津市D社区的观察》，《上海城市管理》2020年第3期。

居民监督的对象。同一社区之内居民数量众多且利益各异，因此想要由个体居民有效行使监督权是较为困难的，在实际执行中往往由居民选举业委会等居民代表组织予以行使。D社区居民重反馈而轻监督，居民以个体和家庭为单位向社区“两委”反映社区问题，但并没有相对应的机制对问题的解决和社区“两委”的工作予以持续监督，在参与社区“两委”选举和日常工作的同时，却没有能力对社区“两委”工作日程进行干预。无论是房屋翻新维修还是社区车辆管理，本就属于见效较慢、周期较长的工作，社区居民既没有组织对社区工作予以监督，也没有形成对社区服务进行评价的氛围。在社区“两委”工作之中虽然要面临居民自治的诉求，但实际上并没有形成较大的考核压力。如果说法定治理主体和自身职权的缺失造就了社区“两委”的“管不了”，那么畸形的权力结构和监督压力则导致社区“两委”“不愿管”。

需要指出的是，属地管理制明确了社区“两委”对社区内事务的主体责任，但这并非解决老旧社区问题的“万能药”。“把问题解决在基层、把矛盾化解在萌芽状态”是属地管理制度的设计理念和制度目标[①]，这种起源于解决信访问题的管理制度避免了横向各政府部门之间的责任推诿，却在社区治理问题上导致了纵向上的责任下压。D社区居民曾尝试向街道办事处进行问题反馈，但街道办事处并没有为社区提供可行性的解决方案，只是督促D社区“两委”依据属地管理原则尽快解决属地内的居民意见，而并未真正指定社区“两委”职责之外的工作应该由谁承担。

（二）F社区社会整合中的权责匹配与主体明确

F社区车辆管理混乱问题最早源于上一任物业公司履职期间，物业公司试图将大量地上停车位设置为收费车位，而《物权法》中规定开发商和物业公司有权租赁、售卖的停车位主要指在出售时便已经包含在建设规划内的地上停车位，和由物业公司及开发商建设的地下停车场等，而在公共空间后期规划的停车位在法律上归属于所有业主共有。违规收费引发了居民与物业公司的尖锐矛盾，作为回应不仅有居民拒缴物业费、拒绝参加社区活动以示抗议，还有部分有车居民未经付费和允许便对地

① 袁庆锋、孙晶：《关于“属地管理”的探讨——以J省基层网格设置为例》，《行政科学论坛》2019年第3期。

上车位私加地锁，化公共车位为私有车位，表面上是对物业公司的反抗，实际上是对公共资源的侵占。居民与物业公司的矛盾不断升级，并陷入居民停缴物业费与物业公司降低服务质量的恶性循环之中。矛盾不仅仅停留在车位收费这一单一问题上，上一任物业公司存在的物业收费不合理和电梯维修等社区服务不到位等问题，导致居民的不满积攒已久，社区“两委”的协调也未能缓解矛盾，最终业主决定更换物业公司。

业委会作为居民利益的代表组织，在社区“两委”和街道办事处的协调下按流程先后完成了与原物业公司的解聘以及与现任物业公司的签约，并通过社区平台向全体居民实时公示工作进度。新上任的物业公司接手社区车辆管理工作后，首先在全社区范围内拆除业主私自加装的地锁，并在社区“两委”和开发商的协调下明确了地上车位的所有权归属。其次，完善了社区门禁管理，将业主车辆信息登记入电子系统，杜绝了非社区车辆未经允许进入社区的可能，并与业委会共同讨论社区内车位的划分，重新明确了哪些是付费车位、哪些是公用车位。社区“两委”在这一过程中则联合社区工作站对居民进行普法工作，就居民与物业公司的分歧依据法律法规进行协调。最后，物业公司计划在社区内安装监控摄像头，并与街道驻社区派出所合作，及时处理社区内部车辆违停、违章以及其他社会治安问题，如今已完成关键路口的监控安装，后续将逐步实现社区监控全覆盖。

对社区车辆的管理是一个持续的动态工作，在完成前期工作之后仍要面对居民实时提出的反馈。与老旧社区相类似的是，F社区居民遇到社区问题最常见的是向社区“两委”寻求帮助，这并非因为他们仅能求助于社区“两委”，而是在很多情况下居民受限于自身的知识水平，并不清楚问题的责任主体是谁。与老旧社区不同的是，社区“两委”不再需要扮演全能的角色，面对居民的意见反馈，社区“两委”依据相关规定，帮助居民明确该事务的责任主体，后续只需完成跟进协调的工作。物业公司作为社区日常服务的责任主体缓解了社区“两委”的工作压力，其专业性也保障了社区服务的质量。业委会作为居民利益的代表者和社区服务的监督者，已经与物业公司建立定期沟通联络机制，及时反映社区问题。而社区工作站等社区组织和“党员双报到”机制下的社区在职党员志愿者积极协助社区“两委”引领居民自治，也为社区工作提供了更多的人员配置和更高的专业水平。在后续管理中多方协力，又就居民提出的访客车辆如何停放等问题逐步达成一致。

可以说F社区已经形成了较为完备的社区权力结构，权力行使主体相对完善且没有明显的权责失衡问题。当然，这并不意味着社区矛盾迎刃而解，F社区居民对社区“两委”、业委会和物业公司满意度明显低于D社区和X社区居民对社区“两委”的满意度。这在很大程度上是由于商品房社区居民与其余社区主体的互动充满着利益冲突，居民在付费购买社区服务的情况下主动维权的动机更为明确，行为更加频繁。F社区明确且合理的权力结构的作用并非消除矛盾，而是在问题发生时明确责任主体并更为有的放矢地予以解决。

尽管F社区“两委”并没有摆脱行政化的趋势，但由于其不用承担过重的社区服务职责，对社区自治并没有形成较为严重的干预。相比之下，老旧社区“两委”的职责超载绝不仅仅是因为没有专业的物业公司分担工作压力。近年来我国各地的老旧社区并非没有引入专业物业公司的尝试，部分地区的试点工作也在提高物业水平①、翻新整修设施环境②等方面取得了成绩。但究其根本，职责超载背后是更深层次的基层治理体制问题。

（三）权力结构异质性与原单位制老旧社区社会整合

在党的领导下，基层社会整合的重要目标之一在于综合运用多种手段整合不同维度的社会资源，提高社会良性运转与发展能力③。当前我国的基层社会治理的根本目标仍然是强化社会管理，党的十八大以来基层党组织更是成为这一工作的核心，社区治理不仅成为社会自治的重要部分，也影响着政权建设④。对原单位制老旧社区而言，由于居民构成的特殊性，社区党组织对社区党员的社会整合力度本就不足，社区权力主体

---

① 杨维立：《创新老旧小区物业管理、提高群众满意度》，《中国建设报》2019年8月9日第2版。

② 郝雪梅：《“公益物业”是老旧小区改造有益尝试》，《济南日报》2018年1月10日第A14版。

③ 刘子平：《中国共产党社会整合的百年探索与基本经验》，《探索》2021年第2期。

④ 赵聚军、王智睿：《社会整合与“条块”整合：新时代城市社区党建的双重逻辑》，《政治学研究》2020年第4期。

的缺位以及非政府主体并未得到赋权，这一现状更是减少了能够有效整合的社会资源。而属地管理制导致了畸形的社区权责关系，其结果便是并不具备专业性的社区组织被迫承担众多应当由社会力量、市场力量承接的职责，降低了社会整合的效能。

一定程度上，基层的工作内容与权责关系的构建实质上是围绕着上级政府的激励形成的，这在社区工作中会形成“双向背离”，既偏离了民主法治精神，又偏离了管理规范化、服务专业化的要求①。对于老旧社区而言，社区工作行政化趋势加强，制度化建设却又相对滞后。在社区内部，社区“两委”要完成繁杂的社区建设任务，却又缺乏明确的权责关系对其行为和手段加以支撑，在行政任务的执行过程中甚至仍需要借助于人情关系网络，与此同时街道办事处—社区“两委”—居民之间始终难以形成有效的权力监督与制约机制。相比于其他社区，尽管原单位制老旧社区自身也意识到权力主体缺位对社区建设的影响，但如何在现行权力结构下加以改进也面临着巨大的现实阻力。例如，如果坚持党政总领社区工作的导向，那么居民对于成立“空有其表”的业委会组织也将缺乏现实动力。如果在社区中引入第三方社会组织，街道办事处和社区“两委”又应当在何种程度上对其赋权。

社区资源的有效整合，既需要动员社区居民积极参与社区事务，更应当积极尝试引入社区外部资源。而党政力量居于主导地位的权力结构对于原单位制老旧社区的社会整合也产生了双向的影响，一方面在社区权力主体不足的现实条件之下，依托于党政力量的支持可确保“兜底性”服务流入社区，为社区建设提供基础性社会资源。另一方面，科层结构下工作的层层下压和社区自治需要居民主动参与之间具有天然的张力，不合理的权责配置成为社区治理资源不足的体制阻碍。街道办事处向社区的责任下压与工作转移，阻碍了社区“两委”作为群众自治组织引导社区居民自治事务职能的行使，以行政工作为首要目标的社区工作更是无法满足居民对社区服务的多元化需求。在此情况下，低效的社区治理和较低的居民满意度正在倒逼原单位制老旧社区的治理体制改革，对新

① 郭伟和：《基层社会治理的双重背离现象及对其探源》，《浙江工商大学学报》2018 年第 1 期。

时代的社区治理提出更高的目标和要求。

四 新型社区共同体与异质性社区的社会整合

就本章所选择的两个案例来看，其社会整合过程暴露出众多问题，如社区关系停留在邻里关系而无自治意识，利益协调机制对居民的异质化诉求回应度不足，基层治理体制效能低下等。正如涂尔干所指出的，在机械团结社会中，基于相似性的共同体意识如果想要发挥影响力则必须通过中介机关①。单位改制之前便扮演着个人与集体的中介，单位制社区的共同体意识主要是以国家利益为核心价值的“单位意识”②，单位与社区的脱钩导致国家与个人联结的桥梁断裂，如今的社区“两委”和街道办事处又无法成为单位的替代品。单位共同体生长的外部条件和结构在社会变迁中所发生的改变具有不可逆性③，传统的社会整合机制在当今社会已然失效。从单位制时期的同质化社区到如今社区利益结构、权力结构异化特征明显，老旧社区的改造升级不能仅仅停留在“硬件”改造，更要完成“软件”与时俱进的升级。

必须加强新型社区共同体的培养。社区不仅是一个地域概念，更是一个社会概念，共同体是社区的本质，社区共同体意识的培养不仅要形成“生活共同体”，还要形成共同的情感认同和密切的交往合作，构建共同的社会价值观和精神追求④。在涂尔干看来，在机械团结社会消失后，共同意识的角色将渐渐被劳动分工发挥的作用加以替代，群体与群体之间的相互依赖将形成有机团结的社会，这种依赖正如同动物肌体里神经系统与其他系统的相互需要⑤。然而在原单位制老旧社区，这一跨越的实

---

① ［法］埃米尔·涂尔干：《社会分工论》，渠东译，生活·读书·新知三联书店 2000 年版，第 142 页。

② 张丽华、鲍宗豪：《新时代社区共同体的构建及其实现路径》，《江西社会科学》2020 年第 1 期。

③ 陈佳俊、陈建胜：《寻找平衡点：社区治理中国家与社会的衔接与融合——以杭州市江干区“双网共生”社区治理实践为例》，《社会工作》2020 年第 6 期。

④ 郑杭生、黄家亮：《论我国社区治理的双重困境与创新之维——基于北京市社区管理体制改革实践的分析》，《东岳论丛》2012 年第 1 期。

⑤ ［法］埃米尔·涂尔干：《社会分工论》，渠东译，生活·读书·新知三联书店 2000 年版，第 134—142 页。

现并不顺利，分工合作作为取代单位集体的社会联结方式，并没有成为新型共同体意识构建的社会基础。对于商品房社区而言，居民之间的交流互动越是频繁，往往越有利于社区认同的形成，这种交流互动也是居民打破陌生社区氛围的重要途径①。而在原单位制老旧社区，居民与居民之间社区生活的核心是围绕邻里关系展开的，在熟人社会之下这种频繁的邻里互动却并没有转化为有效的社区自治氛围。正如前文所述，社区并没有一个居民组织来引导居民进行自治活动，这造成了居民与社区之间互动过程的碎片化和非规范性。与此同时，居民在社区之中的自我定位也助长了居民自治行为的消极性。单位制社区时代，居民享有单位提供的各种福利，这种福利是单位履行其社会职责的一部分，并不需要居民主动争取。而在单位制解体之后，居民在社区中的行为依旧建立在习惯和依赖基础之上，在大多数情形之下依旧是抱着配合社区和政府工作的心态参与其中，并没有意识到居民作为一个整体是社区治理和社会整合之中的重要主体。

新型居民社区共同体意识的培养，需要居民既有足够的权力，又有足够的意愿，更有足够的能力来参与社区自治。原单位制老旧社区较弱的人口流动性和较长的居住时间使居民对社区具有浓厚的集体感情，朴素的感情因素需要转变为成熟的公共精神，并以此切实调动居民的积极性。这要求社区“两委”对居民自治意识加以引导并在社区工作中不断培养，以共同利益为核心调动多方主体协作治理。社区事务必须以居民利益为中心，并为居民参与社区讨论搭建畅通的平台机制。例如，定期召开居民座谈会，就社区工作的开展面向居民征求意见建议，完善社区工作公开和评价机制，利用线上线下多平台拓宽社区事务反馈机制。目前天津市虽有部分社区借助手机 App 构建社区事务实时反馈平台，但总体而言程序烦琐，普及率较低。对于原单位制老旧社区而言，意见反馈平台的建立应当更为充分地考虑到居民构成老龄化的特点，实现便捷、反馈高效的目标。可以发挥居民群体中富有责任心的社区骨干的作用，借助熟人关系网络充分动员居民参与社区事务。

---

① 舒晓虎、陈伟东、罗朋飞：《“新邻里主义”与新城市社区认同机制——对苏州工业园区构建和谐新邻里关系的调查研究》，《社会主义研究》2013 年第 4 期。

对于居民的社区参与，有学者依据是否参与决策和是否具有公共议题将社区参与类型分为强制性参与（福利性参与）、引导性参与（志愿性参与）、自发性参与（娱乐性参与）和计划性参与（权益性参与）四种类型①。对于原单位制老旧社区而言，权益性参与是相对较少的一种参与类型，这不仅仅是因为居民自治意识薄弱，也是因为基层治理过程之中没有在尊重居民社区治理主体地位的同时充分赋权。在利益协调和基层治理体制中，居民始终处于被动接受而非主动协商的地位，这在无形中又会反过来降低居民参与的积极性与心理期待。

为此，必须推动基层治理体制创新。由于行政力量的强制性特征以及政府在资源掌握方面的绝对优势，街道办事处—社区“两委”—居民三者结构之中居于权威地位的通常还是政府。在社会整合过程中，集体权威在人们的相互契约中形成了一种绝对命令，同时更是主动积极地影响不同规范的形成。集体权威既是发生纠纷时的仲裁人，又要对秩序与和平加以维护。街道办事处不能仅仅作为“兜底”性质的矛盾调解者，更要与其余主体平等地参与社区事务的协商过程。然而在原单位制老旧社区的现实情况中，街道办事处处于利益结构和权力结构的绝对优势地位而忽略了社区“两委”和居民的诉求，在基层协商机制中政府应当起到促进的作用而不是仅仅对过程加以控制。未来的改进首先需要从制度设计入手，建立完善的社区议事与监督机制，明确政府在社会治理工作中的权力边界，为社区各主体建立明确的权责范围，行政事项的下沉应当为各主体提供与之配套的事权、财权，政府任务的下派不能干预社区自治工作的正常开展，确保“行政的归行政，自治的归自治”。梳理基层条块关系，避免责任过分下压和属地概念的滥用。

总体来看，社区的异质性为原单位制老旧社区的社会整合提出了更多的新要求，社区治理过程中利益结构异质性与权力结构异质性相互影响，导致了社会整合过程中不同主体的差异化行为。理解差异化的行动动机与行动机制，有助于合理发挥不同主体的积极作用，共同协作解决现实问题。

---

① 杨敏：《作为国家治理单元的社区——对城市社区建设运动过程中居民社区参与和社区认知的个案研究》，《社会学研究》2007 年第 4 期。

第五章

社区协商:优化基层治理与推动社会整合的关键环节

社区民主协商不仅是中国特色社会主义协商民主的重要实践场域，也是推动基层治理现代化和社会整合的关键环节。其中，既有住宅电梯加装问题是当下社区更新与治理的一个重点领域，其顺利推进亟须有效的利益调节机制与运行良好的沟通协商渠道。因此，以既有住宅加装电梯作为案例，是透视当前超大特大城市社区协商的有效窗口。

第一节　老旧小区更新改造的政策背景与进展

一　问题的提出

党的二十大指出，要“实施城市更新行动，加强城市基础设施建设，打造宜居、韧性、智慧城市”①，这为城市社区更新中可能遇到的具体问题的解决指明了方向。老旧小区在各类型社区中是具有典型性与独特性的一种，其所面临的升级改造需求较为迫切，各类利益与矛盾交织，是城市基层治理过程中有待解决的关键症结之一。

在推动老旧社区更新的进程中，加装电梯一直被视为重点、难点问题。相较于其他如房屋修缮、设施换新等举措，社区居民在这一过程中的实际收益通常是非均衡的，乃至存在一定的冲突。例如，老旧社区加装电梯不仅有助于提升高楼层居民的生活品质，房产也会获得较大的升

① 习近平:《高举中国特色社会主义伟大旗帜　为全面建设社会主义现代化国家而团结奋斗——在中国共产党第二十次全国代表大会上的报告》，人民出版社2022年版，第32页。

值，对于腿脚相对不灵便的老年人来说更为省时省力；但对于低楼层，尤其是一楼的居民，加装电梯带来的实际利益微乎其微，反而有可能影响采光，乃至造成房产的贬值。

总而言之，各方利益难以协调统一是拖慢老旧小区改造进度的主要原因，加之相关法律法规仍处于未完善阶段、后续运营维护机制尚不成熟等因素的影响，老旧小区整体改造过程往往并不顺利，亟须有效的利益调节机制与运行良好的沟通协商渠道。

民主协商是居民参与社区公共事务的一种基本治理形式，强调通过多方的共同参与缓和或化解纠纷，依据不同群众的需求意愿寻找“最大公约数”，从而促进社区的和谐稳定发展，营造“社会协同、人人参与，群策群力、共建共享”的良好局面。鉴于此，2015 年中共中央办公厅、国务院办公厅印发《关于加强城乡社区协商的意见》，提出将“社区协商”作为社区建设的一项核心工作推进①，各地方也相应出台了贯彻中央精神且符合当地实际的协商细则。随着技术赋能的不断推进，基层治理中的社区协商形式日趋便捷而灵活多元，协商规模逐渐扩大，涉及范围也逐渐变广。

综上，本章的主要工作，是以加装电梯为主要案例，总结老旧小区更新改造过程中的协商经验、探索协商现存问题并针对性提出构建社区协商长效机制的可行路径。为了完成上述研究目标，本章将主要借助案例研究、深度访谈等研究方法。案例研究方面，选取了天津、郑州两地有成功加装电梯经历的原单位制老旧小区各一作为案例，试图总结归纳在老旧小区更新过程中的协商经验、协商困境及其内部原因。为深入了解案例小区的具体情况，需对相关人员进行深度访谈，以收集部分经验性资料，为后续研究提供实证基础。具体的访谈对象包括小区居民、居委会工作人员及小区原产权单位相关办事人员。

二 老旧小区更新改造的政策背景

在我国的超大特大城市，许多老旧小区虽然位置优越、交通生活便

---

① 《中办国办印发〈关于加强城乡社区协商的意见〉》，《人民日报》2015 年 7 月 23 日第 1 版。

利，却往往面临着街老、院老、房老、设施老等问题，难以满足人民群众日益增长的对美好生活的需要。同时，老年人口占比大也是老旧小区的普遍现状，因此加装电梯多成为老旧小区改造中的关键与重点问题。根据住房和城乡建设部统计，全国 1980 年至 2000 年建成的老旧住宅约 80 亿平方米，预计需要加装的电梯数量在 200 万部以上①。这意味着不仅要投入大量的人力物力与资金支持，还应切实把握过程中可能涉及的主体，协调多方利益，提供较为完善有力的政策支持。

在老旧小区加装电梯这一民生问题上，部分地方政府早有回应。2008 年广东省住房和城乡建设厅印发《广东省既有住宅增设电梯的指导意见》，率先为增设电梯提供政策方面的支持。随后北京、上海分别于 2010 年、2011 年出台相应政策，但因加装过程涉及手续复杂、牵涉利益众多，实际进展缓慢②。

2015 年，住房和城乡建设部办公厅、财政部办公厅联合印发《关于进一步发挥住宅专项维修资金在老旧小区和电梯更新改造中支持作用的通知》，标志着老旧小区加装电梯开始获得中央政策支持。从 2018 年开始，“加装电梯”连续三年被纳入国务院《政府工作报告》，从“鼓励有条件的加装电梯”到“支持加装电梯”，再到 2020 年明确指出“新开工改造城镇老旧小区 3.9 万个，支持加装电梯”，措辞层层递进，显示出中央推进该项政策的决心。

综上，虽然我国仍面临既有老旧住宅存量大、电梯加装成功比例较低的问题，但国家目前针对城市老旧小区更新改造、既有住宅加装电梯的政策扶持力度较大，总体呈现出中央鼓励支持、各地因地制宜推进的态势。值得注意的是，各地政府对于老旧小区加装电梯的政策支持主要体现在财政补贴或优惠方面，而对于更为复杂的共识达成问题则缺乏针对性的应对方案与协调策略。

---

① 韩丹东：《老旧小区加装电梯咋这么难》，《法制日报》2022 年 1 月 18 日第 4 版。

② 李雪伟、冯家丛：《城市更新治理视角下老旧小区加装电梯实施机制研究——以广州市为例》，《广东行政学院学报》2020 年第 2 期。

第二节 基层社区协商的现实背景

一 社区协商的提出及应用

20 世纪 80 年代，约瑟夫·毕塞特出于对代议制民主和选举民主理论的批判，率先提出了协商民主的概念，他认为协商民主就是“审慎的多数统治”①，这也是协商民主理论的最初面貌。但对于实际政治运行中“协商”的概念，国内外学界也存在多种解释，就我国协商民主的实践历程来看，“协商”更多强调的是方法论层面，侧重于针对某件事情采用“商量”的方法。结合中国语境下“社区”和“协商”的内涵界定可以看出，我国“社区协商”主要指的是“一定范围内的人通过商量的方式来处理社会生活共同体的相关事宜”。

社区协商作为基层民主的一种重要承载形式，首先是建立在我国的基本政治制度框架之下的。作为我国的基本政治制度，中国共产党领导的多党合作和政治协商制度在实际运行过程中的一个基本特点就是“合作与协商”，即在中国共产党的领导下，各民主党派在制度框架下与中国共产党进行商讨与意见交换。这种遇事多商量、多方参考征求意见的制度内涵延伸到基层社区中，就形成了社区协商制度。

此外，社区协商的应运而生，也是适应改革开放以来我国基层社区治理场域中的权力结构和社区自身特点变化的具体表现。从新中国成立到改革开放之前，我国的城市化水平整体较低，城市居民数量较少。同时，在计划经济时代，社区场域内的权力结构相对简单，居民也多被嵌入“单位”之中，管理主体明确，绝大多数城市社区都与“单位”有着密不可分的关系，居民在社区中要反映情况或提出诉求，多会向单位寻求帮助。改革开放以来，随着单位与社区的逐步脱钩，社区场域内的权力结构不再简单，尤其是随着商品房住宅小区逐渐兴起，社区人口结构的异质性程度大幅提升，社区场域内的利益主体迅速增多，社区居民、社区“两委”、物业服务机构、开发商、社区社会组织等都成为社区中的重要利益相关主体，基层社区管理面临着新的形势与挑战。

---

① 陈家刚主编：《协商民主与政治发展》，社会科学文献出版社 2011 年版，第 40 页。

在新形势下，社区场域内的权力结构多样且复杂，有多个主体在同时进行着社区的管理与服务工作。其中，除了社区居民，比较关键的两个主体是社区居委会和物业服务机构。在社区场域内，社区居委会往往代表的是政府部门，但是从法律意义上看，社区并不是一级政府部门，只能称其为拥有非正式公共权力的组织。这主要是由于在改革开放后，我国多数社区居委会不再承担生产职能和经济职能，经费开支均依赖基层政府的财政拨款。在这种情况下，社区居委会日常多以完成上级交付的行政工作为主，所以其自身性质有着浓厚的行政色彩。上面千条线，下面一根针，社区居委会往往面临着工作量大、工作人员少、工作压力大的窘境。同时，对社区居委会的考核方案很大程度影响着居委会的工作重心。在社区协商没有成为一项规定性的程序时，社区居委会在自身工作已经分身乏术的情况下主动建立规范的协商机制的积极性较低。另外，由于社区居委会带有行政色彩，在处理社区内矛盾时，往往更偏向于“维稳”，以追求效率，而不是构建解决矛盾的平台。但维稳的结果要么是上级政府兜底，支付巨大成本平息矛盾，要么是暂时性压制矛盾。随着时间的推移，问题的根源没有解决，矛盾只会不断积压，最终还是会爆发。

另外，物业服务机构说到底是企业，其主要承担的是社区的服务性工作，主要任务是对居民负责，保证居民的满意度，因此缺乏经常与社区居委会沟通的必要性。但是在社区的管理与服务中，社区自身并非一级政府，资源调动能力较低，人力物力都紧缺。而物业企业作为一个市场主体，缺少社区居委会的公信力。

综上，在单位制逐步瓦解后，社区缺少一个像单位一样的拥有相对较强的资源调动能力的主体，且并不是所有事情都可以单独归属社区居委会或者物业企业一家管辖，而在涉及双方甚至多方问题时，往往还是会采用商量协调的方式进行。在这种情况下，由于权力的分散而导致的合作与协商需求就产生了。因此，协商实际上就存在于社区的日常事务之中，将社区协商概念化，其实也是将社区协商制度化的一个过程，为多个主体提供一个沟通协商的平台和载体，而这实际上是社区场域权力分散所导致的必然结果。在社区场域权力分散的同时，我国基层矛盾的数量也在不断增加，拆迁、环境问题所导致的系列群体性事件也从侧面反映出我国迫切需要建立制度化的、具有广泛吸纳性的、公民可以有序参与的日常性渠道。各地为此都做出了一些有益探索，比如电视问政等，这些方式虽然拓展了居民有序反映问题、解决矛盾的渠道，但从总体上来说开展的频率仍然有限，一种有序的、能够做到日常性吸纳公民参与的基层民主制度亟须建立。

二 社区协商的制度化

基于协商政治经验的延伸和社区场域下权力结构分散的现实状况，以及不断增加的“非制度化”政治参与现象的倒逼下，我国社区建设工作做出了新的探索。例如，沈阳市于 1997 年就开始探索老工业城市的城市管理新模式，建立起一套新型社区管理体制。在这套体制里，沈阳市创建了新型社区组织，其中就包括社区协商议事委员会。这个机构为非常设机构，成员一般由社区所辖单位的负责人、社会知名人士、居民代表和志愿者组织负责人参加，经社区居民代表大会聘请组成。虽然这个做法在当时存在法律上的争议，但确实迈出了我国社区协商制度化的重要一步。

21 世纪以来，为应对城市社会结构和社会事务的持续复杂化，且随着公民权利意识和公民受教育程度的不断提升，2006 年国务院在《关于加强和改进社区服务工作的意见》中强调社区居民对社区服务的需求越来越多，要求越来越高。做好社区服务工作对于提高居民生活质量、扩大就业、化解社会矛盾、促进和谐社会建设都具有重要意义。由此来看，社区的服务职能日渐突出，成为核心功能。在提升社区服务质量的目标下，杭州市湖滨街道创新服务机制，构建起了全国第一个综合性的社区议事平台。湖滨街道采用每周定期沟通、辖区内设立多个民情收集站的方式，坚持以基层和百姓的呼声为第一信号，相继开展了“御街建设大家谈”、公共交通（服务）民情恳谈会等活动。湖滨街道在新形势下的创新与探索，为全国社区协商提供了借鉴。

2011 年，国务院办公厅发布的《社区服务体系建设规划（2011—2015 年）》中进一步明确提出了要进一步完善社区服务站组织居民开展民主议事的功能。为了进一步满足群众实际需求，化解内部矛盾纷争，促进基层民主健康发展，社区协商成为新时代城市管理服务体制变革和基层民主政治发展的重要一环。规划印发后，几年之内在国内掀起了社区协商民主试点工作的热潮。其中比较完备且具有代表性的是 2014 年荣获民政部“中国社区治理十大创新成果提名奖”的长春市朝阳区“4335”模式，该模式对社区协商的协商议题、协商的主体参与层次、协商程序规范与形式做出了较为完备的归纳与论述，对各地开展社区协商工作提供了宝贵的经验。

2015 年，中共中央办公厅、国务院办公厅印发《关于加强城乡社区协商的意见》，将“社区协商”作为社区建设的一项核心工作来推进。如今，随着城市化进展加速，乡村社区数量和规模也逐渐增加，城镇社区的管理模式向乡村扩散。信息技术高速发展，技术赋能让社区协商的形式和范围不断扩大，我国社区协商在政策的引领下，经过长时期的发展积淀，已经形成了一套成熟的操作流程和多样的协商形式，极大地丰富了我国社会主义民主政治，也成为我国社区治理的重要方式。

2017 年，《中共中央　国务院关于加强和完善城乡社区治理的意见》中将社区协商作为社会治理的重要方式，并把提升居民参与协商的能力作为一项工作重点。文件指出，支持和帮助居民群众养成协商意识、掌握协商方法、提高协商能力，并将社区协商作为解决社区基层治理中问题的一种基本方式，强调凡涉及城乡社区公共利益的重大决策事项、关乎居民群众切身利益的实际困难问题和矛盾纠纷，原则上由社区党组织、基层群众性自治组织牵头，组织居民群众协商解决。同时，要推动形成既有民主又有集中、既尊重多数人意愿又保护少数人合法权益的城乡社区协商机制①，这对社区协商的原则的建设提出了更加细化、规范化的表述，充分保障了居民权利。

第三节　案例社区加装电梯过程中的社区协商实践

本节是本章的案例描述与分析部分，主要介绍郑州市及天津市两个

① 《中共中央　国务院关于加强和完善城乡社区治理的意见》，《人民日报》2017 年 6 月 13 日第 1 版。

老旧小区在加装电梯这一过程中的基层民主协商实践，总结其中的共性问题及其症结，为后文的梳理分析提供思路。

一 郑州S小区加装电梯中的协商实践

S小区位于郑州市金水区，隶属于人民路街道办事处，是黄河水利委员会的“单位大院”之一。它建成于1998年，建筑最高楼层为七层，居民以离退休干部为主，老龄化程度较高。2020年4月底，小区内首部加装电梯落成，类型为长连廊封闭式半层入户式电梯，总价约55万元，其中政府的财政补贴部分为13万元，剩余42万元左右由居民自费承担。截至2023年2月，S小区共成功加装5部电梯，并有1部正在建设中。加装电梯类型的选择是以单元为单位的业主协商意见为准，各单元选定的公司及施工方案不尽相同。

在S小区有关加装电梯的基层协商实践中，当地加装电梯办及其他相关部门坚持为人民服务的宗旨，走家入户宣传加装电梯政策，在答疑解惑的同时也注重收集各方面的意见与建议，并根据群众所需切实优化加装电梯方案。在多方合力的作用下，小区内电梯加装成果显著，居民满意度与幸福感也有所提升。同时，S小区仍有少数门栋迟迟无法达成共识，加装电梯事项进程受阻，也有部分门栋虽电梯成功落成但居民对其效果不甚满意的情况。

（一）成功案例：单位牵头下的协商调解

56号楼某单元是S小区内第三个有加装电梯意愿的门栋，相较于“第一个吃螃蟹的人”有一定的经验可借鉴。但不同单元业主构成不同，加装意愿的强烈程度、可承担的资金范围、愿意承担的其他成本等因素也不尽相同，每个单元每一次加装电梯的协商都可算是一个“新课题”。

由于与原产权单位尚未完全脱钩，S小区物业管理方面的职责实际主要是由原单位的机关服务局来承担，在加装电梯这一项目上也是由机关服务局房地产管理处牵头，确认该门栋同意加装电梯业主满足政策文件规定的“三分之二多数”要求后，进一步组织开展沟通协调工作。具体到该单元，主要有以下两大问题亟待解决。

一是虽然原则上争取到三分之二业主的同意便可开启加装电梯项目，但老旧小区的一大特点便是邻居多为原机关单位的同事，彼此间相处多年，关系较商品房小区中的邻里关系更为熟络，具有相当的“熟人社会性质”，这就在主观与客观上都增强了对“全体同意”这一标准达成的需求。该单元的一层为临街商铺，实际并无业主，而加装电梯阻力主要来自二层的一户人家。该户常住人员并无60岁以上老年人，且本身所在楼层低，对电梯需求较小，又因家中有处于高中阶段的在读学生，对施工噪声容忍度小。

> 我们家是不太想装这个电梯的，一个是本来就是二楼，没几步路，家里也没有腿脚特别不方便的老人，不值当去费这个事。再一个就是家里有小孩要上学，这个装电梯施工，物料啊，人员啊，噪声啊，都受影响。（访谈记录：S-J-W04）

二是电梯类型的选择问题。综合考虑S小区原始建筑结构与整体环境，可供选择的加装电梯方案分为两大类：第一种是半层入户式，即将电梯与楼体的连接点设在每层楼之间的“半层”之处，其优点是工期短，所需费用也相对较低，缺点则是居民仍需上下半层楼梯，未做到真正的“一步到家”；第二种是平层入户式，即每户延伸出一个平台，所加装的电梯距单元门有一定距离，这种方式的优点是每户实际增加了一定可支配面积且不用再上下半层楼，缺点是工期长且费用较高。

> 当时选这个装哪种电梯的时候方案还是挺多的，不过大家都没什么经验，反正我主要考虑的还是这个费用问题，这种相对便宜。再一个是安全问题，这种是有门禁卡的。（访谈记录：S-J-H05）

有关第一个难题的解决，主要是由机关服务局房地产管理处的相关负责人主动上门与二层加装电梯意愿较低的业主先行沟通，明确对方诉求后提出两项补偿措施：一是在加装电梯所需分担的费用上予以相当程度的减免，二是做出“电梯施工会严格遵守相关条例，在规定时间内、可接受噪声分贝范围内施工”的二次承诺。

此后，仍是由机关服务局牵头组织了四次协商会议，参与主体以业主为主，会议最终基本达成了几点共识。首先是出于该单元二、三层其他住户均有八十岁左右腿脚不灵便的老年人，而四层及以上住户本身对电梯需求大等原因，总体加装电梯意愿强烈，加之邻里关系相对和睦，对意愿不强的一户情况纷纷表示理解，因此绝大多数业主均同意该户在口头承诺非特殊情况不乘坐电梯后可不分担加装电梯费用。

> 我们挺理解他家的，每个家庭情况不一样嘛，人家说了不坐这个电梯，那没必要让他们再去摊这个费用。你说是人家不同意也行，但是这都二十多年的邻居了，他们家小孩也都是看着长大的，没必要为了这点钱的事去争来争去嘛。（访谈记录：S－J－H05）
>
> 这个事就是你用就掏钱，不用就不掏嘛，我们这个电梯是有那个门禁牌的，没给他们家发嘛，这没什么可纠结的。（访谈记录：S－J－Q06）

征得集体同意后，由服务局负责项目的申报、电梯公司的筛选等工作，最终电梯方案由所有分摊费用的业主投票，选择了半层入户式。选定后，该协商结果被放至小区通知公告栏进行了为期一周的公示。最后，由于电梯定期维护管理等仍会产生费用，而该单元老年住户较多，难以适应相对现代的支付方式等原因，协商推选了一位中年女性业主作为“联络人”，每户先预支一部分费用由她保管，产生实际支出时由她负责对接交涉并做好记录。

（二）失败案例：共识难成导致项目搁置

S小区内虽有多部成功加装的电梯，但也存在部分门栋因居民共识迟迟难以达成，最终导致项目搁置的情况。如60号楼某单元，在小区内首部加装的电梯落成时，该门栋顶层的住户就有人表达出较强的加装电梯意愿并主动和单位机关服务部门反映了情况。

> 当时是住在七楼的老人子女来反映的情况，他们是看前面楼装了电梯效果挺好，考虑家里老人也是上了年纪，平时还总爱出门买个菜、遛个弯儿，也想装这个电梯，主动来问有什么流程手续的。（访谈记录：S－D－L02）

然而，在初步意见征询阶段，该门栋就遇到了较大的困难。一是部分底层住户对加装电梯的态度模棱两可，总以各种缘由推脱交流，既不明确支持，也不说明反对原因；二是有一户居民对于主要由个人出资这一问题存在较大抵触情绪，坚持认为应该是单位和政府“拿大头”。因当时明确表示同意的业主和其所占面积比例并未满足政府文件所要求的“双三分之二以上”，该门栋加装电梯项目并未进入申请、公示的流程。

我当时没有具体负责他们那个单元，但听过负责的同事说那个单元有两家那个态度很奇怪，也不直接反对，电话沟通经常是推说有事，要不就是说看大家的意思，自己一户也做不了主。我个人觉得啊，应该是自己家里需求不大，又不想做冒头反对的。（访谈记录：S－D－Z03）

我知道当时我们楼下那家是不同意的，他还跟我交流过，说这事儿是政府政策，政府想让我们装还要我们自己出钱什么的。我说我家楼层高，装个电梯也挺方便的，我觉得挺好，他又说什么政府和电梯公司是商量好的，这个钱让咱们掏就没道理什么的。我觉得他是想太多了。（访谈记录：S－J－W07）

就这样，该单元加装电梯的诉求因居民无法达成共识最终无法得到满足，项目被搁置下来。加之意见征集前后正值抗击新冠疫情的关键时期，一方面，由于居民纷纷减少非必要外出导致加装电梯需求减小；另一方面，社区承担了大量防疫相关工作，难以分出更多精力持续推进加装电梯这类“锦上添花”的工作。因此，该单元加装电梯项目迟迟未再启动。

（三）后续跟进：基本符合预期但争议仍在

老旧小区电梯加装问题并非在电梯落成时就得到了彻底解决，电梯后期的运维管理、居民满意度、电梯使用纠纷等都是值得关注的矛盾易发点。S小区中，已加装成功的门栋居民对于电梯的运行效果基本予以了肯定，认可电梯对其出行便捷的有力贡献。

有了电梯之后还是方便了不少，当时问我们意见的时候我还觉得自己腿脚应付得来，怕花钱，是我家闺女坚决说要装。这不是前一段老得往医院跑，上上下下的，有个电梯还是不一样，钱花哪儿还是哪儿好。（访谈记录：S－J－Q06）

当然，也有部分居民对加装效果持一定保留态度，主要的争议在于对电梯类型选择的不满意以及对后期运维成本的质疑。

我们算是小区里装电梯比较早的单元，现在看隔壁楼那个电梯也快装好了，是那种平层的，那么长个走廊，相当于每户能增加不少面积呢，当时我们要是也选这种就好了，还是没有经验啊。（访谈记录：S－J－H05）

现在是每年要交一笔电梯保养维护费的，要说电梯也没出过什么问题，但我也没碰见过有人来检修。还有电梯里和多出来的楼道里的卫生问题，按说我觉得交了钱这些也应该是归电梯公司管，也不知道有没有人来，我反正是一次没碰见。（访谈记录：S－J－H05）

但在被问及是否向有关单位或部门反映过电梯加装完成后的争议意见时，绝大多数人表示这些问题对实际生活影响不大，往往是在平时聊天中吐槽抱怨两句，“还不至于去反映问题”。

总体而言，无论最终结果成功与否，S 小区电梯加装过程的一个突出特点便是由机关服务局负责了大量前期工作，对标商品房小区，它几乎承担了物业公司全部的服务职责和相当多的管理工作。不仅如此，作为一个大型事业单位的服务局，它甚至承担了一定程度上政策“上传下达”的功能。

二 天津市 X 社区加装电梯中的协商实践

X 社区位于天津市南开区，始建于 20 世纪 90 年代，总户数 2106 户，户籍人口 4248 人，常住人口 3864 人。作为老旧小区，其原产权单位属于教育类事业单位，没有经历国企改制的震荡，至今仍然承担着诸如房屋维修、基础设施维护等重要职责。该小区并未成立业主委员会，聘请的物业公司亦是由居委会牵头引进的准物业公司，仅提供保洁等兜底性物业服务。总而言之，就治理结构来看，X 社区目前更像是单位制社区与新型社区制社区的混合体：一方面，与居民切身关系更为密切的房屋维修、基础设施维护等社区服务主要依赖的是原产权单位，街道办事处和居委会实际上缺乏强有力的利益管控手段；另一方面，由于已经完成社区制改造，居委会在社区治理中获得了法定的权威地位。

以最先加装成功的 62 号楼某栋为例，该楼的建筑结构为砖混型，每个单元共 6 层 12 户居民。该栋 90% 以上住户内有 60 岁以上的老年人，老龄化程度极高，加装电梯的需求较为强烈。此外，X 社区内居民多为某高等教育院校的教师或学校工作人员，文化程度普遍较高，彼此间熟悉度较商品房小区也更高。

（一）前期筹备：居民提议与社区响应

如前所述，X 社区虽然早已完成产权转制和社区建设，但原产权单位依然承担着房屋整修、基础设施维护等重要的社区服务职责。X 社区居委会虽然在社区治理结构中具有法定权威地位，但却不是社区服务的主要提供者，因此缺乏实施自上而下利益管控的物质基础，在社区治理中更多扮演的是利益协调者的角色。X 社区居委会长期以来在社区治理结构中的角色定位，助长了社区的多元共治氛围，居民也习惯于从自身利益需求出发，积极参与以多方协商为主要形式的治理实践，并在加装电梯工作中发挥了关键作用。

具体来看，X 社区加装电梯工作的推进过程经历了几个主要节点。最重要也最艰难的是达成安装协议阶段。在天津市出台老旧社区加装电梯的指导意见后，X 社区部分居民向居委会提出了加装电梯的建议，居委会在征求居民意见的基础上，决定将一个楼门作为试点，并在社区进行了公示。公示期间，部分居民围绕加装电梯后的楼栋结构安全、低楼层采光、施工期间的噪声污染等问题，提出了不同的意见，分歧较大。居委会作为调解者，通过电话、入户等方式促进居民之间的沟通和协商，进行了大量细致周到的工作，并充分发挥了党员干部居民的带头作用，相关楼门的居民才最终艰难地达成了一致意见。这一过程中，具体的多主体间互动路径如图 5－1 所示。

（二）沟通协调：居委会找寻突破

据该社区居委会工作人员介绍，前期公示时，该门栋一户居民提出

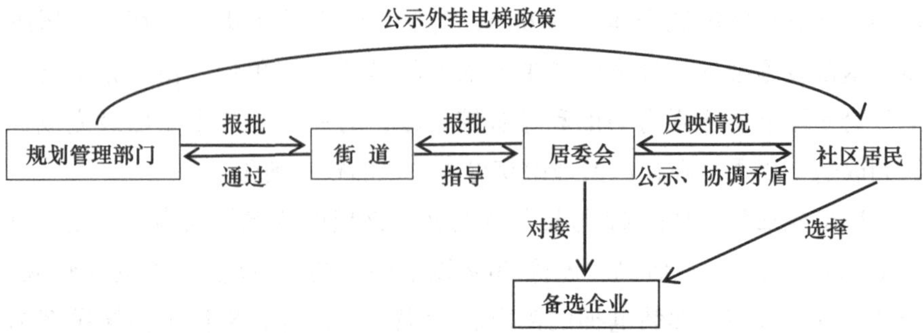

图 5-1 X 社区加装电梯过程中的多主体互动

意见，表示对地勘是否会影响整栋楼的安全有所顾虑，外挂电梯也会影响自家的采光。居委会首先给该户居民 A（女）打电话沟通，希望得到支持和理解，后 A 以身体不适为由，拒绝接听居委会电话；居委会一两天后再次打电话问候 A 的身体状况，A 仍称身体不适，有事等她身体舒服再说。几天后居委会携带水果等慰问品上门探望，A 女儿开门，称母亲身体条件不适宜会客，居委会工作人员留下慰问品离开。后居委会再次打电话询问，A 表示自己心脏不好，身体条件不太适合和工作人员长聊，有事找她先生 B。接着，居委会将 B 约到社区居委会沟通，并提前做了功课，得知 B 是在职干部且是一名党员，在沟通中也以老旧社区改造安装电梯是天津市推行的民生政策作为切入点做工作。沟通后该居民称愿意尊重大多数人的意见，不再阻止修建电梯。

> 那户人家的沟通工作我印象比较深刻，也是我们事先了解了一下她家的情况，主要讲这个是天津市的政策，我们这儿也算是试点。沟通后她先生说“既然我们反映的诉求微不足道的话，那我们就随着大家走，我们只占极小的百分比”，我印象还挺深的。（访谈记录：X-G-L09）

（三）决策安装：过程一波三折

在确定加装电梯的楼门居民全部签名同意后，居委会联系了一些企业供居民选择，居民最终以投票的方式选定了一家国企负责施工安装。

敲定施工企业后，在居委会的统筹协调下，又迅速确定了电梯安装所需的资金及其分配问题。电梯安装所需资金费用总计60万元，政府补贴20万元，其余40万元由居民自行承担。具体来看，一、二楼无须承担费用，其余楼层的居民在居委会主持下完成了费用的协商分摊协议，并订立了正式的合同文本。每年的保养、维修等费用约8000元，一、二楼居民也无须承担。在达成协议的基础上，该楼门居民成立了专门的基金，具体的资金使用须在业主微信群中公示。

决策过程结束后，电梯安装期间也存在突发事件，如曾经在施工过程中挖断过自来水管，影响了周边居民用水。后来经过居委会调解，由该企业负责给受影响的居民送饮用水，管道的修理费用也由该公司负责。在这一过程中，居民的自主性和居委会作为自治管理者和服务者的角色得到充分体现，从资金筹措与楼内关系协调上表现出高效有序的特点。

> 安装过程也不是顺顺利利的，施工的时候院里的自来水管被挖断过，这一下居民肯定不乐意了，尤其是本来就不那么想装电梯的人家。后来我们去调解，人家公司负责人态度也比较积极，说这个肯定由他们出钱修，也答应给受影响的居民送水，这个事儿也就没扩大影响。（访谈记录：X-G-Z10）

总体来说，X社区在加装电梯过程中反映出较强的居民需求导向。对于加装电梯，居民自身具有积极性，但由于X社区没有业委会等组织的存在，居民在诉求表达上存在一定的不足，需要居委会发挥引导和协调作用。从居委会的角度来看，X社区居民主动提出加装电梯的需求，减少了居委会在独自组织的情况下前期需要投入的人力、物力、财力，居委会可以更好发挥调解、组织作用。从街道以及上级政府的角度看，X社区加装电梯的过程虽然历经曲折，但政府仅需予以一定的政策和资金支持，并对整体过程进行指导、协调，减少了自身的负担。也就是说，X社区加装电梯工作之所以得以顺利推进，主要是找到了居民、居委会和街道办事处三方的利益交汇点，避免了集体行动困境的出现。

第四节 社区协商的经验与问题

一 老旧小区协商成功的经验

结合之前章节郑州市、天津市两地老旧小区协商的案例，可分析总结基于老旧小区电梯加装问题的社区协商有哪些成功经验值得借鉴推广。总体而言，政策制度的具体助推是两个案例可总结出的共同经验，此外，郑州市案例中原产权单位的黏合作用较为明显，天津市案例的成功则离不开意见领袖的带头作用。

（一）政府政策制度的具体推动

总结两地案例经验，社区协商进展顺利与当地政策释放出较为明显的利民信号或具有相对明确的方向及方法指引息息相关。

就天津市案例而言，X社区即为选定的南开区既有住宅加装电梯的试点，虽无较为成熟的成功经验可供借鉴，但也拥有政府高度的重视与支持，以及相对宽松的政策环境。《天津市既有住宅加装电梯工作指导意见》释放出政策鼓励支持的信号，X社区有需求且自治意识相对较强的居民把握机会，提出合理诉求。加装电梯本身虽然是一个在既有住宅基础上再造的过程，但其审批程序复杂，所涉部门较多。X社区负责人在完成了前期居民意愿的协调统一工作后，向南开区住建委提出建设性意见：建议成立有关既有住宅尤其是老旧小区加装电梯问题的专门办公室，对于涉及的多个部门的审批事项进行统筹安排，合理规划、有效简化业务申报及办理的流程手续。南开区加装电梯办公室的成立，不仅对加装电梯过程中的重点难题进行了有效的指导，对于协调居民和加装电梯企业之间的矛盾冲突等问题亦有贡献。最终，通过多个领域专家的广泛探讨，既有住宅加装电梯的审批流程得到了较为有效的简化，首部电梯加装成功的案例得以在全市范围内推广，为其他区加装电梯提供借鉴经验。

> 主要还是因为天津市出台了加装电梯的政策，我们这儿算是个试点，再加上居民也确实需要，能推动一下，两全其美。一方面居民获得实惠，再一个如果能加装成功，在全市范围内也算是头几个。（访谈记录：X－G－L09）

> 居委会给我们介绍了加装电梯的政策补贴，我们自己也去了解了一下，觉得确实挺方便的。（访谈记录：X－J－Z11）

反观郑州市政府的相关政策文件，内容涉及政策适用范围、实施原则、实施主体、资金筹集渠道、实施程序、相关要求、职责分工、协商调解机制、保障措施九大方面的内容，几乎涵盖了电梯加装过程中可能涉及的所有问题。尤其是经常被视为该项目推进难点的资金筹集问题，《郑州市人民政府关于既有住宅加装电梯工作的实施意见》中明确了业主、政府、社会资本三种主要资金来源，其中业主部分按照“谁受益、谁出资”的原则，按照加装电梯的实际受益比例分摊，符合条件的可申请提取住房公积金；允许有条件的区、县将既有住宅加装电梯项目纳入旧城改造规划并给予财政支持；鼓励各类金融租赁、融资租赁企业等社会资本参与电梯加装项目。政府政策的支持鼓励态度及具体助推措施，为老旧小区电梯加装的协商成功提供了相当程度的便利。

> 市里面的文件我自己也去搜着看了，感觉政策挺好的，我们家也确实需要，所以征集意见到我们家的时候就直接说了同意装。（访谈记录：X－J－M12）

（二）原产权单位的黏合作用

在郑州市S小区的案例中，原产权单位的黏合对于协商在各个时期的推进都起到了不可或缺的重要作用。首先，区别于X社区由居民主动反映自身需求的情况，S小区的电梯加装之所以能顺利推进，离不开原产权单位相关负责机构的牵头作用。其次，即使居民在单位机关与社区工作人员的宣传下，了解到相关鼓励政策，明确了自身的加装电梯意愿，各户业主的利益协调与共识达成仍主要依靠原产权单位从中调和。案例中针对低楼层住户的补偿也主要是由原产权单位相关负责人提出可行方案，再沟通联系加装电梯意愿较弱与意愿强烈的住户进行协商探讨。再次，在电梯公司及施工单位的筛选问题上，原产权单位也做了相当程度的背景调研工作，并牵头建立电梯公司与业主之间的联系，搭建了社区协商的临时平台。最后，虽然电梯加装完成后，主要的运维服务是由业主选出的居民代表与电梯公司进行联系，但“单位大院”居民仍具有一定惯性思维，在使用电梯时遇到非技术性问题时，仍习惯向单位机关服务局反映问题，单位也并未完全“撒手”，仍会在能力范围内对业主予以帮助。

> 我们做了相当程度的工作，我们整个单位一共是有七个宿舍（单位小区），有的还跨着区，每个区政策不十分一样的。（访谈记录：S－D－L02）
>
> 现在有关房子的大事小事他们还是习惯找我们（机关服务局），尤其是退休老干部们。（访谈记录：S－D－Z03）

当然，应当承认的是，单位制在我国特定历史时期发挥了相应的历史作用，在我国由单位制向街区制转化的过程中，老旧小区的原产权单位是否该完全退场应根据具体条件与自身情况进行判断。原产权单位在促进老旧社区协商问题上可能发挥积极作用并不意味着应全面保留这种“单位大院”的形式，要从根源上解决基层协商难的问题，还应培育居民的自治意识。

（三）社区“两委”的从中协调

社区党组织与居委会的作用在天津市 X 社区的案例中体现较为突出。老旧小区加装电梯并非公共性很高的共性问题，并不适合由政府“大包大揽”地进行决策。社区居委会如果能对居民的合理需求做出适时适当的反应，出面负责居民间的利益协调、费用分摊、方案设计、审批申报手续、沟通施工单位等工作，老旧小区加装电梯的进程往往会更为顺利。针对由谁来牵头组织电梯加装的问题，可供选择的主体有经全体业主委托的业主代表、原产权单位、原建设单位、电梯安装企业、物业服务企业、代建单位等。其中，第三方公司由于存在与居民接触时间短，与居民彼此间熟悉度低等问题，在实施组织的过程中往往面临着居民信息获取困难、居民不信任、利益协调找不到适当切入点等情况，因此更愿意在居民意见达成一致之后介入；至于物业服务企业，首先老旧社区普遍未有符合现代标准的物业公司介入，而多为仅承担基础服务的准物业单位进行“托底”，即使少部分是有物业服务企业介入的，由于组织加装电梯存在的巨大安全责任风险与并无明显收益的现实情况，物业公司一般不愿出面组织。因此，在原产权单位基本脱钩的情况下，社区“两委”往往承担起政策宣传、从中协调、沟通共识的职责。

> 加装电梯这个事主要是居委会管，他们派人问过我们家的意见，我们是同意的，后来还召集大家一起投票选用哪家电梯公司，我们就是跟着走。（访谈记录：X－J－H13）

在X社区案例中，社区“两委”的作用不仅体现在前期发挥基层党组织优势挨家入户协调加装电梯意愿上，更体现在后期的流程推进上。在完成了前期居民意愿的协调统一工作后，X社区负责人发现履行相关审批手续的过程涉及多个部门，便向南开区住建委提出建设性意见：建议成立有关既有住宅尤其是老旧小区加装电梯问题的专门办公室，对于涉及的多个部门的审批事项进行统筹安排，合理规划、有效简化业务申报及办理的流程手续。这不仅提高了本次项目的完成效率，也为日后的经验推广铺平道路。

（四）以利益交汇推动协商共识

在X社区加装电梯的实践中，居民与居委会、街道办事处三方形成了利益交汇点，促进了共识的有效达成，有利于加装电梯进程的顺利推进。应然状态下，居民的实际需求和广泛支持是启动老旧社区更新、清除困难的关键。从前期准备来看，加装电梯首先源于居民的需求。对于街道办事处和居委会而言，在加装电梯已在市级政府层面推动和鼓励的前提下，X社区如果能够顺利完成加装电梯工作，显然会成为一个政绩亮点。在此情况下，居民与街道办事处、居委会找到了合适的利益聚合点，居民的强烈需求和街、居两级的大力配合与支持形成了合力，最终推动了加装电梯试点工作的顺利完成。具体有以下几点。

第一，居民需求在社区利益关系中占据主导地位。居民是社区治理中最广泛、最重要的主体。居民利益的统一与否直接关系到社区公共事务能否进行，因而居民需求是启动设施改造、清除设施改造中困难的关键。从前期准备来看，居民需求是老旧设施得以改造的出发点，在此基础上居委会利益、街道及上级政府的利益均与居民利益相切合，也就是三方形成了共同利益，故表现出“配合”“支持”的态度。以居民需求为中心，以改造社区老旧设施为目的，居委会与街道从多个方面给予了帮助。改造过程中，居民与居民、施工队与居民之间的冲突解决都基于以居民需求为中心的解决办法。

第二，依照不同时期居民需求层次不同，提供不同的服务。不同层级的政府和居委会根据自身的职责范围确定自己可以提供的公共产品在居民需求层次中的位置，从而适时和有针对性地提供相应服务。街道及上级政府就在整个过程中发挥着总领全局的作用，社区具体事务由社区自己解决。居委会则更多承担着解决具体社区公共问题的职责。例如前期调研，居民需求表现为找到适合的公司进行合作，此时居委会提供的服务就是对接相应的公司，提供备选公司。中期，居民与施工队之间发生矛盾，居委会主动调解，厘清事由，由该公司负责补偿。

第三，居民诉求有效表达，摆脱集体非理性困境。居民利益与居委会、街道三方利益能形成共同利益，离不开居民自主表达机制的作用。X社区改变传统单一化的行政管理模式，从自上而下单向的管理转变为自下而上的双向交流互动，保证了居民诉求能够得到充分表达和有效落实。一方面关于社区老旧设施改造、社区公共事务等相关信息可以被居民了解，形成居民意见表达的基础；另一方面居委会作为自治组织的作用得到最大限度的发挥，及时解决居民提出的问题，使得居民需求表达的积极性得以促进。这就避免了集体行动困境的出现，形成良性循环。

二 老旧小区协商存在的主要问题

老旧小区加装电梯既反映了新时代人们对美好生活的多样需求，又符合当下社区治理复杂多变等特点，从前期协商、中期加装到后期运维，每个环节都离不开各类社区治理主体的协同，这是窥探当前社区协商现状与问题的典型案例。本章重点分析的两个小区中，既有居民需求强烈但因协商不通最终未能加装成功的例子，也有成功加装的案例，但即使结果是成功的，其过程中的协商也并非一拍即合、一蹴而就的。因此，本节通过老旧小区加装电梯这一案例归纳城市社区协商中存在的普遍问题，部分是基于案例社区，部分则基于二手资料中对部分加装失败小区的总结。

总体而言，协商主体力量参差不齐是社区协商困境形成的重要原因之一。此外，在意识层面上，社区由“管理”向“治理”的理念转变仍未完善，相关制度虽初具规模但尚未健全；在实践层面上，协商平台与渠道的相对缺位是一大原因，协商成果的落实保障也并未形成体系化机制。

（一）协商主体力量参差不齐

理想状态下，参与协商的各主体间的关系应当是平等的。然而在实际过程中，由于历史因素及现实条件的影响，老旧社区中的各主体对资源的掌握程度与控制能力不一，加之过往传统的问题解决方式已基本形成路径依赖，导致老旧社区民主协商过程中各主体力量实际发展并不均衡，在真正参与协商时，政府主导色彩明显，业委会及社会组织往往相对缺位。在收集整理相关文献资料时不难发现，当社区协商作为老旧小区更新改造，特别是将老旧小区加装电梯作为一种治理手段引入时，学界更偏向于政策层面的研究，在提供可行性对策时也多从政府视角出发，希望通过完善政策、增加资金筹措渠道或由街道等上级单位出面协调等方式促进共识的达成①。

具体来看，这一问题的出现，一方面源于社区治理难以摆脱自上而下由政府主导协商的传统治理模式，即政府通常以利益控制为核心手段，以居委会为主要载体实施社区利益整合。具体到老旧社区上，政府实际承担了大部分的社区服务和相当部分的物业服务费用，加之“半熟人社会”关系网络的影响，共同构成了政府主导模式的基础。伴随着行政组织体系的“权力下沉”，基层政府以命令的方式将任务下派给社区居委会，社区成为重塑基层治理网络的重要载体②。在浓厚的行政化氛围影响下，社区居委会习惯采取动员参与的方式推动居民参与社区公共事务，如安排居民前来开会，抑或为完成上级部门设定的任务而召集居民参与各类活动或形成各种组织。在这一过程中，活动的时间、主题、参与人

---

① 王倪、李亚：《老旧小区加装电梯的冲突分析及解决：基于协商式角色模拟的研究》，《天津行政学院学报》2020年第2期。

② 吴晓林：《治权统合、服务下沉与选择性参与：改革开放四十年城市社区治理的“复合结构”》，《中国行政管理》2019年第7期。

员、形式等，都是由社区居委会决定，居民往往只是扮演服从的角色。

另一方面是业委会及社会组织等多元主体相对缺位或作用十分有限。社区社会资本作为社区内部互惠规范以及居民参与动力的核心，能将处于原子状态的单个人黏合成为社区人，是社区居民参与社区公共事务的联系纽带①，其存量与发展影响着居民的参与效能。通过这类良性互动平台，社区居民被从私域中引导出来，促使社区社会资本在居民的参与、互动中得以培育，形成对社区公共利益的共识，推动社区居民原子化参与转向组织化参与。业委会在现代化的社区治理中是重要主体，在社区协商的过程中也往往是重要的利益相关方代表，然而现阶段老旧社区中成立业委会的数量较少，现有的也基本是自上而下被动成立的。即在一些群众基础较好的老旧小区，在居委会的推动下，通过社区党小组的纽带作用建立业委会，其中的主要成员往往为社区党小组中的党员骨干。社会组织在基层协商中应成为具有技术专业性和价值中立性的参与主体，发挥居中协调或牵头指导作用，然而现实中社会组织方面的情况与业委会类似，组织领导多为社区离退休的党员同志担任，且文体娱乐类组织偏多。

老旧社区协商主体间差异较大的力量对比，或许在短期时间内可以降低沟通的内部成本、提高协商效率，但从长远来看并不利于社区“共建、共享、共治”氛围的营造与转型。

（二）治理理念有待转型

社区治理体系和治理能力现代化是新时代的一个重大命题，是社区各个主体、各种机制、各种要素的整合状态，是实现国家治理体系和治理能力现代化的重要组成部分和抓手。把握基层民主协商的规律与脉络，首先应在意识层面上转变原有的“政府主导”“政府管理”的观点，树立社区共治的治理理念。在针对郑州市S小区的调研中，社区工作人员表示目前并不具备发展常态化的社区协商的基础，而针对类似于加装电梯这类事项的协商他们更倾向于将之当作一种“调解”或“做工作”。

---

① 史斌、吴欣欣：《社会资本在社区治理中的功能分析——以社区治理“失灵困境”现象为视角》，《科学决策》2009年第7期。

我们这里主要的工作一个是党群建设，包括党组织关系转入转出、党员报到、党日活动什么的，再一个就是街道派下来的任务，像之前防疫工作是一个重点。再有就是文化活动，比如教老年人怎么使用手机、防止诈骗这种讲座活动。常态化的协商议事目前没有这个条件，到社区来的基本是老年人，不少人不是因为防疫工作连社区的门朝哪儿开都不知道，有什么事也很少找社区来调解。（访谈记录：S－G－H01）

在过去的社区治理实践中，政府主导的治理模式盛行；新形势下，政府职能从“全能型”政府成转变为“有为、有效”的服务型政府，这就要求政府将部分权力交还给社区，激发社区中其他主体的自治意愿与活力。值得重视的是，社区共治中的“治”并非“统治”之意，而是“治理”的意思。换言之，社区协商作为社区治理的重要环节，其实践过程中不存在绝对的权威，各主体之间的关系是相互平等、相互尊重的，每一个参与主体都应具有自我管理、自我服务的意识，能够通过理性思考并运用合理的方式方法，充分表达自身的利益诉求。

共建、共治、共享治理格局是推进社会治理现代化的战略目标，也是中国特色社会主义社会治理之路的必然要求[①]。其中，共建、共治、共享三者相互促进、相互交融。共建是社区治理的基础，强调社区中各类主体共同参与社区建设，即通过一系列的制度安排，激发市场主体和社会力量的活力，促进党委、政府与各类主体之间的相互信任，实现社区空间内的合作互助与平等协商。共治是社区治理的关键之所在，强调各类主体共同参与治理。在党的领导下，通过政府负责、民主协商、社会协同、公众参与、法治保障和科技支撑建设社区治理体系。共享是社区治理的目标，强调各类主体共同享有社区治理的成果。社区治理归根到底追求的还是人民福祉的增加。社区是社会生活的基层空间，也是社会治理的基本单元。实现社区共建、社区共治、社区治理成果共享的治理格局，离不开社区居民积极参与以基层民主协商为重要形式的社区治理过程，发挥社区居民的主人翁精神。

---

① 魏礼群：《我国社会治理40年变革的历史进程》，《前线》2018年第9期。

（三）制度尚未健全

制度安排的精准性与政策腾挪出的协商空间是促进共识达成的必要前提。目前我国老旧小区加装电梯这一项目的推进仍处于探索阶段，尽管当下政府对既有住宅加装电梯工作持大力支持鼓励的态度，期望以此有效解决居民的安居、出行问题，促进其生活质量与幸福指数的提高，但是在实际工作的开展中仍存在一系列阻碍。展开来讲，一方面，有关多部门统筹协调、联合办公的制度多停留在宏观指导层面，具体涉及相关部门应如何彼此配合，尽量实现材料或数据互联互通、重复冗余环节削减合并等问题，缺乏更为细致的制度规范。突出表现在现阶段既有住宅加装电梯项目仍需面对繁杂的审批手续，缺乏一站式解决方案。另一方面，目前政策对技术层面的问题普遍关注不足。电梯自身的质量及结构是影响电梯加装效果，进而影响运营维护成本与居民使用体验的重要因素之一。当前市场上针对既有住宅加装电梯的施工造价及电梯造价缺乏统一的指导标准，难以有效与其他老旧小区改造项目相衔接。现有政策虽将老旧小区电梯加装情况列为衡量城镇老旧小区改造工作的指标内容，但主要还是以成功加装数量为评判依据，对于该项目实际对居民生活质量的影响欠缺具体的衡量标准。

而在基层民主协商方面，虽然国家在2015年出台了关于加强城乡社区协商的总括性意见，为各地正在广泛开展的试点工作从协商主体、协商内容、协商形式等方面做出了方向指导，但是具体的落实与细则还是由各地根据当地实际情况制定。随着中央顶层设计的逐步完善，各地在开展社区协商时逐渐摸索出了可寻方向，但是在实际运行过程中，社区协商还需要地方政府进一步细化的制度设计，尤其是有关职能部门和街镇等正式公共权力，应在参与协商前提前做好制度建设和程序规范。

在法律保障上，社区协商也相对欠缺。目前社区协商的开展主要是依据国家出台的相关指导意见。诚然，指导意见具有重要指导作用和参考价值，但归根结底不是法律法规，各地在执行过程中有着较强的变通执行权。虽然某一政策颁布主体的行政层级和法律地位越高，该政策的行政影响力和法律效力越大，但是高层级主体所颁布的政策就一些具体问题的表述往往比较笼统。相关的法律不够健全，在具体的执行过程中缺乏相应的保障力度，很多主体关系无法厘清，各方主体的权力和利益难以通过法律的方式保障，而这最终会导致社区协商制度难以发挥预想的作用。

（四）平台与渠道的相对缺位

协商平台的搭建与利益表达渠道的畅通是基层民主协商有待解决的关键性问题。在对天津、郑州两地社区居民进行访谈的过程中，当被问及“加装电梯过程推进时面临的主要困难”时，不少居民反映“之前没办过”“不是大问题懒得去麻烦”；而当被问及“是否参与过社区协商”，不少居民提到“平时比较忙”“遇事再商量”。

> 每家每户想法都不一样，要照顾每家每户的想法不是那么容易的。我们就是服务局的人来问意见就说同意装，但也有不同意的，那不同意的人家也得表明自己的态度，具体怎么去反映这个意见我不太清楚，之前也没遇见过这种事，大家都是第一次。（访谈记录：S－J－L08）
>
> 电梯用着没啥大问题，就是有时候感觉这个门禁卡有利也有弊吧，它是每家固定数量发放，人一多就分不过来，还得从楼上帮忙按一下。再有就是这个卫生打扫问题，没见有人负责。但你说这些事儿也就是当时想到了，觉得是个事儿，过会儿忙别的了又想不起来，没什么机会去反映，也不是重要的事。（访谈记录：S－J－H05）
>
> 你说的那种隔一段时间就聚一块的那种协商我不太了解，应该是没有。这种事儿按说也是个好事，但你如果说就固定下来每家必须派个人去参加，没事也得去，那肯定没必要。我觉得现在这个网络也挺发达，设立个那种意见箱啊或者网上意见反映渠道就挺好。（访谈记录：X－J－G14）

2015年印发的《关于加强城乡社区协商的意见》中强调，要拓展协商形式、规范协商程序，尤其指出要“推进城乡社区信息化建设，开辟社情民意网络征集渠道，为城乡居民搭建网络协商平台”。在实践中，社区协商平台的建立形式主要有两种：一种是由街道或居委会直接搭建，这一形式在具体实践中占比较大；另一种则是在部分由原来单位小区演变而来的社区内，居民凭借自治传统和邻里间较高的熟悉度，自下而上进行推动，与社区居委会一起搭建。

除了搭建线上、线下的协商平台，合理的程序设计是保证居民利益表达渠道畅通的关键，也是基层民主协商的重要保障。因时、因地制宜地创制结构化的协商程序和规范合理的议事规则，指导各参与主体进一步掌握协商程序要素和协商技术手段，尤其是借助信息化技术和网络平台推广社区“云协商”模式等，有利于充分实现信息共享、合理选择协商议题、制定科学议事规则，进而全面提高社区民主协商水平。

作为基层社会治理的增量与增能要素，专业治理技术的创新与运用在促进居民参与，引导居民由原子化到组织化、由个体理性到集体理性，推进多元主体协同参与和多元共治的社区善治中发挥着重要的作用。总体来看，当前老旧社区协商的程序科学性、规范性有待加强。具体而言，协商形式相对单一，多以自上而下组织的座谈会为主，尤其缺乏现代化网络技术与信息化手段的加持。随着社区协商试点在全国范围内的开展，目前各地已普遍积累起较为丰富的社区协商经验，针对社区协商的一些基本要素如协商主体、协商内容、协商形式、协商程序等提出了较为系统的要求，有的地区还落实到了制度层面，在实践中完善了社区协商工作的经验。

社区协商虽然在环节和流程上已经相对完备，制度建构也逐渐完善，但是仍然存在一些技术性的问题没有解决。一方面，老旧社区由于建成年代久远、基础设施建设落后、居民老龄化特征明显，其协商形式多以较为传统的座谈会、听证会、民主评议会等线下形式为主，不少小区缺少线上沟通交流平台，更难探索以新兴技术手段为依托的现代民主协商形式；另一方面，在居民参与协商的过程中，缺乏社会工作专业知识方面的引导和培育，现代化治理技术在老旧社区整体结构中发挥的作用不明显，居民的自我服务意识和社区参与能力提升较慢。

（五）保障机制尚未完善

当前我国的社区协商的议题多是与社区内部息息相关的，往往是某项民生事务的解决，以老旧小区加装电梯为代表性事件的老旧小区更新改造问题就是一个典型。此外，还有对居民内部矛盾的调节，如邻居间噪声扰民问题、小区内遛狗或停车的纠纷问题、广场舞的合理时间安排问题等。这些针对社区内部事务的协商能够最终达成共识本就不易，往往是利益相关主体彼此理解让步加之居委会等社区力量从中斡旋的结果。但由于社区实际上并没有执法权，协商的结果要推动落实又存在一定困难。尤其是涉及民生事项的解决，仅仅依靠社区和居委会的力量在现实中是难以推动的，往往需要社区去协调更高行政层级的力量、调动相关资源，方有解决的渠道。但是仅凭社区想自下而上进行资源协调难度是较大的，因此现实情况经常是各地社区协商仅停留在社区层面，最多是街道层面参与。以往对社区协商相关工作归口管理具体是归属哪里并无明确的文件说明，一般的地方是归口到民政部门，有些情况下统战部门也参与其中。2023 年 3 月颁布的党和国家机构改革方案中，相关工作被划入新组建的中央社会工作部，一定程度上厘清了社区协商的归口管理。但要强化社区协商平台的协商能力，除了做好顶层设计和法律保障，还须进一步推进社区协商结果的落实，统一由其归口部门进行指导并协调资源的解决，加大对社区协商的资源支持，进而有效保障协商结果的落实推进。

从长远发展的角度考虑，通过相对长期的宣传、培养，对协商与自治的认可深入居民内心，方能从主观上树立居民对协商及其成果的重视，从根源上促进社区协商成果的维护。随着社区协商试点在各地的开展，目前各地已经积累起丰富的社区协商经验，各地也结合实际情况创造性地打造了一批社区协商样板，针对社区协商的一些基本要素，比如协商主体、协商的形式、协商的程序、协商结果的落实提出了一系列要求，完善了社区协商工作的经验。虽然环节和流程已经相对完备，制度建构也逐渐完善，但是仍然有一些技术性的问题没有解决，有一些程序在设计时的理论还需要与实践进行进一步的融合。对于居民来说，社区协商的具体认知尚未完全建构，参加社区协商的时候容易出现自身角色身份混淆的情况，同时自身的参与素质与参与能力都有待提高。居民应该如何理解社区协商、如何提出协商议题、如何参与协商、如何监督推动协商结果的落实，这些都应该由专业的社工到社区开展培训或者面向全社区展开宣传。

对于社区居委会来说，在代表的选取上，仍然存在“为我所用”地选取“积极分子”参与社区协商；在协商过程中往往为提高效率，先有定论后协商，将社区协商会议变成了“通知会”“说服会”；在程序的规范性和科学性上比较欠缺，从根本上还是对社区协商工作的不重视导致的，往往是上面来检查，就应付着叫上社区党员开个会，社区协商变成“运动式协商”，难以真正解决问题、调解矛盾。为此，要将社区协商的民众评价纳入社区的年度考核机制，将社区协商工作的开展情况与职务晋升和社区财政拨款挂钩，从而有效调动起社区居委会的工作积极性，同时加强上级行政部门的指导与监督，坚决防止社区协商在运行过程中出现弄虚作假的情况，以引导社区协商科学、规范发展。

第五节 进一步的讨论

“人民当家作主”是社区协商的理念基点，也是社区多主体合作的中轴。本质上讲，社区协商的基本逻辑是服务于社区治理的。由此，提炼出居民参与、民主协商与社区共治三个概念，并对三者内在逻辑关系进行梳理，更有利于探讨社区协商落实的可能性。

一 居民参与与民主协商的互动关系

居民是社区民主协商的参与主体和核心力量，而居民的参与行为是民主协商的必要前提。社区民主协商为居民直接行使民主权利提供了可能性，其目的是为居民搭建议事平台，本质是以居民为本、为居民服务，引导居民有序地参与社区治理工作。要想真正发挥社区民主协商“有事好商量，众人的事情由众人商量”的服务功能，居民首先得走出私域，通过行使自身的自治权利，参加业主代表委员会、单元业主会议等分层多类协商平台。在此基础上与其他主体进行对话，当这种对话行为发生时就会产生具有明确指向性的意志表达，从而就能够在社区公共事务议题的转换机制中激发其他权责主体对此的关注。最后经过多方协调将多元的个体利益转化为统一行动。这是居民通过民主协商平台，充分发挥其在信息交流、建议监督、民主协商、科学决策等多方面积极作用的体现。

居民参与是民主协商的动力机制，居民的参与意愿、深度、广度和参与能力都会影响社区民主协商的进程和效果。社区协商作为一个带有公共事务决策工具特点的机制，协商什么内容、如何协商、如何达成一致都对居民自身的参与能力提出了一定的要求。虽然我国居民素质普遍得到了提高，但是其参与能力参差不齐，公民意识程度不一，同时由于受到协商主题与自身利益的关系密切程度的影响，居民对自身参与行为和关注度的选择亦会不一。只有居民不断增强自身的参与意识和参与能力，学会尊重各协商主体和协商规则，才能够使民主协商发挥其在基层治理中的重要功能。

民主协商是居民参与社区公共事务的基本形式。自“社区协商”被作为社区建设的一项核心工作推进以来，基层治理中的社区协商形式变得越来越多元灵活，同时随着社区协商规模和范围的扩大化，协商组织的功能也得到了更加细致的划分。社区居民开始习惯通过社区协商的治理形式解决在社区生活中面临的现实问题和困境，并逐步积累协商经验。社区协商作为一种治理形式通过多方共同参与缓和矛盾、化解纠纷，寻找群众需求的最大公约数，从而促进社区的和谐稳定发展。在社区协商中，各个参与主体运用理性，自由、平等地参与公共决策和政治生活，有利于有效整合党组织、居委会等各方力量，共同参与社区管理、维护社区和谐，营造“社会协同、人人参与，群策群力、共建共享”的良好局面。

二　民主协商与社区共治的互动关系

民主协商是社区共治的重要推动形式。社区民主协商的引入和发展，推动社区治理主体由一元转变为多元，治理过程由单向度管理转向多方互动①。因此，民主协商对社区共治有推动作用，也是社区共治的体现。

我国的民主协商与社区共治在价值内涵上存在统一性。一方面，无论是协商民主还是社区共治都与兼容并蓄、天下为公的中国传统“和”文化之间具有一定的契合性。协商民主作为一种治理形式，需要的是相互平等的公民自由充分地陈述自身利益和诉求的正当性。同时社区共治作为一种治理模式，强调的是社区治理实践中的各个主体都具备平等参与、相互沟通、合作的合法性。另一方面，无论是民主协商还是社区共

① 龚骏、罗家为：《治理创新视角下的基层协商民主》，《天津行政学院学报》2016 年第 6 期。

治，其内涵都是社区自治，即居民进行自我管理、自我服务、自我监督。通过培养社区居民参与社区治理以及为社区发展奉献的意识和能力，从而培育社区公共精神，建成共建、共治、共享的美好社区治理共同体。社区发展的第一要务便是充分吸纳、集合居民力量，组织社区居民加入社区治理。

民主协商和社区共治在目的上存在内在的统一性，即如何更好地保障和实现普通民众在基层治理中的民主权利，保障人民能够在基层当家作主。社区共治和民主协商是基层政治生活中精英政治的民主局限和公民参与的高成本低效率困境的破解之道。在公共事务的讨论、审议和协商中，普通民众代表自身或作为街道办事处、居委会等其他主体的一员，参与制定并优化公共政策，从而使得政策能够更好地反映普通民众的利益需求。如果说民主协商为普通民众参与基层公共政治和社区治理提供了广阔渠道和制度平台①，那么社区共治则是为普通民众参与基层治理和社区公共政策决策提供了合法性。实现全过程人民民主在社区治理中的“最后一公里”和共建美好社区、共治公共事务、共享治理成果的社区治理共同体都离不开社区共治的治理模式和社区民主协商的治理方式，其本质和目的是互通有无、内在统一的。

三 社区共治与居民参与的互动关系

社区共治是居民参与的组织建制保障。以往社区治理的传统公共管理体系是行政化的管理体制，很难将社区的分散资源和居民力量整合起来，同时自上而下的管理方式也很难调动居民的积极性，进而产生组织的吸纳能力不足的问题。社区共治的治理模式强调的则是构建大的治理平台，形成社区行政力量、党建力量、社会力量、市场力量联合构成的社区治理网络，从而将条块割裂的组织机构和原子式的居民个体联系起来，激发各主体的参与活力。除此之外，各地社区因地制宜、因材施治，建立符合当地发展的民主议事会、民主评议会等组织。这些组织机构充分保障了居民在社区治理中的参与权、表达权、监督权，也是社区居民

---

① 周秀平、邓国胜：《社区创新社会管理的经验与挑战——以深圳桃源居社区为例》，《中国行政管理》2011 年第 9 期。

行使自治权利或者表达利益诉求的正式渠道。

社区共治是居民参与的机制保障。目前关于社区治理的立法保障有《城市居民委员会组织法》《物业管理条例》和各地政府出台的街道办事处条例等。近年来随着社区共治治理模式的兴起，相关的政策文件也逐渐出台。2017 年在《中共中央　国务院关于加强和完善城乡社区治理的意见》中把提升居民参与协商的能力作为一项工作重点，文件指出“凡涉及城乡社区公共利益的重大决策事项、关乎居民群众切身利益的实际困难问题和矛盾纠纷，原则上由社区党组织、基层群众性自治组织牵头，组织居民群众协商解决”。这一新的协商治理方式充分保障了居民的表达权和参与权。这些对于社区治理机构工作的相关规定都在最大程度上保障了居民参与的利益，使其参与更加合法化、公平化、平等化。

广泛且有效的居民参与是社区共治的必要要求。居民积极主动地参与社区规划、公共决策、公共事务管理、运作与监督，奉献自己的智慧和劳动，并在这一过程中形成与其他居民之间、政府之间、居委会以及其他群团组织之间的良性互动，能够最大程度实现利益、资源的整合与开发，共担责任、共享利益、共同奋斗，促进社区治理良性循环。从组织运作层面出发，广泛而有效的居民参与可以破解“基层政府在行动，社区居民不行动”的治理难题，进而提升社区治理的效率并改善社区治理的效果。从社区决策层面出发，广泛而有效的居民参与可以促进民意的上传和公意的下达。居民在社区治理参与过程中能及时将自身诉求向上反馈，进而节约政策制定成本、提高政策的科学性与可行性，有效规避政策不接地气的盲区问题。同时居民也能更好地理解各项决策，愿意在基层贯彻执行、有效落实政府制定的决策和各项规定。从居民自身发展层面出发，广泛而有效的居民参与有利于盘活社区自身发展进程中的原生性动力。当居民发挥自身优势参与治理进程时，其过程与结果也会反过来提升参与主体的心理效能，进而形成一种良性的居民参与互动关系。

快速的城市化进程在释放出前所未有发展动能的同时，也带来了强烈的改善治理水平、提高治理能力的需求。作为治理环节的神经末梢与微观基础[①]，社区层面的民主协商不仅是新时代发展中国特色社会主义协商民主的重要突破口，也是现代化背景下社区治理的关键环节。建立健全社区协商的长效机制，培养各参与主体的协商意识与协商能力，使得平等互利的协商文化真正在社会形成氛围，尚需合力，道阻且长。

① 孙柏瑛：《城市基层政府社会治理体制机制的现代化转型》，中国社会科学出版社 2020 年版，第 15 页。

下 篇

推动超大特大城市基层社会整合与治理现代化的管理体制优化路径

第六章

权力下沉时代超大特大城市街道办事处体制改革的权责逻辑

相对于社区，街道作为超大特大城市的基层行政建制单位，具有更强的执行能力和资源调动能力，在推动基层社会整合与治理现代化的过程中，扮演着更关键的角色。在超大特大城市的人口和空间规模不断扩大，且属地管理不断强化的背景下，街道办事处目前的权责配置显然已经无法适应基层治理的现实需要。在此情境下，为了打造简约高效的街镇管理体制、持续推动社会治理重心向基层下沉，积极探索街道体制的优化与转型之路，已成为一个紧迫的课题。

第一节　研究问题与背景

一　问题的提出

改革开放以来，随着“单位办社会”的终结、人口和资源的持续聚集，城市政府的社会管理和公共服务职能持续扩张，源于计划经济时代的城市管理体制逐渐无法适应新的发展需求。1996 年，上海市为了解决城市管理中的“条块”分割等问题，率先对“两级政府、三级管理”的管理体制进行了探索，试图通过将市级管理权限下沉至市辖区和街道，调动三级主体的积极性，并强调区街两级在城市管理中的主体地位。21 世纪以来，一些超大特大城市又开始纷纷通过合并重组等方式“做大做强”市辖区，导致人口在百万级别的超大型市辖区大量出现，北京市朝阳区的常住人口更是接近400 万人，甚至超过了很多大中城市。庞大的人口规模加之属地管理推行后的责任下压，使超大特大城市的市辖区政府开始脱离城市管理的一线，逐步由法律意义上的基层政府转型为“管政府的政府”。

与此同时，街道办事处作为市辖区政府的派出机构，随着属地责任的强化，在基层治理中开始承担越发沉重的职能，逐步演化为一个事实上的“块”[①]。然而，在强调“上下对口”、工作压力层层传导的体制环境下，街道办事处的主要工作依然是在完成上级“条条”交办的任务。同时，街道办事处作为派出机构的法律定位，又使得其很难有效调动“条条”上的各种资源，由此导致的权责失衡问题变得十分普遍和突出，以至于街道办事处经常处于“看得着，管不了”的局面[②]。在此情境下，压力传导在街道一级继续延伸，即市辖区将公共事务下压至街道，街道办事处则凭借对社区公共资源的全面掌控和事实上的领导地位，将公共事务进一步发包给社区，成为社区工作繁重而烦琐的重要体制根源。

二 研究背景

在街道办事处权责失衡矛盾的不断凸显且属地管理已难以逆转的背景下，如何化解基层负担过重、形式主义泛滥等问题，构建“有为”“有效”的现代城市基层政府，成为政界和学界的共同关切，改革也就此铺开。从顶层设计来看，改革的基本目标是推动治理重心向基层下沉，提升街道办事处的履职能力和基层治理的精细化水平。党的十八大以来，党中央多次强调推动治理重心向基层下沉，并连续做出重要部署：2017年，《中共中央 国务院关于加强和完善城乡社区治理的意见》中明确指出：“推动管理和服务力量下沉……推动街道（乡镇）党（工）委把工作重心转移到基层党组织建设上来，转移到做好公共服务、公共管理、

① 虽然从法律上讲，街道办事处只是派出机构，属于“准行政区划”建制，但随着近年来治理重心不断向基层下沉，其职权已经比较完备。在实践层面，2019年颁布的《行政区划管理条例》规定街道的设置须进行专家论证，近年来部分地方街道办的人员编制也开始从市辖区脱离，成为一级独立的人员编制层级。以上变化实际上都从侧面确认了街道已经具有类似一般行政区的建制属性，因为本章将其作为行政区划建制对待。

② 需要说明的是，之所以没有将中小城市列入分析范围，主要是因为其有限的人口和资源聚集度，上述问题表现得并不突出。因此，虽有一些中小城市也进行了一些改革探索，但并不具有典型性和代表性。

公共安全工作上来。”[1] 2019年，《中共中央关于坚持和完善中国特色社会主义制度　推进国家治理体系和治理能力现代化若干重大问题的决定》中再次强调：“推动社会治理和服务重心向基层下移，把更多资源下沉到基层。”[2] 在顶层设计的引领下，超大特大城市纷纷展开基层治理创新，有力推动了治理重心下沉，强化了街道办事处的社会管理和公共服务职能。归纳而言，地方创新主要存在两种实践路径：一是通过将原属区级职能部门的部分行政执法权下放至街道，提升街道办事处的执法能力；二是因地制宜地借鉴“吹哨报到”机制，将区级职能部门纳入基层治理体系之中，提升街道办事处的统筹调动能力[3]。

学术研究层面，以街道办事处的权责失衡问题为基本线索，大体上可以将相关研究划分为宏观层面对街道办事处历史沿革与改革趋向的梳理归纳[4]，中观层面对街道办事处职能定位的讨论[5]，微观层面对“街道—社区”关系的探讨[6]。总体来看，已有研究至少存在三点有待提升之处：一是研究工作滞后于改革实践，主要聚焦于执法权力下沉前的街道办事处权责失衡问题，对于治理重心下移时代优化街道办事处体制面临的老问题和新情况，缺乏系统梳理；二是对于超大特大城市人口和资源的持续聚集所引发的公共事务扩张、市辖区合并重组等对于街道办事处体制转型具有深刻影响的经济社会背景，关注度较低；三是表现出明显的“问题”和“技术”导向，基于中观体制、机制视角的研究依然相对稀缺。

鉴于此，本章以中观视角的权责定位为核心分析线索，以武汉、北

---

① 《中共中央　国务院关于加强和完善城乡社区治理的意见》，《人民日报》2017年6月13日第1版。

② 《中共中央关于坚持和完善中国特色社会主义制度　推进国家治理体系和治理能力现代化若干重大问题的决定》，《人民日报》2019年11月6日第1版。

③ 赵聚军、张哲浩：《新时代街镇基层治理创新与学术研究的双向互动研究》，《北方工业大学学报》2022年第5期。

④ 吴侗：《新中国成立70年来的“街道办”：变迁及其逻辑》，《经济社会体制比较》2019年第6期。

⑤ 杨宏山、石晋昕：《城市街道大部门制改革的制度分析——基于北京市东城区的案例研究》，《北京行政学院学报》2019年第2期。

⑥ 杨佳譞、孙涛：《激励差异、行动逻辑及作用机理：社区治理中的街道行为分析》，《治理研究》2019年第6期。

京和天津3个最先完成街道办事处组织条例修订，且多年来积极推动执法权向街道下沉的超大特大城市为案例，通过对案例城市新修订的街道办事处组织条例的文本分析，厘清当前街道办事处权责配置的“应然”状态。在此基础上，以武汉市为核心案例，主要通过深度访谈和参与式观察等田野方法①，归纳街道办事处权责配置的“实然”状态。进而结合对“应然”和“实然”状态的比较分析，归纳治理重心下移时代优化超大特大城市街道办事处权责配置进程中存在的具体问题，提出相应的改革策略。

第二节 超大特大城市街道办事处体制演进的职能逻辑

概言之，可以将政府职能整体上界定为国家机构活动的基本方向和主要领域。政府职能的基础性地位，决定了机构、体制、过程等围绕“政府”的重要概念，都应以对政府职能的理解和分析为逻辑起点②。如果从权责定位的视角切入，可以将新中国成立以来街道办事处体制的演进历程划分为三个主要阶段。

一 新中国成立至改革开放前：政治逻辑为先

新中国成立初期，如何构建一种兼顾渗透力和管控力的城市管理体制，从而更好地“把市民组织起来”，迅速实现对社会秩序的重塑，就成为新生人民政权的现实需要。与此同时，随着计划经济体制的全面铺开，“单位制”成为城市管理体制的重要组成部分和政权向下渗透的基本渠道③。然而，鉴于新中国成立初期较低的工业化水平，即使在相对发达的少数大城市中，仍有很多不属于工厂、企业、学校、机关等各类“单位”的无组织市民。因此，“为了把街道居民逐步加以组织并逐渐使之就业或

① 本章的作者之一曾于2022年7—8月，在武汉市J街道进行了一个多月的实习和调研，收集了大量的一手资料。文中所用一手资料，如无特殊说明，均来自田野调查。

② 朱光磊主编：《现代政府理论》，高等教育出版社2006年版，第11、72页。

③ 张堃：《行政社区与管理》，中国轻工业出版社2003年版，第114页。

转业…… 在很多城市中，除建立居民委员会外，还需要设立市或区人民政府的派出机关，我们的意见是设立街道办事处"①。

可见，新中国成立初期街道办事处的设立，主要是为了辅助"单位制"，即所谓"有工作的人找单位，无工作的人找街道"，最终实现对全体市民的统一管理。在此背景下，这一时期街道办事处的职能定位始终具有突出的"政治"色彩。需要注意的是，当时的决策层认为街道办事处只是在特定时期发挥一定的过渡作用，最终目标是在完全实现工业化后，所有城市居民均实现"单位化"："城市街道不需要再建立一级政权……随着国家工业化和向社会主义的过渡，工人阶级以外的街道居民将日益减少，街政权将更不需要，更不应当建立。"② 这就解释了为什么街道办事处从设立之初就被定性为市辖区政府的派出机构。值得注意的是，虽然街道办事处成立后，几经波折，先后调整为人民公社、革命委员会，但无论机构名称如何调整，改革开放前其施政的核心目标始终是在城市基层进行社会动员与管控。

二　改革开放至党的十八大之前：发展逻辑主导

改革开放以来，随着经济体制转型，"单位制"日渐式微，城市资源分配的主体开始走向多元化，政府的动员和资源调动能力趋于下降。同时，随着"单位办社会"的逐步瓦解，由单位承担的诸多职能重新回归政府，街道办事处则是最主要的承接主体之一。随着辖域内"社会人"的大量增加和公共事务的日趋繁杂，街道办事处已经无力像计划经济年代那样，主要侧重于对少数"无单位"市民的社会动员和管控，其角色定位开始向城市基层事务的综合管理者转型。值得注意的是，街道办事处职能的转型和扩张不仅体现在日常公共事务管理，更体现在经济发展层面："街道经济"全面兴起并迅速成为街道办事处履职的重中之重。不可否认，"街道经济"的兴起对推动城市经济发展、吸纳就业具有一定的积极意义。但也应看到，街道办事处全力推动域内经济发展的另一个重

---

① 《彭真文选（一九四一——一九九〇年）》，人民出版社 1991 年版，第 241 页。

② 《彭真文选（一九四一——一九九〇年）》，人民出版社 1991 年版，第 241 页。

要原因，是“街道经济”发展所带来的收益，部分可以用作其经费开支①。

总体来看，这一时期街道办事处的职能重心定位大致呈现出从政治逻辑为先向发展逻辑主导转变，经济发展职能逐渐强化的基本态势。然而，由于街道办事处在法律性质上仍然是区级政府的派出机构，在编制和财力十分有限、权责定位较为模糊的情况下，实际上尚未做好承接大量公共事务管理的准备。而且，在上级要求和自身利益的双重驱动下，街道办事处普遍将多数精力投入追求经济发展上。以上因素的叠加，势必会削弱街道办事处在社会管理与公共服务上的投入，这也是当时城市基层治理效能不高的重要原因之一。

三 党的十八大以来：治理逻辑日趋凸显

实际上，21 世纪以来，特别是在党的十六届六中全会上提出“构建服务型政府”的战略目标后，各地逐渐认识到街道办事处过分聚焦于经济发展的弊端。随之，街道办事处的履职方向开始逐步调整，经济发展职能趋于弱化，社会管理和公共服务职能得以初步强化。在此情境下，街道办事处的职能重心实际上已经开始展现出一定的治理逻辑苗头。如前所述，党的十八大以来，随着中央对“全面协调可持续”新发展理念的强调，社会管理和公共服务职能开始受到前所未有的重视，并通过顶层设计推动治理重心向基层下沉。在此情境下，国内城市，尤其是超大特大城市纷纷加快了街道办事处职能转变的步伐，街道办事处的行政执法和综合调度能力显著提升，社会管理和公共服务职能明显强化，经济发展职能则进一步弱化。

需要注意的是，当前街道办事处的经济发展职能虽然呈现出让位于社会管理和公共服务的态势，有的城市甚至已经明确取消了街道办事处的经济发展职能，但由于转变政府职能的长期性和动态性，当前部分超大特大城市的街道办事处仍然将“招商引资”作为重要的工作。但从实际工作内容来看，由于招商引资的决策权主要停留在区级政府，街道办

---

① 秦德君：《上海治理 70 年：从民主建政到“卓越的全球城市”——上海超大型城市基层治理进程与线路》，《上海行政学院学报》2020 年第 5 期。

事处的具体职责往往是做好对接与服务工作，因此整体上其经济发展职能已经被明显削弱。

第三节　街道办事处权责定位的“应然”与“实然”

一　街道办事处“应然”权责定位的文本分析

总体而言，党的十八大以来，在党中央的顶层设计驱动下，街道办事处职能转变的步伐明显加快。反映在体制层面，近年来国内超大特大城市纷纷因地制宜地修订完善了地方性的街道办事处的组织条例，以期明确街道办事处的权责定位、推动治理重心下沉。为了具体梳理超大特大城市优化街道办事处权责定位的最新进展，本章选取了2018年重新修订街道办事处组织条例的超大特大城市武汉市为主要案例，以及近几年亦对街道办事处组织条例进行了修订的北京市和天津市作为比较案例，将上述三个城市新修订的街道办事处组织条例作为文本分析对象，以期总结治理重心下移时代超大特大城市街道办事处权责配置的“应然”状态。具体来看，新修订的《武汉市街道办事处条例》（以下简称《条例》）主要从三个方面对街道办事处的权责进行了重新定位和规范。

（一）明确职能边界

长期以来，导致街道办事处职能“超载”的一个重要体制原因，就是职能定位模糊，“街道像一个筐，什么都可以往里装”。2022年3月，第六次修订的《中华人民共和国地方各级人民代表大会和地方各级人民政府组织法》第八十六条规定：“街道办事处在本辖区内办理派出它的人民政府交办的公共服务、公共管理、公共安全等工作，依法履行综合管理、统筹协调、应急处置和行政执法等职责。”这也是首次以全国性法律的形式界定街道办事处的职能。相较于中央，地方更早就开始尝试对街道办事处的职能范围进行明确。武汉市在新修订的《条例》第五条对街道办事处的职能范围进行了界定，具体包括统筹落实辖区重大发展决策、组织协调开展与居民生活密切相关的公共服务、统筹协调辖区内的城市管理、指导居民委员会工作、组织协调辖区内社会综合治理工作、服务和优化投资环境的经济服务工作以及其他法律法规规定的职能。与武汉相类似，北京市和天津市新修订的街道办事处组织条例同样明确了街道办事处的职能范围，并均将其表述为七个方面，即开展公共服务、承担辖区城市管理工作、组织平安建设、动员辖区各类治理主体、指导居民委员会工作、做好国防教育和兵役工作以及法律法规规定的其他职能。

除了职能进一步明确，三个城市均突出了街道办事处的公共服务职能。武汉市在《条例》中多次对街道办事处的公共服务职能进行了强调和细化规范。其中，在第二条对街道办事处的性质进行阐释时指出：街道办事处“依法在辖区内履行政府服务和管理职能”。第三条在阐述街道办事处的设立原则时指出“方便群众和有效服务”是其中的两项重要原则。第五条在对具体职能进行阐释时明确指出公共服务是街道办事处的三项工作重点之一。第十四条则再次强调：“街道办事处应当整合社区（村）公共资源，健全公共服务网络，创新公共服务供给方式，提高社区（村）基本公共服务能力和水平。”

与公共服务职能得到明显强化形成鲜明对比的，是经济发展职能的弱化。地方层面，虽然武汉、北京和天津三个案例城市在新修订的街道办事处相关条例中依然要求街道办事处履行“服务企业和优化投资环境等经济服务工作”“营造辖区良好发展环境”等经济发展职能，但不同于之前街道办事处直接主导的“街道经济”，营商环境建设主要是通过良好的社会管理和公共服务，为经济发展创造一个良好的外部环境，本质上依然可以归结为公共服务职能，这也从一个侧面反映出街道办事处经济发展职能的弱化态势。

（二）推动执法权下沉

长期以来，街道办事处作为城市基层治理最重要的治理主体之一，由于缺乏必要的执法权，往往处在“看得着，管不了”的尴尬境地。因此，将区级职能部门的部分执法权下沉至街道，让街道办事处“看得见，管得住”，已成为各地改革创新的另一个共识性举措。例如，武汉市在《条例》第五条的第一点和第三点中分别使用了“统筹落实”“统筹协调”的表述，强调街道办事处在辖区内调动各种行政执法力量的主体权力。为保障执法权真正下沉到街道，《条例》第十条指出：“区人民政府有关部门派出（驻）的机构或者人员，由街道办事处指挥调度，接受街道办事处的工作考核。派出（驻）机构负责人和派出（驻）人员的任免、奖惩和职务晋升应当征求街道办事处的意见。”此外，在《条例》的第二十三条还明确指出：市、区人民政府有关部门派出（驻）机构及其工作人员不配合街道办事处工作、未依法履行职责，拒绝街道办事处对其进行工作考核，不服从街道办事处日常管理和指挥调度的，要依法处理，对于情节严重者，依法给予行政处分。以上细化的处罚规定有力地保障了街道办事处的执法和调度权。

与武汉市相类似，北京市和天津市均在新修订的街道办事处条例中提出“推动执法力量向街道下沉”。同时，亦明确指出当街道办事处在工作中遇到自身职权无法解决的问题时，应该由“街道办事处协调区人民政府工作部门及派出机构、承担公共服务职能的企业事业单位等进行处理，必要时可以报区人民政府确定责任部门”。此外，两地均在条例中明确了要对区级职能部门反馈街道诉求不及时的情况实施问责。上述规定不仅强化了街道办事处的执法力量，也明确了其调动和协调区级职能部门以及辖区内其他资源的能力。

（三）强化保障机制

街道办事处作为派出机构的法律定位，决定了其并不是一级独立的财政预算层级，因此强化区级政府的人力和财力保障，就成为街道办事处有效履职的重要保障机制。武汉市为了强化区级政府对街道办事处履职的保障，在《条例》中对区级政府和职能部门进行了各种细化的规定和限制。例如，为了强化区级政府对街道办事处的人员编制保障，《条例》第四条中指出：“区人民政府应当根据街道面积、常住人口规模、经济发展水平等实际情况和工作需要，按照精简、高效的原则，合理设置街道办事处的内设机构，科学配置人员编制。”为了强化区级政府对街道办事处的财政保障，《条例》第八条指出：“区人民政府应当将街道办事处的工作经费纳入本级财政预算。”第十三条规定：“区人民政府应当为街道政务服务平台的建设、运行和安全提供经费支持和技术保障。”与之相类似，北京市和天津市在新修订的街道办事处条例中，均单列一个章节，明确要求区级政府从经费、办公用地、执法力量、人员编制、业务培训、薪酬、信息技术互通支持以及考核要求等方面，加强对街道办事处的履职能力保障。

除了必要的人力和财力保障，保障街道办事处有效履职的另一个重要举措，就是明确对过度向街道摊派工作任务和各种“甩锅”行为的问责机制。武汉市在《条例》第二十一条指出：“市、区人民政府有关部门违反本条例规定，擅自将职责范围内的行政事务委托或者交由街道办事处承担的，由同级人民政府责令改正，并给予通报批评；情节严重的，由同级人民政府或者监察机关对负有直接责任的主管人员和其他直接责任人员，依法给予行政处分。”此外，《条例》第二十三条将区级职能部门的“甩锅”行为归结为三种主要类型，即“不配合街道办事处工作、未依法履行职责”，“拒绝街道办事处对其进行工作考核”和“不服从街道办事处日常管理和指挥调度”，确保了《条例》具有较强的实操性。

二 街道办事处“实然”权责定位的实证研究

综合前文对案例城市新修订的街道办事处条例的文本分析来看，其通过明确职能边界、推动权力下沉、健全保障机制等举措，有效缓解了街道办事处的权责失衡问题。然而，综合田野调查经验来看，在实际的治理过程中，虽然街道办事处的执法权确实得到了一定的提升，但其权责定位却依然远未达到“应然”的理想状态。因此，通过对街道办事处权责定位“实然”状态的分析，以及与“应然”状态的比较，有助于厘清治理重心下移时代优化街道办事处体制面临的老问题和新情况，从而探究其发生机理。总体来看，结合案例城市的情况，街道办事处权责定位的“实然”状态与“应然”状态主要存在三方面的偏差。

（一）权力承接困难

在早期推动治理重心向基层下沉的改革实践中，部分地方出现了仅下放责任、不下放权力的现象，反而加剧了街道办事处的履职困境[①]。近年来，在党中央顶层设计的指引和驱动下，各地在改革中开始力求做到“权随责转”，街道办事处的权责失衡问题已得到一定的缓解。但是，综合田野调查经验来看，街道办事处在承接下放权力的过程中遇到了一些新的阻碍。

一方面，一些地方在推动权力下沉的同时，人员编制等配套资源的下沉却未能同步跟进，影响了街道办事处对下沉权力的有效承接。不可

① 刘杰：《属地包干制与城市基层政权组织的转变逻辑——以 H 市 L 街道办事处为例》，《经济社会体制比较》2021 年第 5 期。

否认，目前街道办事处普遍面临的编制不足问题存在着一定的历史惯性：从1954年建立以来，街道办事处始终被定位为派出机构。而且，在计划经济时代，“单位”实际上才是城市基层管理最重要的载体，街道办事处只是被作为“单位制”的辅助机构。这导致街道办事处的编制问题长期未得到重视。近年来，随着城市基层公共事务的扩展和街道办事处作为基层治理枢纽角色重要性的提升，街道办事处人员编制不足的问题才被凸显出来。虽然武汉市较早注意到了这一问题，但直到2020年之前，并没有出台针对性的解决措施。直到经历了2020年的突发公共卫生事件考验后，相关部门才充分意识到这一问题的严重性，随之进行了全面的改革：全市街道办事处的平均行政编制数量从28名增加至32名，同时重新核对事业编总量，将事业编制更多向街道倾斜。

虽然编制数量得到了增加，但仍然无法满足街道办事处承接下放权力和日常工作的需求。以武汉市的J街道为例，为了有效履职，J街道办事处设置了六个职能科室，并另设有三个事业单位。目前，全街共有行政编制公务员30名、事业编人员33名，但除去科级以上的领导干部30名，剩余33名普通科员被分配至6个职能科室和3个事业部门，每个部门平均不到4人。在此情境下，J街只能通过大量聘用劳务派遣人员的方式弥补人员的不足。但同时，劳务派遣员工的数量却依然受到严格控制：“上级确实下放了许多审批权到街道一级，审批工作量增加，并且在区级改革方案中，服务审批窗口要做到‘一窗多办’，即一个窗口可以处理所有业务，这对于工作人员的工作压力和工作能力无疑提出了更高的要求。但是区级政府核定的街道劳务派遣人员的总数和资金并没有发生明显变化。”（WJ20220711）这种情况使得街道办事处在承接下沉权力时，面临着继责任“超载”后出现的权力“超载”，增加了权力承接的困难。

另外，街道办事处自身的性质亦可能成为有效承接下沉权力的制约因素。在近年来的改革实践中，虽然一些地方试图将区级执法权全面下放至街道，但限于街道办事处作为派出机构的性质，导致下放被打了折扣。这一现象在武汉市的改革探索中就得到了明显的体现：武汉市在修订《条例》的过程中，为了解决街道办事处权责不一致、执法队伍协调难度大等问题，曾经准备直接赋予街道办事处行政执法主体资格，全面负责基层执法。但考虑到街道办事处作为派出机构的法律属性，最终采纳了行政执法工作仍由区属部门派驻的执法队伍负责，街道办事处负责协调和配合的折中方案，即“区属街管街用”机制。与之相类似，《条例（草案）》第十条规定的“派出（驻）机构负责人和派出（驻）人员的任免、奖惩和职务晋升应当征得街道办事处同意”的表述，最终也被调整为“应当征求街道办事处的意见”。显然，“征得同意”和“征求意见”二者对于街道办事处的赋权程度是差别巨大的：若是“征得同意”，街道办事处可以说在事实上拥有了完全的执法队伍人事任免权，相应也就全面掌握了执法队伍的调度权，但“征求意见”的强度则弱化了很多，街道办事处只是能够参与人事变动的过程，并没有决定权，对于执法队伍的调度能力也随之降低。当然，从天津、杭州等城市的改革实践来看，街道办事处作为派出机构的法律定位，并未构成其承接下放权力的主要阻碍。武汉市之所以采取折中的改革方案，不能仅归结为街道办事处的法律定位，可能与纵向府际博弈亦存在直接的联系。

（二）依然过度向社区摊派任务

除了街道，社区是基层治理的另一个关键角色。虽然从法律层面，社区居委会只是基层群众自治组织，不具备法定的行政权力，街道办事处与社区也只是指导与被指导关系，并不存在上下隶属关系。然而在实践中，城市社区始终具有浓厚的行政色彩，街道办事处往往将社区作为自己的下级组织：一方面，从基层党组织角度来看，社区党支部归属街道党工委领导，“虽然我们在名义上是指导，但是从党建角度讲，社区归我们领导”（WJ2022712）。而且，社区书记人选也基本由街道党委主导。另一方面，由于“社区的多数工作都需要资源支持，而支持的关键来源于街道办事处”（WX20220713），从而导致社区在人事、资源、组织关系上完全被街道办事处“控制”，不得不全面承接由街道办事处布置的工作。上述格局使得街道办事处普遍将大量工作转嫁给社区，社区在事实上演化为街道办事处之下的一级“执行机构”，使得社区亦出现了严重的职能“超载”。

在近几年的基层治理实践中，街道办事处向社区“甩锅”的行为又出现了一些值得关注的新现象。街道办事处作为派出机构的法律定位，使得其在签发一些紧急文件时可能会存在一定的法律风险。在此情况下，就出现了街道办事处利用社区居委会“基层群众自治组织”的法律地位，要求由社区居委会进行文件的签发，甚至仅以“口头通知”等“无痕管理”的方式要求社区执行相关要求，以此实现“甩锅”和避责的目的。虽然社区居委会签发的文件实际上并无法律效力，这种行为本身也涉嫌违法违规，但上述新型“甩锅”和避责现象的出现，亦从一个侧面说明了“街道—社区”关系须进一步矫正和规范。

综上可见，现实中的“街道—社区”关系存在一定的“悖论”，导致街道办事处向社区过度摊派工作和“甩锅”的现象依然十分普遍。针对这一问题，各地开始出台一些“政策补丁”，以期为社区减负。例如，武汉市不仅在新修订的《条例》中将区街两级对社区提供的支持项目进行了明确的说明，并且部分市辖区在社区书记的任命和管理机制上也进行了一定的创新优化。例如，武汉市 H 区的社区书记人选已经由街道党委主导改为由区委组织部主导。但是，社区书记的日常管理却仍然由街道负责，如果出现工作失误等问题，街道办事处亦可在报组织部批准后免除其职务。上述制度设计虽然在一定程度上使街道办事处无法完全“控制”社区，有助于避免街道办事处向社区过度摊派工作任务，但也使“街道—社区”关系变得更加复杂，依然难以厘清。又如，北京市虽然在新修订的街道办事处条例中指出街道办事处不得违规要求社区填表报数，但也并未明确“街道—社区”关系的应然状态。

（三）经济发展职能仍需继续调整

联系前文的分析，虽然在近年来的改革实践中，超大特大城市街道办事处的经济发展职能总体趋于弱化，但区级政府要求街道办事处承担直接的经济发展职能并进行考核的现象依然普遍存在。从武汉市来看，虽然《条例》中已经明确了街道办事处的工作重心是社会管理和公共服务，但街道办事处内设的区域发展办公室依然会收到区级职能部门下发的经济发展指标，而且“区里定期会进行排名，指标不达标会在各个街道领导参加的联席会上进行通报”（WJ20220712）。此外，“区政府仍然会对街道的经济考核通过详细的指标拆分来进行，包括配合完成固定资产投资、配合完成招商引资实际到位资金、配合完成实际利用外资、配合完成规模以上工业总产值等”（WJ20220712）。

虽然各地对街道办事处的经济发展指标多是以“配合”两字作为前缀，本应该只是起到辅助作用，但由于被考核的主体是街道办事处本身，因此“配合”两字失去了本身应有的含义。总体来看，区级职能部门对街道办事处的经济发展考核与《条例》所明确的以社会管理和公共服务为履职重心存在一定的冲突。而且，由于各地有关招商引资的政策制定与决定权均主要停留在区级政府，街道办事处的主要职能是做好对接与服务工作，这就导致其在经济发展工作上的权力与责任出现了一定的倒挂。

第四节 街道办事处职能依然“超载”的发生机理与优化策略

一 权力下沉后街道办事处职能依然“超载”的发生机理

随着近年来各地纷纷推进权力下沉，执法权下沉至街道几乎已成为超大特大城市相关改革的“标配”。在此情况下，以往长期困扰街道办事处履职的执法能力不足问题得以初步解决，“看得着，管不了”现象有所缓解。但是，通过对比案例城市街道办事处权责定位的“应然”状态和“实然”形态，可以发现街道办事处的职能“超载”、向社区“甩锅”等问题仍然比较突出。结合案例城市的情况来看，诱发上述问题的原因主要有三个。

（一）基层行政区划设置不尽合理

21 世纪以来，在我国现有的 21 个超大特大城市中，绝大多数已经通过撤县设区、市域行政区划边界调整、行政区划扩张等方式，适时优化了城市的发展空间，提升了综合承载力。然而，上述调整显然主要集中于区县层级，基层行政区划调整普遍比较滞后且缺乏明确的规范，以至于超大特大城市街道的“畸大畸小”现象十分突出且普遍[①]：实际管辖人口达到数十万人的超大型街道已经是屡见不鲜。在武汉市，上述问题亦十分突出：武汉市的基层街镇在人口管理规模方面存在明显的内部离散，差异较大。在高新区，街道的辖域人口规模明显偏大，有的甚至已达到了百万级别。但在部分老城区、近郊区和工业园集中的区域，人口规模

---

① 张可云、孙鹏：《城市化背景下基层行政区划调整研究——基于北京市地区办事处的实践》，《北京行政学院学报》2022 年第 4 期。

又普遍偏小，一些街道的常住人口数量甚至仅有1万人左右。

实际上，这种街道设置“畸大畸小”现象并非武汉市所独有。例如，在位于北京中心城区的东城区、西城区，每十万人口拥有街道数分别为2.40、1.36个，而外围的昌平区仅0.74个，不到东城区的1/3。城市基层行政区划设置与人口规模的脱节，既造成了公共资源的错配，又不利于提升城市治理水平。尤其是考虑到我国现行的编制管理主要是基于历史基数、行政级别和户籍人口规模，从而导致那些辖域人口规模庞大的超大型街道在人员编制与属地责任之间呈现出明显的倒挂现象，管理负担往往极其沉重。因此，适应人口和资源向超大特大城市不断聚集的现状，适时调整基层行政区划，已成为提升街道办事处履职能力、提升基层精细化治理能力和公共服务供给效能的必然要求。

（二）编制配置有待优化

总体来看，虽然街道事实上已经被视为一级行政区划，也有着明确的属地责任划分，但依然普遍存在“少编”问题。党的十八大以来，在党中央反复强调机构编制“总量只减不增”的背景下，各地为了推动治理重心下沉、解决街道编制不足问题，纷纷通过“统筹使用各类编制资源”、推动“编制向一线下沉”等方式充实基层的人员编制，街道的编制不足问题得到一定的缓解。例如，北京市要求2020年前街道和乡镇行政编制占全区总量的40%以上①。天津市则规定街道行政和事业编制由不少于30名和40名，提高到不少于35名和50名②。

值得注意的是，实现编制资源科学、动态统筹的先决条件是构建起符合治理需求的编制分配模型，如根据辖区面积、人口、经济发展水平等指标测算，以保证编制分配合理高效。但就田野调研情况来看，各地的编制资源依然主要是基于历史基数和行政级别进行测量分配的。当然，也有地方进行了初步的改革探索，取得了一定的成效。例如，重庆市某区将编制分为三大类，分别为依据历史基数核定的“基础编制”，依据治

① 《中共北京市委　北京市人民政府关于加强新时代街道工作的意见》，北京市人民政府网（https：//www. beijing. gov. cn/zhengce/zhengcefagui/201905/t20190522_61849. html）。

② 《深化基层管理体制创新　服务保障党建引领基层治理》，天津机构编制网（http：//www. tjbb. gov. cn/gzdt/202208/t20220808_61288. html？ eqid＝94864405000a9458000000026465e443）。

理基础核定的“调节编制”和依据具体事项核定的“特定编制”，进而建构起一套较为科学的加权算法方式，推动了编制资源向基层的倾斜①，具有一定的借鉴意义。

此外，也须警惕街道“隐性编制膨胀”问题。笔者在田野调查中发现，受限于行政和事业编制不足，超大特大城市的街道办事处普遍通过劳务派遣的方式补充办事人员。但是，由于薪资待遇和晋升空间与正式在编干部的差距较大，使得很多劳务派遣员工的工作积极性和身份认同感较低，实际工作效率普遍较低。虽然街道不同类型工作人员锚定的人才类型存在一定差别，但最终还是都要依靠财政供养，大体量、低效率的劳务派遣员工反而消耗了更多的财政资源，甚至会造成“隐性编制膨胀”问题。

（三）“区—街—社区”关系依然未理顺

基层治理作为一个系统性工程，理想状态下，应由市辖区、街道、社区三个主体各司其职、协同推进。考虑到街道和社区存在的权责失衡问题，当前推动基层治理现代化的关键之一，就是大致厘清市辖区、街道、社区三者的角色定位。实践层面，无论是近年来超大特大城市在修订街道办事处条例的过程中，还是在基层治理实践创新中，优化街道办事处的权责配置与协调“区—街—社区”关系，始终是两条重要的线索。

在府际关系的视角下，通常可以将政府间关系划分为上下级之间的“纵向”关系、同级部门间的“横向”关系以及上级职能部门与下级政府间的“斜向”关系。从国内超大特大城市的相关改革方案和趋势来看，“区—街道”关系正在被逐渐明晰，总体方向是在进一步强化“纵向”关系的同时强调“横向”关系属性，力求克服运行过程中“斜向”关系带来的影响。实践中，街道办事处既然已经在事实上被界定为一级“准政府”，因此其与区级职能部门间的关系也就不再是简单的“横向”关系，而是更偏向实际的“斜向”关系。也正是这种“斜向”关系的事实存在，使得区级职能部门往往能够将棘手的、难以处理的问题下放至街道，成

① 李志、唐波、刘倩：《基于治理空间的基层编制配置方法探析——以重庆市 A 区为例》，《公共治理研究》2022 年第 5 期。

为执法权力下沉后街道办事处职能依然“超载”的关键原因。而街道办事处在自身职能依然“超载”的情况下，难免上行下效，造成了街道向社区过度摊派工作和“甩锅”的现象依然普遍。

二 持续优化街道办事处体制的策略导向

当前，街道办事处正整体经历由虚入实的转变，即由计划经济年代的“虚置”部门，向在城市管理体制中承担关键角色的“准政府”加速转型。围绕街道办事处体制改革走向的争论也相应由原来的“存废论”转变为如何在“存”的基础上，通过体制、机制调整，推动街道办事处有效履职。然而，这并不意味着街道将最终走向一级完备的政权建制：一方面，当前街道办事处履职存在的种种问题，并非主要源于其派出机构性质，而是权责失衡局面依然未被彻底扭转，所以并不是将街道从法律层面“做实”为一级政权就可以解决问题；另一方面，如果将城市管理“两级政府，三级管理”体制转设为“三级政府，三级管理”，在增加行政管理层级的同时，也难以避免地会加重财政负担，与当前“财政过紧日子”的整体环境相背离。鉴于此，虽然超大特大城市街道办事处在执法权力下沉后依然存在职能“超载”等问题，也应在继续保持派出机构性质不变的前提下，持续优化权责配置，推动其成为一级权责平衡、资源充沛的“准政府”，着重发挥街道办事处在城市治理中连接上下的枢纽作用。

首先，应继续推动权力的下沉，提升街道办事处的执法和统筹能力。在持续优化街道办事处体制的过程中，应充分考虑到其在城市治理中扮演的“基层”和“准政府”角色，以解决问题为出发点，以调节“条块”关系为主线，主要以各级政府和管理层级科学合理的职能定位确定其相应的权责配置，并以此对权力和资源进行结构性分解。具体来看，对于那些适宜于作为街道属地责任的工作，区级政府应将相关执法、管理、人事权力“应放尽放”。同时，既要通过权责清单的方式明确街道办事处的具体权责，也要建立健全以街道办事处为中心的基层执法协调机制，并确保公安、环保等强力执法部门积极参与基层治理。除权力“应放尽放”外，还要做到权责对等，对于不适宜作为街道属地管理范畴的工作，应明确由区级政府或者对应的“条线”职能部门承担，遏制“有责无权”“过度下放”现象的蔓延。值得注意的是，一些地方通过“党建引领”等方式将区级执法力量的党组织关系编入街道党工委中，以期强化街道办事处的统筹调度能力。从实际效果来看，这一思路确实在短期内有助于提升街道办事处的统筹协调能力，但是从长远来看，只能对“条块”矛盾发挥有限的缓解作用，并非长久之策。

其次，街道办事处应通过双线整合的方式，统筹基层治理工作。这里所指的“双线”包括两种基本类型：一类是与街道办事处有着明确组织关系的治理主体，典型如社区“两委”、已经完成下沉的执法队伍、在辖区内活动的社区组织等；另一类是指那些仅在街道辖域内活动、但与街道办事处不存在直接工作联系的治理主体，典型如辖区内的国有企业、事业单位、民营企业等。对于前者，应保障街道办事处发挥好领导或指导作用。这就要求进一步厘清和规范“街道—社区”关系，依法、依规指导社区“两委”的工作，积极对社区各项工作给予支持，纠正社区“属地化”趋势，严防街道办事处随意向社区“甩锅”和下沉工作。对于那些处于辖区内却又与街道办事处不存在直接工作联系的治理主体，期待其有效发挥作用，应聚焦于“如何统筹”。通常，属于“体制内”的国有企业和事业单位更容易被统筹联动。在当前的实践中，街道办事处从辖区内国有企业和事业单位处所能够获得的主要是人力资源支持，如通过大量党员干部下沉，缓解街道办事处“事多人少”的困境等。但是，这种统筹方式难免会对下沉党员干部的本职工作造成影响，因此通常仅适用于突发公共危机事件。在常规治理中，街道办事处不宜依赖这种统筹模式，更多应从发挥企事业单位“比较优势资源”的视角切入和着力。

第七章

行政区划优化超大特大城市基层治理的实践路径

行政区划作为行政体制的空间投影，是构建包括现代城市基层治理体系在内的现代国家治理体系的基本空间载体。但是，由于国内行政区划研究长期受到“行政区经济”的深刻影响，普遍具有明显且单纯的“强发展”导向，研究范围主要限于县级及其以上层级的行政区划设置。与之形成对比的是，随着基层治理在国家治理体系中的基础地位不断被强化，相关研究亦呈现井喷式增长，但很多研究者潜意识里将基层治理仅视为社区内部事务，对很多影响基层治理效能的外部因素关注不够。由于行政区划研究具有浓厚的经济发展导向且聚焦于县级及其以上层级，基层治理研究则多停留在社区层面，使得两者缺乏必要的互动，相关研究工作亦比较稀缺。随着党的十八大以来党中央对新发展理念的强调，可以发现当前的行政区划工作，尤其是围绕基层的行政区划调整，正在明显地经历着由单纯的“强发展”导向到“发展与治理”并重导向的转型。尤其是在城市“飞地”整治、基层行政区划重组等领域，行政区划管理与基层治理已经出现了明显的交集，行政区划手段作为优化基层治理的政策工具属性，日趋明显。

第一节 “飞地”治理：行政区划调整破解属地管理难题

“飞地”在中国社会具有深厚的历史根源，并随着经济社会发展延伸出各种各样的类型。因此，本节内容将首先系统梳理“飞地”的历史脉络以及演进类型，在此基础上，以2020年首先在全国展开“飞地”集中整治的天津市为例，通过对形成原因，调整动因、类型、成效与不足的系统考察，探讨“飞地”治理对于优化城市治理及提升基层治理效能的积极意义。

一 “飞地”的历史演化

从时间根源来看，“飞地”现象在我国最早可追溯至春秋战国时期。“封建亲戚，以藩屏周”①，西周自建立之始就开始施行分封制，按照血缘关系划分疆域土地，层层下封，封邦建国，保卫周王室。分封制属于间接统治管理，诸侯国高度自治，土地划分比较随意，不一定保证疆域的连接性，特别是对占地较小的田邑，常常不严格划分数量和位置就进行赏赐②。到了春秋战国时期，疆域划分并不是按国别归属的齐整分列，而是存在明显的交叉错乱③，分封制和战争促使“飞地”自然产生，并成为当时诸侯争霸的一种表现情形。

从空间根源来看，“插花”一词源于西南人民的俗语，自明代以后在西南文献史料中频繁出现。究其历史原因，可以发现“飞地”普遍存在于西南少数民族地区的制度根据源于明朝卫所建制，政策依据则是“改土归流”的具体实施④。历史上西南地区属于多民族聚居地区，古代中央政权为加强对西南民族地区的政治统治，实行“土流并治”政策，即“流官”“土官”政权并存制度——朝廷委派“流官”施行基本统治，并以当地原住民首领的“土官”统治为补充，形成“流官—土官”共治共责等管理模式，并且“流官”势力不断被扩大⑤。在南方少数民族聚居地区，为了方便统治和管理，元代统治者设置土司制度，其后经明清完善，

---

① 出自《左传》，隋唐时期孔颖达释其为：“封立亲戚为诸侯之君，以为藩篱，屏蔽周室。”

② 郭声波：《飞地行政区的历史回顾与现实实践的探讨》，《江汉论坛》2006年第1期。

③ 史念海：《河山集（七集）》，陕西师范大学出版社1999年版，第504—509页。

④ 杨斌：《历史时期西南“插花”初探》，《西南师范大学学报》（哲学社会科学版）1999年第1期。

⑤ 樊英杰：《制度抑或利益：插花飞地治理的另一个视角——以民国荣县县界纠纷案为例》，《法律史评论》2015年第1期。

土司制度可以看作当时中央王朝对地方“分而治之”的权宜政策。在土司势力的不断扩大下，中央政权与地方分治的斗争日益严峻，明代“改土归流”应运而生[①]。“飞地”的形成最早便与土司制度、改土归流等遗留下的问题直接相关，多民族统治政策的施行使西南地区成为“飞地”生成的空间历史根源。

作为一种特殊的区划现象，“飞地”根植于行政关系界定，是一种区域层次上的概念，其形成的原因并不单一，与不同时期相关民族文化特征、生态差异表现以及国家统治管理需求等多重因素综合相关。纵观中国历史，“飞地”在不同时期、不同地区表现情况并不一致。从时代变迁的整体过程来看，可以分为战争型“飞地”、民族型“飞地”和发展型“飞地”。其中，战争型“飞地”和民族型“飞地”主要存在于古代中国，现存的“飞地”主要属于发展型“飞地”。具体而言，发展型“飞地”是近代社会受经济产业发展、矿产资源开发和城市化建设需求影响所形成的“飞地”类型，可以分为经济型“飞地”与城市型“飞地”两种。新中国成立初期，受工业化影响，石油、煤炭等矿产资源往往在经济产业发展中具有显著优势。为了建设现代化工业社会以及根据矿产开发的地缘属性，部分矿区受到地域限制，往往与中心城市相距较远，但矿区所在的当地政府并没有行政管理权限，而是由所属上级行政区直接管辖，这种错落分置于下级行政区之间的交叉地域归属于“经济型”飞地[②]。城市型“飞地”是指在工业化和城镇化发展下，由于人口流动、城市扩张、城乡融合等因素形成的现代化新型“飞地”。为适应城乡二元结构的发展变化，城市建成区不断扩大，适应经济发展的商圈开发、机场修建等城市建设频繁，在此情形下，往往出现城市新型交叉管理地带。例如，在20世纪60年代城市开发过程中，武汉市青山区和武昌区的建成区不断扩张，伸进洪山区境内，插花交错，形成城市型“飞地”[③]。本节的研究对象就属于发展型“飞地”。

---

① 陈文元：《论土司制度内涵演变及若干问题反思——以长时段理论为逻辑起点评析》，《社会科学论坛》2021年第1期。

② 郭声波：《飞地行政区的历史回顾与现实实践的探讨》，《江汉论坛》2006年第1期。

③ 孙景超：《插花地对行政区划的影响及其改革》，《开发研究》2016年第2期。

二 天津市对“飞地”的清理拨正

溯源来看，天津市存在的“飞地”问题一直是经济发展宏观背景下，由土地扩张、房地产开发等市域发展建设逐渐形成的历史遗留问题，其引发的政区结构性弊端以及社会管理难题直接推动了针对性调整的接续展开。

（一）“飞地”的生成原因：地产开发与城市更新

“飞地”生成由来已久。20 世纪 90 年代的“房改”以来，房地产便迅速成为中国城市的支柱产业，土地出让以及附着的其他税费收入更是成为大中城市可支配财力的重要来源，以至于“土地财政”问题至今仍未得到根本扭转。在天津市，自 20 世纪 90 年代末开始广泛出现的“飞地”行政区现象，同样主要源于房地产开发以及相应建设。

与很多大中城市相类似，天津市的优质教育、医疗资源主要集中在地处中心城区的和平、河西、南开、红桥、河北、河东六区，俗称市内六区。其中尤为关键的是教育资源：一方面，天津市教委直属的数所重点中学长期主要将招生对象限于市内六区生源，其他生源主要就近升入所在区县的中学，基本不可能进入市属重点中学就读；另一方面，天津市优质的公立小学也主要集中于市内六区，且严格划片招生。再加上更为便利发达的公共基础设施，因此市内六区的房价普遍远高于紧邻中心城区的环城四区（东丽、西青、津南和北辰四个环城市辖区）。

然而，虽然市内六区的房价相对更高，土地出让和相关税费收益更高，但由于辖域相对于环城四区较小，且建筑密集，因此可供商业开发的土地相对有限。再加上土地征迁成本高昂，天津市近年来除滨海新区外的地产开发实际上主要分布于环城四区。但也正是由于市内六区和环城四区在土地开发收益上的落差，地方政府开始主动“创新”：为了提高地产开发的收益，从 20 世纪 90 年代开始，天津市陆续将一些行政区划上属于环城四区的地块划归邻近的中心城区市辖区管理。相应地，在这些地块新建的住宅小区虽然行政区划上依然保持不变，但购买这些住宅的居民却可以落户于实际行使管理的中心城区市辖区，学龄子女的学籍也对应相应的中心城区市辖区。例如，丽苑社区和泉江里社区在行政区划上原归属于环城四区的东丽区，但 1999 年和 2012 年分别划归河东、河北两区管辖[①]；原行政区划归属于西青区的华苑地区、华苑新城、阳光 100 社区，在进行地产开发之前，分别自 1997 年、2003 年、2008 年开始，由南开区负责统一管理[②]。

在天津市，除上述因地产开发中的“创新”而形成的“飞地”外，中心城区也因城市更新中的房屋征迁以及建筑更新所造成的区域划界模糊等问题形成了一些“飞地”，但数量较少。例如，在中心城区的征迁工作中，出于成本等原因的考虑，部分还迁房被建于土地相对廉价的环城四区。为了安抚还迁居民，新建还迁住宅虽然地处环城四区，但还迁居民却依然保留着原中心城区的户籍，并由户籍所在街道办事处实施管理，从而形成了“飞地”，乃至于纯粹的“飞地”。此外，在城市的更新发展中，部分地处两区交界地带的政区界限由于市政道路修建、新建建筑物覆盖等原因，发生了明显的变化，以至于出现了边界不明、区域地理相对位置变化等现象。例如，河东区二号桥居住区在 1998 年划定的政区界线中采取了边界和管辖两线分开的权宜之计，且主要以地表建筑物为标志，目前该区域实地位置已经发生了明显变化，进而引发了行政区划不明、管理权属交叉等问题。

（二）“飞地”造成的治理困境

天津市广泛存在的“飞地”虽然在短期内增加了土地出让收益和相关税费收入，客观上缓解了一些征迁难题，但一旦形成，很快就成为基层治理的难点、堵点、痛点，乃至于部分已成为城市管理的“死角”，出现“三不管”的治理真空地带。作为一种不合理的行政区划现象，“飞地”的出现不利于构建职责明晰的基层治理体制，更给民众的生活、生产、教育和卫生医疗等造成极大不便。

首先，“飞地”的广泛存在，既是引发基层治理“盲点”“真空”的重要根源，也可能诱发过度执法问题。从法律层面来说，行政执法权由行政主体独占，按照行政行为发生地的属地管辖原则具体行使，治安、工商、城管等一切行政执法权与行政区划一一对应，执法的地域管辖有利于行政主体各司其职，更高效率完成行政管理工作，而“飞地”引发

① 参见笔者调研所得资料。

② 参见笔者调研所得资料。

行政执法权的属地责任划分不明，并作为长期的历史遗留问题，部分民众逐渐对“飞地”的行政执法提出异议。一方面，“飞地”存在“你中有我，我中有你”的形态，导致相关区域的管理权属划分往往不够精确。在粗线条的管理权属划分下，很容易引发城市基层治理过程的梗阻现象。尤其是针对一些“无利可谋”“费力不讨好”的事务，行政区划归属地与实际管辖地之间经常出现相互推诿、扯皮的现象，不仅影响行政管理效率，甚至于出现“治理真空”地带。例如，在此次区划调整之前的某小区，虽然早已划归南开区实际管理，但小区周边的市政道路、环卫等基础设施的维护到底归属南开区还是西青区，则长期纠缠不清，以至于始终得不到及时的维护。另一方面，在一些“飞地”周边，经常存在一条道路两侧的行政执法权分属两个市辖区，不仅容易诱发“不利的事情无人管”，还可能会造成“有利的事情抢着做”“讨好的事情重复做”，既造成一定的资源浪费，还可能导致过度执法行为，特别是可能产生罚款的行政执法类工作。

其次，影响以土地数据为基础的各类经济社会分析。“飞地”的广泛存在不仅改变了以地域管辖为基础的各类经济社会数据统计的范围，也为某些区域土地登记的隐匿手段提供了机会①。例如，在此轮次调整涉及的华苑地区，调整前的行政区划归属西青区，大部分居民住宅归属南开区管理，该地区的企业却大部分归属天津市高新技术开发区管理，造成管理交叉复杂、信息紊乱，也为先前曾出现过的部分区县 GDP 统计注水问题制造了可能。

最后，也给居民的生活造成了一定程度的不便和困扰。“飞地”引发的管理权属与行政区划不统一，往往导致这些区域周边的公共服务职责划分趋于零碎化、交叉化，必然也会给居民生活造成一定的不便和困扰。例如，在此轮次调整所涉及的某小区，其重要基础设施建设维护和公共服务职责分属不同的市辖区，且墙内外的治安管理、急救、消防等事务分属不同市辖区管辖，导致小区居民“打电话报警都说不清”，长期困扰居民生活。

---

① 傅辉：《插花地对土地数据的影响及处理方法》，《中国社会经济史研究》2004 年第 2 期。

（三）“飞地”的整治动因与基本类型

从近年来的基层治理实践来看，属地管理的全面强化已经成为各地，尤其是超大特大城市优化基层社会治理、防范化解风险矛盾的普遍举措。特别是在新冠疫情防控期间，属地责任的全面强化确实加重了诸如基层权责失衡、社区工作人员负担过重等问题[①]。显然，重大疾病与灾害不仅是对城市空间每一个生命个体的挑战，也是针对城市空间治理体系和治理能力的重要考验[②]。就此来看，虽然可能带来一定的消极影响，但属地管理在基层治理中的全面强化，已经难以扭转。因此，应客观全面地看待属地管理，才能真正发挥其治理效能。

在新冠疫情防控期间，天津市广泛存在的“飞地”所引发的各类社会管理问题得到了充分的暴露，尤其是“飞地”社区盘根错节的存在形态更是成为全面落实“抗疫”属地责任的明显羁绊，成为此次大规模调整“飞地”区划设置的直接导火线。一个明显的体现是，作为此次调整的主要指导文件，天津市委党建工作领导小组审议通过的《关于解决我市“飞地”基层社会治理属地化有关问题的督办方案》（津治组〔2020〕1 号），在文件标题中就明确了将解决“飞地”属地化管理作为此次集中整治的主要政策目标；在文件正文中也多次强调将解决“飞地”引发的职责交叉、责任不清和治理真空等问题，作为补齐基层治理短板的重要措施。总之，城市“飞地”社区治理作为行政区划与基层治理的交叉地带，已成为完善城市空间治理体系、理顺基层管理体制不得不面对的突出问题。

在具体的调整方案方面，按照调整区域的行政区划归属（划入中心城区还是环城四区）、调整区域的性质（城市社区还是行政村），可以将天津市本轮次“飞地”区划调整划分为三种类型：一是将原属环城四区的部分区域划入邻近的中心城区市辖区，此种类型是本轮次调整的主要类型；二是将原属中心城区市辖区的部分区域划入邻近的环城四区；三是涉及行政村的行政区划调整。

---

① 赵聚军、杨星宇：《属地管理与老旧社区“增负”——基于天津市 D 社区的观察》，《上海城市管理》2020 年第 3 期。

② 吴志强等：《重大疫情冲击下城市空间治理考验》，《城市规划》2020 年第 8 期。

1. 环城四区划入中心城区

如前文所述，自 20 世纪 90 年代开始，为了提高地产开发的经济收益，天津市就开始陆续将一些行政区划属于环城四区的地块，交由邻近的中心城区实施开发和管理，这是中心城区周边“飞地”遍布的主要历史成因。本轮次的行政区划调整也主要是围绕上述类型的区域展开，即将这些“飞地”划入实际行使管辖权的中心城区市辖区，解决行政区划与管理权属不统一的历史遗留问题，更好地落实属地责任。

表 7-1　由环城四区划入中心城区的行政区划调整

调整区域	原区划归属	实际管理权属	现区划归属	涉及面积和人口
梅江南居住区	西青区	河西区相关街道	河西区	4 平方千米/约 2.3 万人
梅江南居住区	津南区	河西区相关街道	河西区	6.7 平方千米/约 5.3 万人
华苑居住区	西青区	南开区相关街道	南开区	2.5 平方千米/约 7.2 万人
丽苑居住区	东丽区	河东区鲁山道街道	河东区	2.4 平方千米/约 3.67 万人
泉江里社区	东丽区	河北区月牙河街道	河北区	0.06 平方千米/约 0.4 万人

资料来源：《天津市西青区人民政府、河西区人民政府关于变更梅江南、解放南路起步区及周边居住区行政区划事项社会稳定风险调研、评估及专家论证报告》《天津市津南区人民政府、河西区人民政府关于变更梅江南、解放南路起步区及周边居住区行政区划事项社会稳定风险调研评估及专家论证报告》《天津市西青区人民政府、南开区人民政府关于变更华苑、华苑新城及周边居住区行政区划事项社会稳定风险调研、评估及专家论证报告》《天津市东丽区、河东区人民政府关于变更丽苑居住区行政区划事项社会稳定风险调研、评估及专家论证报告》《天津市东丽区、河北区人民政府关于变更泉江里社区行政区划事项社会稳定风险调研、评估及专家论证报告》。

总体而言，由于本轮次调整中由环城四区划入中心城区的“飞地”在区划调整之前已经由邻近的中心城区市辖区实施全面的社会管理，不存在户籍、学籍转换等问题，相关的证件在有效期内也无须更换，因此调整获得了广泛的支持。根据笔者在调研中获取的资料来看，在针对调整涉及区域居民的问卷调查中，支持调整的均在 90% 以上。反对者非常少见，且主要是对调整政策不了解导致。

2. 市内六区划入环城四区

联系前文的分析，考虑到天津市市内六区在教育、医疗、公共设施等方面的相对优势地位，如果将市内六区的部分区域划入环城四区，无疑会面临较大的阻力。在天津市此轮次的调整中，也出现了市内六区划入环城四区的案例，即将原河东区二号桥居住区的部分区域划归东丽区。具体来看，在这一案例中又存在两种不同的类型。

第一种类型是行政区划虽属于河东区，但实际管理权属早已划归东丽区。具体来看，在本次调整所涉及的区域中，詹滨西里社区、海颂园社区、欣园社区虽然在区划上属于河东区，但从住宅开发伊始就由东丽区实际管理。其中，詹滨西里社区由东丽区张贵庄街管理，其他两个社区由东丽区万新街管理。综合调研情况来看，由于上述三个社区的居住住宅所关联的户籍、学籍等核心利益，一直属于东丽区，因此涉及居民对调整方案并未提出明显异议。

第二种类型则是行政区划和实际管理权属一直属于河东区，本次调整则被划入东丽区。这一情况只涉及了河东区二号桥居住区的黄岩里和建新东里两个社区的共计 7 个楼栋，涉及常住居民 992 人。我们在调研中了解到，之所以推动调整，主要是考虑到河东区和东丽区 1998 年签订的行政区域界线协议书中所规定的两区边界比较模糊，主要以地表建筑物为界。目前，当时作为主要界线标志的几个工厂均已拆迁，在随后的城市更新中，两区的管辖线长期含混不清，导致这一区域的社会管理长期处于交叉重叠状态。再加上外来人口较多，导致这一区域逐渐成为天津市基层治理中的一个典型“堵点”。而且，本次调整涉及的 7 个楼栋与小区其他楼栋已经被一条城市主干道分割，因此本着规范划界、尽量以主干道路等为划界线的调整原则，才决心将上述两个社区的 7 个楼栋划入东丽区。

考虑到将行政区划和实际管理权属一直属于市内六区的区域划入环城四区可能会引发的社会风险，调整方案也制定了比较周全的应对措施。综合调研中所了解的情况来看，相关措施主要可归纳为两类：一是承诺不改变涉及 7 个楼栋居民的户籍以及附带的学区划分等居民关切的核心利益，并进行了广泛和深入的宣传；二是对 7 个楼栋居民进行了更为广泛的问卷调查，随机抽样问卷的比重分别达到了 27% 和 42%，远高于一同并入东丽区的另外三个社区。从问卷结果来看，88.55%的受访者表示“支持”，6.03%的受访者表示“不支持”，5.42%的受访者表示“无所谓”，反映出调整方案得到了居民的理解。

3. 涉及行政村的区划调整

在本次“飞地”集中整治中，也涉及部分行政村的区划调整，即在和苑居住区由西青区划归红桥区的调整案例中，有三个行政区及其所属的集体土地被整体并入红桥区。

和苑居住区作为一个“飞地”居住区，调整之前的行政区划属于西青区，但2014年以来，便开始由红桥区实施管理。按照2014年红桥、西青两区签订的《和苑地区建设和管理协议书》，原位于西青区西营门街区域内的约250公顷土地交由红桥区开发和管理，并逐渐形成了目前的和苑居住区。在本次调整中，和苑居住区及其周边约2.5平方千米被划入红桥区：主要包括和苑居住区及其周边的部分集体农地，涉及6个社区、3个行政村和常住人口约3.7万人。

在本次调整中，由和苑街管理的6个社区因为只涉及区划归属的调整，对居民生活的影响并不明显，因此社会调查的支持率很高。而三个行政村的情况则相对复杂。相对于城市社区，三个行政村属于比较典型的城中村，既存在承“村”而来的遗留问题，也存在因“居”而成的现实问题，调整过程伴随着集体土地处置等特殊问题。为了推动调整的顺利进行，调整方案确定涉及的三个行政村区划变更后土地性质不变、产权不变，打消了村民的顾虑。从调整实施前针对三个行政村村民的问卷调查来看，89.66%的受访者表示“支持”，仅有4.83%的受访者表示“不支持”，这正是反映调整顺利进行的一个典型表现。

三 天津市“飞地”集中整治的主要经验与问题

总体而言，天津市2020年度的“飞地”的集中整治工作本着尊重历史、方便管理、保障群众利益的指导理念，工作思路清晰，调整程序规范有序，但也由于信息公开不彻底、配套措施不完善等原因，产生了一些问题。

（一）基本经验：“飞地”整治服务于基层治理

本轮次“飞地”的区划调整秉持行政区划调整服务于基层治理的

理念，明确将落实属地责任、完善基层治理作为调整的基本政策目标，深度契合了新时代各级政府的工作重心由经济建设转向全面发展的导向，明显不同于与以往类似区划调整中对经济发展导向的单向度强调。因此，天津市的经验拓展了“飞地”研究的地域空间，推动了“飞地”研究的深入发展，既满足了经济社会发展的需要，又进一步契合了基层治理的发展，对国内其他地区类似问题的解决，具有较为明显的借鉴意义。

第一，突出行政区划调整的治理导向，即将解决“飞地”引发的区划与管理不统一问题作为基本政策目标，强调区划调整服务于优化基层治理的现实需求。在实践中，则主要按照区划归属配合实际管理权属的方式推动调整，即将“飞地”调整至实际实施管理的市辖区。按照这一工作思路，有助于避免环城四区临近中心城区区域的一些居民出于对市内六区优质教育资源和公共服务设施的向往，而提出将其所居住区域划入中心城区的诉求。即使出现类似的诉求，也可以对居民进行有理有据的政策解释，降低社会风险。

第二，强调调整方案的合法合规性，工作的科学化、规范化程度较高。长期以来，由于针对性法规不完善且相对滞后，导致我国的行政区划管理工作一直存在随意性大、规范性不强、审批后落实不力、违规追责机制缺失等问题。2019 年和 2020 年相继颁布并广泛实施的《行政区划管理条例》和《行政区划管理条例实施办法》，对行政区划调整的根本原则与基本方针、整体设置与具体标准、变更程序与责任权限、监督与管理、追责机制等都做出了详细的规定，有效补齐了制度短板，已成为规范行政区划调整的基本依据。在此情况下，行政区划调整工作的规范程度明显提升，由天津市政府主导下的有序清理拨正成为解决本市“飞地”问题最具实效的方法。综合调研的经验来看，在天津市围绕“飞地”进行的行政区划调整中，无论是前期的政策定调、针对利益相关各方的社会调查，还是后期的政策论证、对居民意见的反馈，均比较规范，有效保障了整体调整工作的顺利推进。

第三，切实践行了“以人民为中心”的发展思想，始终以保障居民利益为先，有效降低了调整的社会风险。“飞地”区划调整作为 2020 年度天津市优化基层治理的重大举措，本身就是为了解决基层治理中的交叉管理、责任不清等问题给居民生活造成的不便和困扰。同时，为了获得居民的支持和理解，顺利推进调整，调整方案均本着有利于居民既得利益的原则制定具体的配套措施。例如，在个别市内六区并入环城四区的调整中，针对居民关心的户籍、教育等重要事项，调整方案明确承诺区划调整而户籍、学籍不调整。对调整涉及的行政村，亦明确承诺集体土地的性质和产权保持不变。正如河东区民政局一位受访的干部所言："只要保障居民的合理要求，保证居民的既得利益不受损，区划调整工作的顺利进行就有了坚实的保障。"

（二）主要问题："小步慢跑"却依然难以"照顾周全"

行政区划调整属于全局性的行政建制改革，涉及的利益关系非常复杂。即使诸如"飞地"整治这样的"小打小闹"，也会牵扯各方的利益诉求。正因为如此，地方出于社会稳定等因素的考量，通常不会主动触及一些较为困难和复杂的区划设置问题，"小步慢跑"的特点比较突出。虽然天津市此轮次的"飞地"集中整治方案经过了较为科学、规范的前期论证，但对于一些深层次的矛盾关系和利益纠葛，依然难以"照顾周全"。再加上信息公开和传输不顺畅等惯有问题的羁绊，使得此次"飞地"整治工作依旧存在一些问题。

第一，调整主要围绕"接壤飞地"展开，对一些因征迁形成的"不接壤飞地"，由于涉及的问题更为复杂，并未触及。如前文所述，除了因提升地产开发收益而产生的"飞地"，天津市也存在一些由于城市更新中的征迁等原因形成的"飞地"。而且，此类"飞地"虽然数量不多，但多属于"不接壤飞地"，即实际管理属于某个市辖区，但环绕四周的其他区域却属于另一个市辖区管理。相对于"接壤飞地"，"不接壤飞地"涉及的利益纠葛更为复杂，调整难度更大，因此本轮次调整并未涉及。此外，部分调整方案由于历史问题的羁绊，并未遵循主要依据主干道路等明显标志划界的原则，导致调整后的部分区域依然呈现零碎镶嵌的分布态势。例如，虽然华苑居住区的一个"村改居"社区四周的几个社区均已划入南开区，但其并未纳入调整范围，从而在事实上形成了新的"飞地"。

第二，对于部分由调整而引发的区县之间的利益纠纷，调整方案并未给出明确的解决措施。利益权责的协调程度是区划调整顺利推进的重要保障，直接影响调整工作的风险程度。天津市本轮次的“飞地”区划调整工作虽然对因居民利益可能引发的社会风险进行了全面的评估并做出相应预案，但对于可能引发的横向府际关系问题缺乏必要的评估和应对措施。例如，在河东区二号桥居住区部分区域划入东丽区的调整案例中，一位受访的河东区住建委干部就指出了关于调整涉及部分地块的归属问题以及河东区棚户区改造费用的补偿问题。其中，处于拟调整区域的某钢铁厂厂房地产开发价值较大，而同样处于拟调整区域的两处棚改则是河东区前期已经投入了一定的改造资金，因此河东区希望能得到东丽区的相应补偿。显然，调整方案并未对上述问题做出妥善的配套安排，甚至可能对审批后的后续推进和调整方案的全面落实造成一定的影响。

第三，由于信息公开不够彻底，导致部分居民对调整政策不了解、不理解，引发了一定的社会风险。全面而有效的政策宣传是基层治理的基础性保障，是“上情下达”“下情上报”的一条关键渠道。因此，针对“飞地”的区划调整，政府应公开详细说明调整政策和配套措施，保障与居民的有效信息沟通。然而，在本轮次的集中调整中，部分官员出于“保密”的惯性，信息公开和解释工作存在一定的不足。我们在调研中发现，在调整方案公示的过程中，由于对调整的原则解释不到位，导致部分调整区域以外的居民对调整方案提出了不同的意见，并通过拨打政务热线、网上发文等渠道，制造了一定的舆情。例如，针对原属津南区的梅江南居住区部分社区划入河西区，周边一些属于津南区管辖范围的社区居民，提出将其所在社区或住宅小区也划归河西区。针对这些诉求，正如受访的津南区民政部一位干部所言：“居民的此类诉求显然是不合理的，但也有我们宣布不到位的原因。本次调整仅针对那些区划上属于津南（区），但管理权属归河西（区）的小区。这些小区一开始就是河西管辖，房价比周围这些属于津南的小区均价要高出好几千元（每平方米）。提要求的这些居民当初买房的时候是按照津南（区）的价格买的，现在却要求并入河西（区），有的是揣着明白装糊涂。我们只能耐心解释。”

第二节 街镇重组：提升基层治理的精细化水平

城镇化是经济发展的结果和动力，也是现代化发展的必由之路[①]。城镇化是乡村居民向城镇流动、产业向城镇聚集、经济结构调整变化、城镇数量大幅增多、建设规模扩大以及土地开发建设频繁的长期过程[②]。因此，城乡接合部作为城镇化过程最早涉及的区域，针对此类区域的行政区划调整，本质上是针对城镇化发展趋势以及时代特征做出的理性反应与适时调整。本节的主要工作，是在分析城乡接合部街镇重组时代背景的基础上，主要以天津市为案例，梳理街镇行政区划调整在推动治理重心下沉、提升基层治理精细化程度方面的积极意义以及发挥上述作用的限制性条件。

一 城乡接合部街镇重组的时代背景及内涵辨析

（一）调整的社会经济背景：新型城镇化进程

从政策方面来说，自2014年《国家新型城镇化规划（2014—2020年）》通过后，中国社会就迈入了新型城镇化道路。2018年，天津市顺应国家政策印发并实施《天津市城市总体规划（2017—2035年）编制工作方案》，其中指明了新型城镇化已经成为市域内城市管理与区划建设的发展目标与实现路径[③]。不同于早期城镇化以提供就业机会、促进工业化社会建设为目的，面临新的时代挑战的中国新型城镇化强调人的城镇化、生活方式以及治理结构的城镇化，探索如何发挥城镇化作为拉动经济发展和社会治理的重要引擎作用。以人为核心的新型城镇化强调农民的市民化发展和城乡二元分离的彻底破除，通过加强城乡互动促进城市内部社会管理的有效整合，并在人口流动的动态变化之中，不断考虑如何满足民众生活与发展需求，完善基本社会权利保障制度，确保社会治理成

---

① 熊月林、沈光辉：《论新型城镇化进程中推进社区教育的策略》，《福建广播电视大学学报》2021年第3期。

② 蔡继明、张胜君、杜帼男：《我国城市化相关概念辨析》，《学习论坛》2016年第5期。

③ 穆瑞章：《“十四五”时期天津城镇化进程中村庄建设思路研究》，《天津经济》2021年第6期。

效全民共享[1]。

伴随着城镇化过程中人口加速向大城市、向东部地区迁移，很多大中城市的基层政府面临着巨大的管理压力。尤其是作为城镇化前沿阵地的城乡接合部基层，原有的基层管理体制已经无法有效疏解人口集聚带来的治理负担。在此情境下，为满足人民对城市生活和良好公共服务的期待，一些城市开始对城乡接合部的基层行政区划做出针对性的调整重组，比较直观的就是撤镇（乡）设街、切块设街等基层行政区划调整。

综上，城镇化驱动产业发展和人口聚集，使得镇域管理服务对象的总量、结构和难度增加，造成镇域治理困局，而基层行政区划调整是镇域区划结构对城乡发展变迁的理性回应，既包含将某一行政区域镇（乡）政府整体改设新街道办事处的撤镇（乡）设街行为，也囊括在原有镇（乡）中按照一定标准划定区域设立街道办事处的切块设街行为，二者都将分散治理负担、疏解治理压力作为主要行动目标。而无论是撤镇（乡）设街，还是切块设街，都极具中国特色，既是城镇化发展的空间结构式产物，同时也是推进城镇化发展的重要途径之一，是一种行政管理方式的城镇化。而且，从表面上看，撤镇（乡）设街和切块设街虽然只是名称的易变与管理机构的增设，但是作为系统化过程，其实质上却改变了"区域协调发展""社会经济运行""行政管理体制""机构组织体系"等各个方面[2]。对于社会的整体规划与未来发展而言，撤镇（乡）设街和切块设街不仅是新型城镇化下统筹城乡发展格局的一种综合性调整举措，更是一种完善区域空间格局的战略性行为。

（二）乡镇的职能定位

撤镇（乡）设街和切块设街中的"街"主要是指街道办事处，即市辖区政府、不设市辖区的地级市或者城市及产业功能区管委会的派出机

---

① 李东泉：《新型城镇化进程中社区治理促进市民化目标实现的条件、机制与路径》，《同济大学学报》（社会科学版）2021 年第 3 期。

② 张文翠、李医心、康维波：《"镇改街"进程中城乡一体化发展研究》，《理论观察》2015 年第 8 期。

关，是进行“上情下达”“下情上报”双向沟通的重要机构枢纽[①]。作为基层管理组织，街道办事处是“派出性”机构，不具备法律规定的政府性质。街道的设置由上级人民政府批准，经民政部同意，主要服务于社会管理的工作需要，即使承担诸多管理责任，但不具备法定职责权限，与独立的各个层级的政府性质截然不同。简言之，按照我国现有规定，街道办事处不享有一级政府的法律地位，不具有独立的区划管理权限，故从严格意义上来说，新设立的街道并不是正式的行政区划。然而，由于区政府和街道办事处之间通常没有明确的职责划分，实际工作中，政府及其职能部门往往把自己应该履行的职责以属地管理为借口甩给街道办事处，街道办事处则往往既管民生救济、就业保障，又管治安保卫、综合执法，还管文化建设、宣传教育，基本上“什么都得管”[②]。

综上所述，在法律规定上，街道办事处虽然只是人民政府的派出机关，但就实际职能与承担的工作量而言，街道办事处已经相当于一级政府，其实际地位和现实作用在基层治理过程中至关重要。而且根据《行政区划管理条例》，可以发现其中规定了街道设置需要进行专家论证，这表明街道实际上具有类似一般行政区的管理性质。随着近些年治理重心向基层下移和服务职能向基层下沉，街道办事处也就越来越类似于一级完备政权建制。从一般意义上来说，作为政府的派出机构，街道办事处在实际工作中已经承担着具有层级管理性质和行政区划意义上的行政任务。鉴于官方法律规定街道不是行政区划，为更加准确界定，避免属性认知混乱，本节将街道办事处作为“准行政区划”来看待。

（三）“设街”标准（条件）

基层行政区划调整在城镇化浪潮中发挥着重大作用，扮演着重要角色：一方面，我国城镇化进程依赖于政区调整释放发展活力[③]；另一方

---

① 李荣娟、田仕兵：《基于整体性治理理论的街道办事处改革研究》，《学术论坛》2015 年第 1 期。

② 周振超、宋胜利：《治理重心下移视野中街道办事处的转型及其路径》，《理论探讨》2019 年第 2 期。

③ 刘云刚、王丰龙：《城镇化中的行政区划理论问题刍议》，《中国名城》2020 年第 10 期。

面，从行政区划调整的动机来看，其最大动力之一无疑也来自城镇化[①]。作为我国行政管理的末梢，街道办事处是城市基层工作的枢纽，衔接着城市管理和社会治理，是联系和服务群众的纽带[②]。随着城镇化的持续推进，在城市内部和郊区，城乡不再界线分明，街道办事处的设置是顺应新时代城镇化趋势、大城市发展与管理体制建设需要的必要行政区划调整举措。

按照《国务院关于调整城市规模划分标准的通知》（国发〔2014〕51号）中关于我国城市规模的划分标准，现代城市规模被重新划分为超大、特大、大、中、小城市五类。近年来，超（特）大城市越来越成为国家发展的重要增长极，并随之成为推动区域一体化的重要发动机，而行政区划调整则是超（特）大城市要实现发展方式转型升级的重要因素。据全国第七次人口普查数据显示，我国超大城市包括上海、北京、深圳、重庆、广州、成都、天津7座城市（按城区人口数排序）。纵观超大城市历年街道办事处数量整体变化情况，可以发现，随着城市建设的不断发展，街道的增设已经成为常态化调整实践，街道数量的增加是城市管理体制和基层区划结构调整的整体发展趋势。作为新时代主要的区划调整行为，街镇区划整合在人口、土地、空间要素的汇聚点上，依据对管辖幅度、服务半径和城镇化水平的科学分析，可实现基层治理效果增强和城市管理能力提升的互促发展。

“设街”标准是规范和保障街道办事处切实履职的重要前提，是精准服务于基层社会公共服务和社会治理体制的基础。当前，不同城市街道的设立标准和条件不一。例如，北京市为规范街道办事处设置和调整工作，适应首都城市战略发展需要，按照首都功能核心区、核心区之外的中心城区、副中心城区，以及新城和生态涵养区三类设置标准；广东省按照特大城市中心城区、大城市中心城区、中等城市中心城区、小城市中心城区、各类城市城乡接合部地区等不同经济基础地区分类设置标准；

---

① 张可云、李晨：《新中国70年行政区划调整的历程、特征与展望》，《社会科学辑刊》2021年第1期。

② 陆军、杨浩天：《城市基层治理中的街道改革模式——基于北京、成都、南京的比较》，《治理研究》2019年第4期。

河南省按照“市辖区拟设置的街道办事处”和“县（市）可以在政府驻地设置街道办事处”两类设置指标；江苏省按照“撤销不设区的市和区人民政府驻地镇设立街道”“撤销不设区的市和区所辖其他乡镇设立街道”“现有街道的优化整合”三种类型设置不同的指标。不过各大省市虽在“设街”标准方面存在出入，但均以《行政区划管理条例》为主要依据，基本遵循了规模适度、管理科学、服务高效的原则，综合选取了包含经济社会发展水平、城镇化程度、城镇体系和空间结构布局、居民认同、管理功能等在内的多维指标，将街道职能定位与行政区域管辖幅度、公共资源配置相匹配，并结合区域历史条件、发展特点、未来方向，分区域分类确定当地街道设置标准。具体来看，天津市街道办事处的设置依据主要与城镇化程度、公共服务水平和管理幅度相关。

首先，城镇化程度。在中国社会，城镇化率和城镇化管理率成为衡量某一城市城镇化发展程度和城镇管理水平的重要标准。官方意义上，城镇化率是城镇化水平的国际通用衡量指标，其主要是根据户籍人口统计数据计算的，即城镇户籍人口/总户籍人口 = 城镇化率[①]。整体来看，自 21 世纪以来，中国城镇化率逐年上升且增速稳定，2012 年我国城镇化率已经破五，进入“城市中国”时代。据第七次人口普查数据显示，我国常住人口城镇化率已经逼近 64%，而且中国的实质城镇化率远远高于统计标准中的城镇化率，原因是一些农业户籍人口虽然已经在城里安家了，但由于抱有“农业户口迁出去就迁不回来了”“只有农业户口才能享有土地使用福利”等想法而依旧保留农业户口。与城镇化率衡量人口城镇化不同，城镇化管理率衡量的是城市管理的城镇化水平，城镇化管理率是指居委会数量占村委会和居委会总数的比率，既反映了城市化中人口整建制居民化管理的比例，也反映了城市管理的覆盖率，其与以人为本的新型城镇化同频共振，成为中国城镇管理水平的重要分析依据。

其次，公共服务水平。“学有所教”的教育服务体系、“病有所医”的卫生服务配置、“老有所养”的养老服务保障以及满足精神多样化需求

① 武洁、权少伟：《我国人口城镇化率统计与推算方法探讨》，《调研世界》2013 年第 7 期。

的文化服务建设共同构成了现代社会公共服务基本标准①。全面又多元的公共服务标准体系是增强社会治理能力、提升社会民生水平的重要抓手，街道的设置必须考量具体的公共服务承载能力、多样化特色需求和整体发展水平，根据服务“容积”和管理半径科学设定尺度范围。

最后，管理幅度。管理幅度是指特定区域管辖的人口规模和区域面积，直接决定了管理负担的大小②。受城镇化发展和经济产业转型的影响，人口流动制约以常住人口为主体的人口管理结构。人口越多，需要提供的公共服务和日常管理的工作量越大；人口流动越频繁，需要管理的对象和问题也越复杂。管辖面积意味着管理范围，管辖面积越大，管理范围也就越大，需要提供的公共服务和城市管理的半径也越大，便容易滋生一个问题：管理和服务的可及性差，服务效率也难以保证。精细化高效治理要求以适当的服务和管理半径为基础，准确把握街道管理规模才能促进新设街道的管理与服务行稳致远。

基于上述，为强化城市经济发展和社会服务功能整合以及细化基层社会边缘区域与责任归属，天津市根据对市域内街道办事处整体设置状况的调查分析，结合超大城市发展实际，基于城市精细化、精准化治理的政策目标制定了《天津市街道设立标准》，从而为区域行政区划管理提供了政策规范和统一指导，并支撑后续基层街镇行政区划调整工作。按照中心城区、环城区、其他区的历史条件、区位状况、现实因素等，通过考察多维指标具体确定街道办事处的设立条件，推进城镇化全面发展，这一文件为进一步规避城乡融合下的无序混乱，实现治理要素的正向流动、社会资源的均衡配置、服务职能的真正下沉，以及高效治理功能的充分施展奠定了法制基础。该标准除强调对具体管辖范围的合理化、法制化之外，对“科教文卫”等公共服务设施以及街道的名称、办公驻地、人员编制等具体设置也做出了规范性强调。

---

① 赵海娟：《社会公共服务体系完善建议》，《智库时代》2018 年第 40 期。

② 熊万胜：《基层行政区划的管理幅度演变：规律与启示——对一个县 150 年区划演变的纵贯性研究》，《上海行政学院学报》2007 年第 4 期。

表7－2　　天津市街道办事处整体状况

统计类别	市域均值	市内六区均值	环城四区均值	其他区均值
辖区面积（平方千米）	22	3.10	22.50	54.40
常住人口（万人）	7.20	6.27	7.46	8.87
人口密度（万人/千米^2）	0.36	2.62	0.34	0.17

资料来源：《天津市街道、乡镇管理幅度情况》（截至2021年4月）。

表7－3　　天津市街道办事处设置标准

设立条件	市内六区	环城四区和滨海新区	其他区
辖区面积（平方千米）	≥2	≥3	≥5
常住人口（万人）	≥5且≤10	≥4且≤15	≥3且≤15
城镇化率（%）	≥60		
城镇化管理率（%）	≥50		

资料来源：《天津市人民政府关于印发天津市街道设立标准的通知》（津政规〔2021〕5号）。

二　案例分析：天津市街镇重组的内源与直接动因

面对城镇化带来的人口扩张性集聚效应而引发的诸多社会管理难题，同时为了有效发挥行政区划管理功能、提升社会治理能力，天津市围绕城乡接合部区域的部分街镇进行了针对性的行政区划调整，为探索行政区划管理与基层精细化治理的有效契合路径提供了实践案例。

（一）乡镇行政区划整合内源动因：夯基垒台、基层“善治”之需

基层安，天下才安。基层乡镇政府作为一级人民政府，密切联系着城市和乡村，是统筹城乡区域发展一体化建设的关键枢纽，其职能转型成功与否与治理水平的高低直接关系着新型城镇化发展进程，深刻影响着基层社会的长治久安。面对复杂的治理问题，基层政府角色转型略显迟缓，管控意识较强，服务、治理理念相对较弱。在落实政策方针与治理任务的过程中，基层地方政府虽往往打着服务型综合治理的口号，但却会显露出明显的“经济惯性”——专注于实现经济增长、寻求发展利益如GDP增长等政绩目标。注重于经济发展并无不妥，但在社会治理过程中只强调经济发展反而容易激发各种矛盾，引发不同群体之间“自身

利益至上”的博弈斗争，即为实现自身经济发展利益的最大化而忽视社会整体利益目标的实现，难以实现均衡治理。

当前，中国城乡基层管理的社会基础、结构环境不断发展变化，表现出动态改革中的不确定性，而现有基层治理水平却明显迟滞于社会发展进程，原有的治理机制和制度体系已经无法完全适应新形势下的基层治理与社会发展的双重需求。步入高质量、人性化社会治理阶段，经济发展虽仍然不容忽视，但是“重经济、轻民生”“重管理、轻服务”都不是长久之计，不符合新时代发展理念，基层政府角色转型不足与基层治理现代化发展的不适配会进一步加重社会管理负担。总之，在城市治理重心下移的治理背景下，基层政区结构不适应的问题越发突出，所以需通过优化基层区划结构打通基层治理现代化之路，厚植基层治理结构性支撑，推动政府向“善治”“慧治”转型。

（二）街镇重组的直接动因：增长式城镇化发展引发各类治理难题

城镇化放大人口集聚效应，城镇化规模扩张与城市中心建设带来城乡混杂管理与城市高负荷承载问题，造成各区管理幅度和治理负担出现严重失衡，部分基层行政单元的管理体制、治理力量和公共服务资源无法满足现实需要，引发各种各样的治理难题，共同构成了街镇区划整合的直接动因。

第一，扩张式流动导致人口管理体制供给不足。城市基层社会的人口数量多且异质性强，流动性较大，必然给人口管理造成一定的困难与挑战，体现为普通民众的纷繁复杂的人口管理工作与基层工作人员编制紧缺的矛盾。城镇化带来广泛的人口流动，从地域空间位移来看，人口向东部尤其是沿海城市聚集；从地域属性改变来看，人口从乡村流向城市内部及城市近郊区域，从乡村社会向城市社会聚集。扩张式流动下，原本城市基层社会的人口管理体制无法承担扩大后的人口集聚压力，人口管理负效应明显：一方面，普通民众的户籍管理任务增多、调整事情琐碎；另一方面，基层政府机构的人员编制并未因人口增多和任务加重而扩大，造成管理体制供给不足，阻碍基层政府有效行使公权力，致使基层管理失衡。例如，按照天津市的机构设置，街道办事处一般设置8—10个科室，人员60—80人，但宁河区芦台镇的街道办事处公室只是芦台镇的一个内设科室，目前街道办事处公室实际工作人员仅4人，却要上承区镇几十个部门部署的工作，下担城区 33 个社区的管理任务，共涉及上级多部门安排部署的各方面工作任务几十项，根本忙不过来。总之，城镇化下的人口快速增多对公共资源和管理服务的均等化配置造成了挑战，人口过度集中的乡镇不得不选择街镇区划调整疏解负担和释放压力。

第二，多方压力叠加引发资源紧张和治理缺位。基层一线工作任务重、难度大，而且“越到基层活越多、干活的人越少”，且由于缺乏规划引领的“顶层设计”，城市基层治理措施难以落实，缺乏一套行之有效的城乡基层空间治理整体方案，基层社会存在“治理缺位”。其表现之一是多元主体的治理意识欠缺。基层治理理念以基层法治治理理念为基础，法治治理包含地方政府依法行政、城乡居民依法自治、社会组织依法发挥力量，这是基层治理不可逾越的底线①。面对当下复杂的城乡管理混乱问题，基层内部对法治思维的贯彻以及对法治手段的运用都存在不小的短板问题。治理缺位的表现之二是治理能力弱化，既包含因技术快速迭代更新造成的治理缓慢，也包含缺乏技术支撑的协同治理。大数据与云存储时代，数字化成为社会治理的关键特征，是搭建基层社会多元力量集结平台、促进政府“纵向联动、横向协同”的重要技术条件，技术的开发程度不足与技术运用的能力缺乏会阻碍基层治理能力现代化。城镇化推进导致人口密度大幅增加，城市土地建设不断扩张，以土地为基础的一系列生产生活资源越发紧张，城市基层社会出现空间与资源承载能力不足的情况，资源紧张环境下的治理缺位表现愈加严重。总之，理念与能力的治理缺位必然影响城市基层治理问题的有效解决，难免在治理实践中增加不必要的管理负担。

第三，公众参与质量偏低造成社会治理力量失衡。城镇化更新了城乡基层社会组织结构，其中，作为基层社会治理的重要主体，社会大众的参与程度与社会治理效果密切相关，群众力量成为基层社会治理最为重要的潜在优势。在城镇化的快速发展下，公众参与呈现出反应性缺失的状况。一方面，基层社会居民群众数量多，异质性强，除了本地居民，

---

① 胡妮、许伟、马学锋：《推进基层治理法治化的有效路径》，《中共山西省委党校学报》2016 年第 1 期。

还有农村外来务工人员。另一方面，流动越快、调整变化越多，群众需求越多样，然而与之不相适配的是基层民众的素质参差不齐，整体水平不高，权利观念与责任意识不明晰，基层群众力量单一且发挥不足，低参与度无法匹配高期待值，很难快速形成社会治理合力。在影响公众参与质量的诸多要素中，畅通的基层表达渠道、科学的民主决策制度和全面的事后反馈机制尤为重要。然而，城乡混杂管理难以保障上述诸机制的全面顺利运行，甚至管理负担不均问题会进一步刺激相关问题的萌发，致使基层政府往往忽视实际治理中群众力量占比失衡、参与质量低下等问题。

三　街镇行政区划整合的类型分布及调整动力机制

对于我国的超（特）大城市发展而言，无论是理念上的新发展方式，还是空间上的新发展格局，都需要行政区划予以适应、调整和支撑。为了破解我国超（特）大城市行政区治理困境和完善超大城市治理体系建设，精准契合“百年未有之大变局”的时代需求，如何在社会治理中利用好行政区划这一关键资源至关重要。作为超大城市，按照《天津市人民政府办公厅关于印发天津市行政区划管理条例实施办法的通知》（津政办规〔2020〕25 号）的规定，天津市积极开始市域内的街镇区划整合，合理补充基层政区的治理力量，保障管理与服务的均衡化和可及化，以作为对超级基层社会治理挑战的积极应对。当前，天津市中心城区的引领发展作用尤为重要，如何及时进行行政区划调整，合理优化城区发展与建设空间，增强集聚和辐射能力，显得关键且紧迫。考虑具体现实条件，准确及时设立街道办事处是推动建立以城带乡的长效机制、促进形成城乡经济发展和协同治理新格局的必然路径。一方面，在城镇化进程中城区人员流、物资流、信息流迅速聚集的情况下，合理明确的基层街镇区划有利于加快城镇化进程；另一方面，街镇区划整合在积极考虑地域经济发展状况和资源配置情况的基础上，通过整合区划结构促进基层经济竞争力和治理能力的提升，以有效缓解精细化治理难题。

在具体的调整方面，按照区划归属于环城区、远郊城区、开发新区的不同空间分布情况，并根据实施的特殊性和差异性，将整体调整分为撤镇（乡）设街和切块设街两种不同类型。其中，撤镇（乡）设街是撤销镇（乡）政府而单独设立街道办事处的系统改革过程，其改变了行政主体性质，即由政府机关变成了政府的派出机关，是整建制的撤镇设街；而切块设街是在原有乡镇内划定部分管辖区域设置新的街道，相比撤镇（乡）设街更凸显保留性质，调整方式较为温和，但二者统属于基层街镇区划整合的范畴。无论是整制改建还是切块单设，调整的目的都是解决城镇化下人口快速流动与集聚带来的城市空间紧张与管理压力增加的问题。当前，推动基层行政区划的适时调整与科学整合，成为消解阶段性城镇化发展弊病的“良药秘方”，是贯彻以人为本的新型城镇化战略的典型表现之一，进一步深化了服务型政府的职能转型。本部分主要系统梳理两种街镇区划整合类型的实施和调整情况以及具体动力作用表现。

（一）撤镇（乡）设街

此种类型主要涉及天津城郊的宁河区“芦台街道办事处”和“桥北街道办事处”的设立。为进一步优化宁河城区行政区划布局，加快城乡一体化进程，提升城市化水平，结合宁河区实际发展情况，撤销宁河区芦台镇，以蓟运河为界拆分设立两个街道办事处，分别命名为“芦台街道办事处”和“桥北街道办事处”。“芦台街道办事处”管辖蓟运河以南原芦台镇辖区，“桥北街道办事处”管辖蓟运河以北原芦台镇辖区。宁河区行政区划调整范围覆盖原芦台镇内的33个社区和25个行政村，整体上看，具体调整面积较大，涉及人口较多，而且包含行政村建制的撤销，实施调整和管理的对象较为复杂。

随着宁河撤县设区和桥北新城的开发建设，城区芦台镇住宅小区逐步增多，人口不断增加，新建小区管理需求日益增大，居民日常生活涉及的文化、教育、卫生、社会保障等问题和城市管理中的社会治安、市容管理、绿化环卫等问题集中显现，同时芦台镇不仅管理城市社区、农村，还担负着经济发展任务。为顺应县改区后城市管理建设的发展需求和拆迁村村民的就地城镇化，以及城区的长期发展与有效治理，天津开展本轮次行政区划调整，以适应快速城镇化发展进程，提高社会治理整体性。此次行政区划调整有利于解决原芦台镇行政体制不畅、力量薄弱的问题，更有利于创新基层治理、提升基层服务水平和提高人民群众幸福指数。调整后，芦台街道办事处下辖29个社区和4个行政村，管理人口约 11.65 万人，户籍人口约 8.63 万人，面积为 33.12 平方千米；桥北街道办事处下辖 5 个社区、2 个新建住宅小区和 10 个行政村，管理人口约 7.35 万人，户籍人口约 4.07 万人，面积为 26.94 平方千米，调整前后相关情况的对比如表 7－4 所示。

表 7－4　　宁河区撤镇设街调整前后变化

街道	比较类别	调整前	调整后	变化情况
芦台街道办事处（原蓟运河以南芦台镇辖区）	社区（个）	29	29	0
	行政村（个）	14	4	减少 10 个
	管理人口（万人）	11.65	11.65	0
	户籍人口（万人）	8.63	8.63	0
	面积（平方千米）	33.12	33.12	0
桥北街道办事处（原蓟运河以北芦台镇辖区）	社区（个）	4	5＋2 住宅小区	增加 1 个社区和 2 个小区
	行政村（个）	11	10	减少 1 个
	管理人口（万人）	7.35	7.35	0
	户籍人口（万人）	4.07	4.07	0
	面积（平方千米）	26.94	26.94	0

资料来源：《天津市民政局关于同意宁河区调整部分行政区划的批复》（津民函〔2020〕13 号）。

总体而言，鉴于两个新街道设置在原芦台镇辖域范围内，一个乡镇级建制分设为两个街道办事处，并且明确新设街道不增加人员编制、不新建办公用房，继续保持原芦台镇人民政府现有人员编制数量，涉及的公共安全、社会稳定风险较小，从访谈与问卷调查直观结果来看，91.03% 的受访者表示“支持”。

（二）切块设街

此种类型主要涉及属于环城区的津南区和西青区以及属于远郊城区的静海区，是天津市本轮街镇区划调整的另一主要类型。在环城区的调整实践中，西青区针对李七庄街、大寺镇部分行政区划进行调整，主要将李七庄管辖的 4 个社区及其周边约 5.5 平方千米区域、大寺镇行政区划内梅江会展中心二期及其周边约 0.58 平方千米区域，设立为一个新的街道办事处，即津门湖街道办事处；津南区针对咸水沽镇、辛庄镇部分行政区划进行调整，划出部分区域单独设立海棠街道办事处，主要涉及原属海河教育园区内的4个社区、13所学校，共27.8万人；静海区结合静海镇实际情况，在静海城区东城内单独设立朝阳街道办事处，新的街道主要管辖众泰欣苑社区、裕华园社区等12个社区。其中西青区的调整涉及部分区域的“飞地”整治，实践中划出的大寺镇部分区域虽一直坐落于大寺镇行政区划内，但一直由李七庄街实施管理，此次调整实现了该地区划归属与管理权属的统一。

在调整的具体动力机制层面，津门湖街道办事处的设置主要为了缓解以李七庄街为代表的城乡接合部在管理和服务方面的城乡混杂问题；海棠街道办事处的设置主要为了解决津南区部分行政区划范围与实际管理权属不一致的问题；朝阳街道办事处的设置主要解决原有的“镇管社区”体制下静海镇政府粗放化管理制约城市发展建设的问题。就整体调研结果而言，在针对调整涉及区域居民的问卷调查中，调整的支持率均在95%以上，其中受静海区撤县设区的影响，民众对静海镇设立朝阳街道办事处的支持率高达99.51%，普遍表示支持，认为其可以提升日常办理事务的体验感，提高办事效率。

表7-5　　切块设街后各街道基本情况

新设街道	常住人口（万人）	面积（平方千米）	社区（个）
津门湖街道办事处	8	6.08	7
朝阳街道办事处	11.09	16.70	13
海棠街道办事处	9.99	24	5

资料来源：《天津市人民政府关于同意静海区设立朝阳街道的批复》（津政函〔2021〕14号）、《天津市人民政府关于同意西青区变更部分行政区划和行政区域界线的批复》（津政函〔2020〕166号）、《天津市人民政府关于同意津南区设立海棠街道的批复》（津政函〔2021〕30号）、《天津市行政区划基本情况统计表》（2021）以及相应街道办事处微信公众平台的信息公示（截至2022年3月）。

除此之外，在此次集中的街镇区划调整实践中，滨海新区的部分街道区划界限的调整变更虽然不属于单独新设街道的范畴，但也是从基层行政区划结构优化的视角出发，本着优化治理的工作原则，以建立和完善协同治理机制、促进政策功能区发展为动力目标，促使经济功能区充分释放发展活力，提高发展质量，提升区域治理水平。

四　街镇行政区划调整的主要经验与问题

总体来看，天津市基层街镇区划调整坚持群众路线，以优化城区行政区划设置、提升城市管理尤其是基层治理的精细化水平为目的，为新时代街镇区划调整提供了示范经验。但是鉴于城镇化发展、基层结构调整的诸多方面还不够完善，针对不同层面的需求尚不能全面满足，具体实践中还是存在一些问题。

（一）主要经验：满足发展与治理的双叠加需求

大范围的基层街镇调整最主要的背景是城镇化下的人口区域迁移和农村人口城市化以及党中央对基层治理的高度重视。从本质上来看，本轮次基层街镇区划调整实践以满足经济发展和社会治理方面的双叠加需求为根本主旨，防止出现“漏管”“失管”“错管”等盲点问题，为城市充分释放发展活力、提高发展质量、提升精细化治理水平创造条件，充分发挥发展与治理的双重比较优势。

第一，依法依规，找准发展方向，蓄满城市发展动力舱。此次行政区划调整深入明确城镇化未来发展趋向，为破解城市发展阻力、顺应市内各区城镇化发展的现实需求，充分运用法治思维和法治方式破解难题，采取科学方法推动街镇区划结构调整，积极助推城市发展新动力。比如，芦台镇和静海镇均按照《行政区划管理条例》《天津市国民经济和社会发展第十三个五年规划纲要》《天津市城市总体规划（2005—2020 年）》实施本域撤镇（乡）设街和切块设街调整，顺应了撤县设区后城镇化发展的现实需求，解决了因管辖范围面积大、管理人口多且杂造成的社会管理效率低下、经济发展受到制约等问题，通过增设街道实现了政府职能和管理体制与社区发展相适应。而且，各地区严格按照天津市街道设置标准依法、依规设立街道办事处，增强所涉街道管辖幅度与管理服务半径的融合度。

第二，积极稳妥，明确治理目标，塑造责任清晰的治理环境。区划调整的顺利进行依赖科学清晰的责任划分，在天津市诸多街道增设的实践中，坚持属地化管理，确保行政区划所在区承担起本地区基层治理、服务、管理责任，做到应管尽管，既遵循了天津市不同地区街道设置标准，成功将区划整合优势转化为基层治理效能，又根据区域历史条件和现实发展情况，实现了区域经济发展特色与提高城市化管理水平相结合。一方面，在调整过程中对涉及街道设置的各区域的债权债务情况划分清晰，比如宁河区芦台镇坚持“先清理再处置”的原则，统筹安排，明确各村、社区债权债务不变，芦台镇原有镇级债权债务及镇属企业债权债务均由新建的芦台街道办事处承担。另一方面，调整后的编制安排处理基本准确。在调整的前期筹备和风险预判中，均考虑了新设街道的机构编制问题，明确新设街道承接原乡镇基本人员编制，对于划区域设立街道则按照街道办事处的设置规定配备行政、事业编制人员，降低编制调整风险。

第三，强调“以人为本”的利益原则，充分回应人民诉求、充分保障人民权益、充分增进人民福祉。大范围的基层街镇区划整合行动将理顺城市管理体制、承接公共服务作为进一步加强社会治理创新的途径，及时回应新形势下人民群众对生态环境、卫生医疗、文化教育等方面不断增长的多样化新需求，并遵循人性化原则，通过主动与群众沟通推动街道和社区为居民提供更具针对性的管理与服务。例如，西青区在津门湖街道设立的过程中，通过主动了解群众所需，果断解决行政区域内拆迁安置小区与治安管理权责归属不明确的问题，将主要由大寺镇门道口村村民组成的万绿花园小区1—4号楼划入津门湖街道，实施精准化社区管理，提供更好的服务；在津南区海棠街道办事处的设立中，坚持津沽公路两侧行政区划原属于咸水沽镇的区划权属不变，结合实际情况和便民目标有效调整，减少因过度调整给群众带来的不必要麻烦。

（二）主要问题：“设街”环境与调整机制的“半熟”问题

一般而言，为了满足不同时期政治、经济和社会文化的建设与发展需求，行政区划会按照相应尺度标准，结合各区历史和现实发展条件，适时地进行相应的调整与变更，进一步满足经济发展、政区管理、社会建设等多种现实需要。天津市的撤镇（乡）设街和切块设街是受城镇化下人口迁移、农村人口城市化的影响，出于城市经济全面发展与社会精细化治理的需要而进行的新时代区划调整。但鉴于城镇化发展的不均衡、街镇区划调整条件的准备不足以及街道设置方案的过渡性局限，在实践过程中难免出现一些暂时无法规避的“半熟”问题。

第一，调整风险保障机制的“半熟”。首先，宣传力度不够缩短必要风险准备时间，民众对区划调整的前期了解不足，绝大多数都是通过调研问卷了解此次调整。其次，信息公开不足，调整情况缺乏细致明确的社会公示。虽然对于街道的增设，各个政府公开网站已经进行了社会宣传和信息公示，但是通过查阅关于调整行政区域和变更行政区划界限的政府批复，只有宁河区对新设街道辖区面积、户籍人口、所辖社区和行政村个数作了相对全面的说明，其余多只对新街道的辖域空间范围情况作基本说明。除此之外，在区划调整变更的过程中，民众最关注的内容始终是教育和卫生医疗问题，官方理应做好有效沟通和政策解释。即使官方多次强调户籍不变，但在本批次调整中并没有正式文件针对“划片入学”、医疗服务等政策做全面的宣传解释，对公共教育、卫生医疗服务等重要政策的宣传文件还有待补充，部分区域存在因政策不明引发的潜在舆情风险。

第二，问题解决机制的“半熟”。首先，天津本轮区划调整涉及城市居民、行政村村民和转型中的城市居民，由于生存环境、思维理念差别，不同群体对政府服务和管理的要求不尽相同。例如，芦台街和桥北街的设立涉及普通社区、已拆迁但未撤制的行政村和待拆迁行政村（调整时皇姑村还处于待拆迁状态），不同民众对街镇区划调整实践提出了不同的具体需求。然而从调整初期服务和治理水平来看，尚不能逐一满足群众需求。其次，从一般意义上来看，街道的新设肯定会带来相应的三公经费增加，尤其当时在新冠疫情的反复冲击下，经济呈现低增长的下行状态，公共行政领域的经费管理问题会更加突出。除此之外，缺乏调整后的效果评估机制，本轮调整实践没有调整后现实效果与预期效果的匹配情况分析，存在问题解决后的效果评估与反馈不足的问题，整体上区划调整工作规范程度仍有待提升。

第三，街道管理机制“半熟”。鉴于城镇化各方面发展还不够完善，撤镇（乡）设街、切块设街后的街道管理在很大程度上还是更接近于传统乡镇社会，这就导致调整后的街道办事处首先面临的不是职能管理问题，而是如何解决传统城乡混杂引发的历史遗留问题。而且，虽然社会治理不断被强调，但是由于基层经济发展水平不均和政绩目标实现的问题，在实际工作中，仍会出现经济指标排在城市基层治理任务之前的常见情况，这也是后续工作必然面临的挑战。

五 后续挑战：街镇重组后的街道管理体制完善问题

（一）明确街道办事处的法律定位

首先，补充统一性法律规定。目前部分省市的街道办事处条例虽然在一定程度上方便了地方性具体工作的顺利开展，但是1954年颁布的《城市街道办事处组织条例》在2009年被废止后，规范化、具体化、系统化的官方统一条例存在明显缺失，尚没有针对街道办事处机构编制、管理职能、行政关系的法律条款。全国统一的街道办事处条例并不是要施行过度整齐化、一致化的街道管理，而是在明确实践差异性的基础上，坚持普遍性与特殊性相结合的原则，围绕街道管理过程中的共性、普遍性内容展开细致分析，通过法律形式尽量探索出一般规律性的管理路径与实践通路，与地方性管理政策联动，完善街道办事处“准行政区划”的实体性质、法律地位与职责体系，从而推进全国街道管理的制度化、法治化。

其次，从法律层面明晰街道办事处属地化管理职能定位。在重心下移、服务下沉的同时，责任向下压实，街道办事处除承担以条为主的层级政府的工作任务下派之外，上级各职能部门以及有关部门的各种琐碎性、边缘性事务工作也不断“下漏”，街道管理呈现出一种“无比扭曲”的特殊状况——无实际管理权限却负担超大量管理任务，造成街道办事处“该管的、不该管的都得管”“太多事要做”“太多事没法管”的“权责脱节”困境。比如天津市环卫部门管收费，街道负责具体环卫管理工作，但处罚收费的权力却不是街道的，造成属地化管理“顽症”。只有坚持职权法定原则，在街镇区划调整后完善街道的权责立法，以属地化为原则，明确街道管理主体地位并赋予其必要的法律权威，确保调整后城市基层管理规模的稳定、基层社会资源的科学分配、通过法律手段破解治理“超负荷又无功效”难题，向法治化公共服务与社会治理归位，才能真正实现“不是压力的无限下沉，而是属地权责法律化的真正落实”。

（二）理顺乡镇区划调整后的“横纵”关系

服务职能与精细治理的不断下沉是社会发展的历史趋向。作为最基层的管理机构，街道办事处是基层工作的直接主体，其表现直接影响到人民的实际满意度，既具有直接与群众沟通的天然优势，也具有一旦管理不畅人民不满扩大造成恶性危害的最大劣势。街道办事处不仅要从法律层面上精准明确机构性质和职能定位，更要在实践层面上理顺区划调整后诸多复杂的“横纵”关系，塑造责任清晰、政清民明的街道管理体制，实现“横向联通、纵向贯通”，进而通过厘清行政组织体系网络以充分发挥自身公共服务职能，促进基层街镇和谐治理。这需要做到以下几点。

第一，厘清调整后街道办事处与层级政府的关系。按照法律规定，市、区（县）政府是具有行政层级的人民政府，直接领导下属街道办事处，层级政府与派出机关的关系具体为“领导—被领导”模式——上级政府支持和监督街道工作，街道服从上级管理和领导。

第二，厘清调整后街道办事处与地方政府各职能部门的关系。这并不是盲目推行街道的“去派出化”，而是要深度明确街道不接受上级各职能部门的不合理的任务下派和不合法的责任下压，上级职能部门不能直接领导街道管理工作，更不能过度干涉街道的任务安排。

第三，厘清调整后街道办事处与社区自治组织的关系。一方面，要按照精简、效能、清晰、便民的原则，建立街道办事处职责清单制度，规范化指导社区公共服务与管理，确定“指导—被指导”的管理模式。另一方面，也应当与时代呼应，根据疫情阶段的特殊性赋予社区工作更多权限，积极健全突发公共卫生安全事件的风险保障与社会防控体系，严格落实防控责任与措施，通过加强网格化管理弥补基层治理短板。

综上，撤镇（乡）设街和切块设街调整后，街道办事处在基层实践中不仅要扮演城市精准化管理的直接推动者，更要成为创新精细化社会治理的直接组织者。因此，不但要厘清街道办事处与基层自治机构、社会组织、有关职能部门和各层级政府的权责关系，而且要理顺区街、街居的上下互动关系，积极构建有益于街道管理的“横纵”关系网络，并广泛帮助民众清楚理解街道管理的运行机制和具体运作过程，搭建好基层人民政府和广大群众的沟通平台，做到“政清民明”。横纵关系的畅通是街道管理体制长久发展的实现路径，既保证上级适时下放权力、下移重心、下分资源，又方便街道更好地承接社区内服务、卫生、安全、环境、文化、教育等具体建设。

第三节 总结与展望：行政区划调整夯实基层治理的空间基础

行政区划作为国之大政，是构建现代国家治理体系的空间载体。但在改革开放以来至党的十八大之前，由于强调以经济发展为中心，使得包括行政区划管理在内的几乎所有重要领域都要服务于经济发展，表现出强烈的经济发展导向①。党的十八大以来，随着政府职能重心由以经济建设为中心转向全面发展，再加上党中央对基层治理工作在内的社会治理工作越发高度重视，行政区划管理工作也开始由单纯的强发展导向逐步向发展与治理并重转型。治理导向是基层行政区划调整的新思路，即以数据空间和信息技术为支撑，有效利用城镇化发展的规模效应加强行政区域界线管理，提升行政区划管理精细化、规范化、信息化水平，真正发挥区划管理优势，不断夯实基层治理的空间基础。

一 基层行政区划调整经验：善用属地管理推动治理优化

就属地管理体制而言，其实施的初衷主要是为了化解基层治理中的“条块”分割，更为清晰地界定地方和基层的权责，而属地管理的强化也是切实解决职责交叉问题的有效手段。就这一角度而言，权责明晰、简约高效的基层治理体系必须以规范化的属地管理为基本保障，而“飞地”的存在显然是一个明显的羁绊，“飞地”的集中整治是破除“属人”管理混乱无序的关键举措。与“飞地”的集中整治一致，撤镇（乡）设街和切块设街以“属地”为根本遵循划定地域整合基层结构，明确基层治理边界，确保行政区划所在区有效承担起本区内基层治理、服务、管理责任，理顺基层治理权责，提升城市管理能力。实事求是地说，只有科学、

① 赵聚军：《我国市辖区行政区划调整导向的合流与分野》，《天津社会科学》2018 年第 1 期。

客观且全面地看待和利用属地管理，才能真正发挥其治理效能。

由此可见，解决“飞地”、城乡混杂引发的街镇基层治理问题，已经成为完善基层治理体系、提升基层治理能力的过程中无法回避的重要课题。基层行政区划调整绝非一个简单的边界划分问题，而是直接关系到城市管理和基层治理的长远发展，无论是遍布全国的“飞地”治理，还是近年来备受推动的撤镇（乡）设街、切块设街，都明确将“提升城市管理的精细化水平”，尤其是将“缓解城乡接合部街镇在管理和服务中的城乡混杂问题”作为调整的主要政策目标，是新时代典型的基层行政区划调整行为，积极推动了以民为本、共治共享的基层治理格局的构建，全面提升了基层属地治理的精准化、持久化。与之相应，近年来各地针对“飞地”、撤镇（乡）设街、切块设街所进行的一系列调整举措都是对属地化管理体制的进一步贯彻与落实，其主要的政策目标就是为了更好地贯彻属地管理，落实基层属地责任。虽然调整实践存在一些问题，但考虑到上述改革实践主要是从基层治理与行政区划调整的结合处切入，突出行政区划调整对于优化基层治理的推动作用，与以往基层行政区划调整中反复强调的经济发展导向形成了鲜明的对比。

二　积极应对：针对性解决调整问题与实践盲点

就实质而言，基层行政区划调整从基层治理结构优化和治理能力提升切入，真正改善了一定区域内的“治理难”状况，真正解决了由于经济发展、城镇化推进等社会变迁带来的各种社会管理问题，然而从实践来看，很多地方的区划调整工作依然存在调整机制不成熟、结构不完善以及覆盖不全面等现实问题与挑战。因此，为充分发挥基层行政区划调整夯实基层治理的理想效用以及归纳基层行政区划调整的实践模式，亟须结合现实发展状况，基于科学性、可操作性的实践举措，构建有效应对举措。

首先，积极培育结构性调整互动机制。在明确行政区划调整具备捋顺社会治理结构功能的基础上，从立法决策、制度安排、机构设置等维度进一步完善行政区划与基层治理的联结互动机制。例如，完善以治理优化为导向的新型基层行政区划调整立法安排，从政策制度上构建市域内基层结构优化体系，统筹规划，并设置专门性机构负责基层行政区划调整的全流程推进，从制度延续性和部门专业性完善行政区划调整优化基层治理，发挥区划调整持久性治理效能。

其次，区划调整“类化”模式与“一事一议”制度并存。一方面，合理塑造区划调整“类化”模式。固定、单一的基层行政区划调整模式难以存在，且容易出现“一刀切”问题，然而针对当下基层行政区划调整的覆盖率以及现实调整情况，考虑调整效率和发展进程，有必要归纳分析不同城市的市域发展模式以及同一城市不同区域的现实特点，既总结调整问题的普遍共性，又分析实践情况的特殊难题，从历史渊源、建设规模、发展模式、未来方向等方面对不同城市及地域进行分析归类，构建同类地域行政区划调整数据资料库，为后续基层治理规范化、精细化创新提供切实可行的资料基础和实践条件。另一方面，为“老大难”区划调整设置“一事一议”制度。既需要通过“类化”模式提升发展与治理并重导向的区划调整效率，更需要针对诸如“不接壤飞地”、历史老城区街道增设等区划调整构建“一事一议”制度，结合区域现实状况，准确降低风险，避免管理问题扩大化，合理激发治理效能。

最后，完善调整实践模式以及后续保障机制，避免管理缺漏，规避后续历史遗留难题。实践结果一直是长久性的，因而不仅需要针对调整前和过程中的实践情况进行科学分析，更需要延长整治后的有效反馈机制，准确监控调整后基层区划结构情况，避免调整问题演化成为新的历史遗留难题。比如，各地在实践中有必要对调整所涉地域实时跟进调整后区划结构发展状况，针对民众普遍关心的就医、教育、养老等精细化治理内容展开持续性的补充完善。

三 不断完善“行政区划优化基层治理”的作用机制

步入新时代，在“两个一百年”的历史机遇期，中国面临治理体系与治理能力现代化建设的巨大重任，因而，新时代的行政区划工作应紧紧围绕社会治理全面发展这一主导任务展开，从空间治理优化的高度进行行政区划调整的规划布局。基层治理与人民群众的切身利益紧密相关，随着社会的发展和人民对生活水平、生活质量要求的提高，如何推动基层治理向更高水平、更高层次发展，已成为时代聚焦的议题。治理逻辑驱动区划调整着手治理痛处，即促进行政区划管理界限明晰，避免行政关系模糊、工作任务混乱、治理权责交叉，在优化基层整体结构的基础上激活基层治理动力。经济发展的质量要求、资源整合的全面需求、社会治理的精细创新共同构成基层行政区划调整的动力机制，只有积极发挥基层行政区划调整在优化社会治理中“画龙点睛”的作用，深入探究“行政区划如何优化基层治理”，不断搭建行政区划与基层治理双向互动的成熟体系，才能有效解决基层治理矛盾，汇集社会治理合力，完善城市建设与社会发展。

基层是城市建设的根本。未来需要根据基层社会实际情况规划治理路径，不断完善现代化社会治理与基层行政区划调整的互动体系，大力推动基层治理属地化，通过实现“治理优化”与“结构调整”有效互补的方式，切实促进中国基层社会的协同发展和基层社会发展空间的优化升级，进一步为基层治理现代化奠定发展基础。在中央和各地越发重视基层治理的背景下，考虑到当前基层行政区划设置与调整问题在国内大中城市的普遍存在，相关实践显然具有一定程度的引领和示范意义。就此来看，系统探讨行政区划调整与基层治理优化的双向互动关系，尤其是行政区划调整如何更好地服务于推动治理重心向基层下沉、发挥属地管理的积极作用、提升基层治理的精细化程度、夯实基层治理的空间基础，具有重要意义，值得开展更为深入的研究。

第八章

社会安全治理现代化视域下的基层矛盾化解机制优化路径

优化基层矛盾化解机制是防范社会安全风险的现实所需、降低社会安全治理成本的必行之举，也是维护社会公平正义和平安稳定的基本保障。同样，在优化超大特大城市基层社会整合机制、推动基层治理体系现代化的进程中，高效而经济的矛盾化解机制亦是十分关键的保障条件。本章基于社会安全治理追求党政主导和强调多元参与的双维趋向，借鉴韦伯的“理想类型法”，对2017—2021年涌现出的23个典型创新案例，从实践内容、基本特征和发展趋向三个方面进行了具体的考察，进而归纳出优化基层矛盾化解机制的实践路径。

第一节　研究问题

一　问题的提出

党的十八大以来，社会安全作为国家总体安全体系的重要组成部分，受到了中央的高度重视。“社会安全与人民群众切身利益关系最密切，是人民群众安全感的晴雨表，是社会安定的风向标。”[①] 党的十九届五中全会通过的《中共中央关于制定国民经济和社会发展第十四个五年规划和二〇三五年远景目标的建议》提出，要维护社会稳定和安全，正确处理新形势下人民内部矛盾，并构建源头防控、排查梳理、纠纷化解、应急

① 《总体国家安全观学习纲要》，学习出版社、人民出版社2022年版，第96页。

处置的社会矛盾综合治理机制[①]。在2023年中共中央办公厅印发的《关于在全党大兴调查研究的工作方案》中，亦将处理新形势下人民内部矛盾和强化社会治安整体防控的主要情况和重点问题作为全党大兴调查研究的12个主要方面之一。可见，推进社会安全治理现代化不仅直接关乎民生福祉，更是贯彻落实总体国家安全观和"统筹发展与安全"战略部署的重要举措，是实现社会治理现代化的关键环节。尤其是考虑到当下各种社会矛盾已经成为十分突出、棘手的问题[②]，我国已进入多种社会安全问题不断显露和叠加的风险社会，各类风险的跨界性和关联性不断增强[③]，进一步凸显了社会安全治理的紧迫性和重要性。

作为社会安全治理中的基础性领域，基层矛盾纠纷能否及时、有效地化解，不仅关乎国家长治久安和社会秩序和谐稳定，更关乎人民群众的幸福感、获得感、安全感和对党的全面领导地位的感知与认同。这主要是因为，当前绝大多数社会安全事件源于作为人民内部矛盾的基层矛盾纠纷。具体而言，当前基层社会安全治理中常常面临着大量因社会主体维权意识日益提高和利益分化而产生的非敌我性、非对抗性的矛盾纠纷，典型如婚姻家庭纠纷、邻里纠纷、生产经营纠纷、劳动争议纠纷、村务管理纠纷、山林土地纠纷等[④]，且具有主体多元化、内容复合化、调处疑难化、矛盾易激化等突出特点[⑤]。因而，在建设更高水平的平安中国、实现社会安全治理现代化的目标之下，各地围绕基层矛盾纠纷化解进行了大量摸爬探索，各类基层矛盾化解机制"百花齐放"，典型经验做法如践行枫桥经验、源头治理、多调对接、社会心理服务等。

与之相对应的是，学界近年来围绕基层矛盾化解与社会安全治理现

---

① 《中共中央关于制定国民经济和社会发展第十四个五年规划和二〇三五年远景目标的建议》，《人民日报》2020年11月4日第1版。

② 张文显：《习近平法治思想研究（上）——习近平法治思想的鲜明特征》，《法制与社会发展》2016年第2期。

③ 王龙、隋玉龙：《公安机关在社会安全治理现代化中的新角色和新机制》，《智库理论与实践》2023年第1期。

④ 章荣君：《"微治理"：基层社会矛盾源头预防的有效机制——基于常熟市H社区"微治理"的案例分析》，《理论与改革》2017年第4期。

⑤ 郭志远：《我国基层社会矛盾预防与化解机制创新研究》，《安徽大学学报》（哲学社会科学版）2014年第2期。

代化进行了颇多研究，但也存在明显的提升空间：有关社会安全治理现代化的研究尚停留在内涵阐释阶段，对于具体实践路径缺乏系统性的探讨；有关基层矛盾化解的研究则更为关注具体的对策探讨，比如对于以干群矛盾、土地纠纷、邻里纠纷为主的乡村矛盾纠纷，已有研究提出了制度化“政府兜底”[①]、重建农村社会资本[②]、构建民生法治体系[③]、外部力量介入[④]等多种化解方式，但上述研究多是基于特定时空的单案例研究，在代表性和对策方案设计的推广性等方面存在先天不足。而且，对于实务中所涌现出的多种创新机制，鲜有文献从类型学角度，较为宏观地概括和把握基层矛盾化解机制的不同类型，以及构建与优化的整体图景和基本面向。“社会安全治理的核心在于化解与调处社会矛盾”[⑤]。因此，针对上述研究不足，本章将基层矛盾化解机制的构建和完善置于社会安全治理现代化的宏观视域之下，在厘清基层矛盾化解机制优化必要性的基础上，借助于韦伯提出的“理想类型法”[⑥]，对近年来各地涌现出的基层矛盾化解典型创新案例进行类型学考察，并从理论层面归纳其中的共性与个性，为实务工作提供借鉴。

二 优化基层矛盾化解机制的必要性

社会不安全在很大程度上源自基层矛盾的扩散与累加，以及由此诱发的群体性事件乃至公共危机。优化基层矛盾化解机制正是对社会不安全的治理回应：在党的全面领导和支持下，整合与协调多方资源和力量，

---

① 杨华：《“政府兜底”：当前农村社会冲突管理中的现象与逻辑》，《公共管理学报》2014年第2期。

② 姚亮：《农村社会资本的嬗变与社会矛盾的消解》，《甘肃社会科学》2012年第6期。

③ 陈荣卓、颜慧娟：《民生法治视域下农村社区矛盾纠纷治理之道》，《华中农业大学学报》（社会科学版）2016年第1期。

④ 王海侠、李行、温铁军：《外部力量介入下的农村基层矛盾化解——基于内蒙古GZ村的考察》，《贵州社会科学》2016年第1期。

⑤ 彭向刚、刘振军：《论我国社会安全治理现代化的推进路径——以矛盾论为分析工具》，《理论探讨》2020年第4期。

⑥ 所谓“理想类型法”，可以理解为研究者基于现实社会的一种主观建构，体现着某一时代社会文化现象的内在逻辑和规则，具有一定的抽象性，并不完全等同于现实社会，其为比较在某几方面具有共性的现象提供了可能，是一种用来研究社会现象的分析工具。参见周晓虹《理想类型与经典社会学的分析范式》，《江海学刊》2002年第2期。

不仅可以有效防范由基层矛盾纠纷所引发的社会安全风险，而且可以通过及时介入将矛盾纠纷化解在源头，使各类矛盾纠纷最大程度上在体制内得到妥善解决和终结，防止事态进一步升级与恶化，从而降低社会安全治理成本、维护社会公平正义和平安稳定。

（一）优化基层矛盾化解机制是防范社会安全风险的现实所需

一定程度上，社会矛盾纠纷虽然属于不均衡社会关系的现实表现，但也是社会运行的基本构成之一①。换言之，危及社会安全的矛盾纠纷往往蕴含于社会运行过程之中，很难完全避免。当下，我国正处在“深刻的制度转轨和社会转型关键期”②，客观上加剧了基层矛盾的萌生。一方面，随着社会结构、城乡结构、就业结构和人口结构的变迁，原来的熟人社会、人情社会、封闭社会、单一社会正向陌生人社会、法治社会、开放社会、多元社会转型③，基层社会的利益关系网络也随之开始发生系统性变化，社会矛盾纠纷随之进入多发期。从数量上来看，全国 70 多万个人民调解组织每年调解矛盾纠纷达 900 多万件④。

另一方面，随着近年来包括食品安全、生命财产安全、恐怖主义、金融危机、重特大传染病等在内的非传统安全问题不断显现，“不仅威胁国家内部社会和政权稳定，也影响国家现代化的整体进程”⑤。比如，作为非传统安全问题典例的新冠疫情在对深度全球化带来巨大冲击的同时，也一度对我国的社会经济运行造成了严重影响⑥，对民众社会心理也产生了一些非积极影响，人民群众变得更加“敏感”，基层矛盾被进一步地激化、放大⑦。又如，由非传统安全因素引发的城市突发事件往往与社会矛

① 陆益龙：《快速转型期城市社会易发矛盾纠纷及其化解机制》，《人文杂志》2013 年第 12 期。

② 马亮：《数字政府建设：文献述评与研究展望》，《党政研究》2021 年第 3 期。

③ 郑会霞：《新时代社会治理面临的新挑战与应对之策》，《中州学刊》2019 年第 7 期。

④ 韩飏：《司法部：全国 70 多万个人民调解组织　每年调解矛盾纠纷 900 多万件》，中青在线网站（http：//news. cyol. com/gb/articles/2021 – 09/24/content_veo7Oul5W. html）。

⑤ 程新斌、王静姝、唐啸：《国家能力与非传统安全——基于新冠肺炎疫情的再思考》，《当代世界与社会主义》2020 年第 4 期。

⑥ 余潇枫、潘临灵：《“非常态危机”识别与防控——基于非传统安全的视角》，《探索与争鸣》2020 年第 4 期。

⑦ 安慧影、黄朝峰：《后疫情时代中国基层社会的整体性治理研究》，《社会科学》2021 年第 8 期。

盾紧密相连，相伴相生[①]，并经由互联网产生“放大效应”，进而造成民众积怨或负面舆论广泛传播。两相叠加之下，社会矛盾纠纷多发，极易诱发和加剧基层社会安全风险。虽然当前绝大多数基层矛盾属于民事纠纷，但部分形成原因和法律关系纷繁复杂，化解难度大，呈现出“剪不断、理还乱”的状态。而且，由于“父爱式维稳”依然未被彻底扭转，政治上又要求“对群众有求必应”，导致“基层社会的任何事项都可能成为信访的事项”[②]，并通过属地管理原则最终流向基层政府。在给基层政府带来巨大压力的同时，也极易成为影响社会安全稳定的潜在因素。

（二）优化基层矛盾化解机制是降低社会安全治理成本的必行之举

随着基层矛盾纠纷数量的大幅增加和类型的扩展，治理难度和成本也在不断增大，以低成本、高效率为显著特征的基层简约治理体系已经难以维系[③]，处理矛盾纠纷的低成本时代已然过去。一方面，社会安全治理的高成本首要表现为司法成本的高企不下。以进入民事诉讼渠道的矛盾纠纷为例，诉讼成本往往包含了项目繁杂的法院费用、高额的律师费用、琐碎的调查费用等[④]。从时间成本来看，民事诉讼程序复杂烦琐，即便运用简易程序，最短也要持续数十天。另一方面，社会安全治理的高成本还表现为行政成本的高耗费。以信访维稳为例，每年党政口（不含人大及法院、检察院、纪委等系统）的信访总量在1000万以上[⑤]，由检察机关接收的涉法涉诉信访则年均保持在100万件左右[⑥]。有研究表明，为处理信访疑难纠纷，仅赴京接上访人一次就需派出包案领导、综治工

---

① 吴志敏：《新媒体视域下城市突发公共事件的风险治理》，《甘肃社会科学》2017年第5期。

② 王裕根：《依法分类治理信访诉求：实践困境、内在张力与优化路径》，《理论导刊》2020年第2期。

③ 现有研究表明，简约治理在城市基层治理和乡村基层治理中均受到了诸多挑战，并需对近年来持续不断的基层治理困境负责。参见张紧跟、谢梦迪《城市基层简约治理何以失效——以G市L区城市协管为例》，《中共福建省委党校学报》2016年第7期。

④ 王福华：《论民事司法成本的分担》，《中国社会科学》2016年第2期。

⑤ 刘正强：《重建信访政治——超越国家“访”务困境的一种思路》，《开放时代》2015年第1期。

⑥ 《信访总量高位运行》，最高人民检察院官网（https：//www.spp.gov.cn/spp/zdgz/202110/t20211021_533010.shtml）。

作人员、基层民警及村社干部4—5人，交通住宿费用则多达6000—7000元[①]，消耗了基层政府大量人力、物力、财力。

可见，社会安全治理的高成本现状亟须实现基层矛盾纠纷的及时高效和低成本化解，防止出现因“国家减少或取消资源反哺，基层社会问题就会因为缺少有效化解机制而不断喷涌，从而增加国家的治理风险和治理成本”的后果[②]。对于基层政府而言，通过整合多方调解资源，构建运行成熟、稳定有效的矛盾纠纷化解机制，逐渐能以较小的成本代价取得良好的治理效果。以司法调解为例，如果在调解结案后，双方当事人均不再上诉和上访，就会解除很多后顾之忧，既稳定了社会，又能节约司法和社会资源[③]。又如，因具有便利性、及时性、法律效力等特征，人民调解对于家庭矛盾、邻里纠纷、民间借贷等纠纷具有明显优势[④]，往往可以通过“动之以情，晓之以理”等柔性方式花费较少的时间和费用而圆满解决矛盾纠纷。

（三）优化基层矛盾化解机制是维护社会公平正义的基本保障

社会安全治理的主要任务之一是促进社会公平正义[⑤]，那么作为推动社会安全治理现代化的关键所在，基层矛盾化解机制理应将维护社会公平正义作为基本价值导向。然而在实践中，面对大量矛盾纠纷，基层政府迫于“一票否决”的考核压力和维稳压力，常常会选择“各打五十大板”“政府兜底”等方式进行干预和处理，看似“公平”地快速解决了矛盾争端，但往往进一步模糊了可能原本就较为复杂的矛盾纠纷事态，利益关系也更加难以协调，导致部分民众认为自身没有得到公平对待，从而产生非公平正义感。换言之，这使得本就由社会成员之间现实利益

---

① 张紧跟、周勇振：《信访维稳属地管理中基层政府政策执行研究——以A市檀乡为例》，《中国行政管理》2019年第1期。

② 李祖佩、钟涨宝：《分级处理与资源依赖——项目制基层实践中矛盾调处与秩序维持》，《中国农村观察》2015年第2期。

③ 肖扬：《充分发挥司法调解在构建社会主义和谐社会中的积极作用》，《求是》2006年第19期。

④ 汪世荣：《“枫桥经验”视野下的基层社会治理制度供给研究》，《中国法学》2018年第6期。

⑤ 寇丽平：《疫情防控常态化背景下推进社会安全治理现代化》，《中国应急管理科学》2022年第1期。

分配不公引起的矛盾纠纷，再经调解介入之后，又产生了新的利益失衡。同时，上述处理方式也催生了民众“小事闹大”的行动逻辑，以致“信上不信下”“信闹不信理”“信访不信法”等非理性、不公平现象层出不穷。且现有研究已表明，个体的矛盾遭遇会显著影响社会公平感和社会安全感，并产生不同程度的生存性焦虑，在一定程度上引发社会心理危机①。据此，就需要在优化基层矛盾化解机制的过程中高度重视公平感的培育和提升，向社会传达公平正义，努力让社会民众在每一起矛盾纠纷化解中都能感受到公平正义，体认社会安全治理成果。

第二节 基层矛盾化解机制的类型学考察

一 基层矛盾化解机制的分类标准

社会安全治理作为社会治理的重要领域，同样需要遵循“共建、共治、共享”的治理原则。基于这一理念，可以发现当下社会安全治理显现出独特的双维趋向：一方面，追求党政主导，“始终需要国家或政府的积极介入和系统干预”②；另一方面，又强调多元主体参与，力求形成党政机关主导下包括市场主体、社会组织、广大民众等在内的复合参与模式③。作为社会安全治理的关键组成部分，基层矛盾化解机制同样呈现出上述趋向：不仅需要注重发挥党委政府的主导作用，同样也强调多元参与，以期充分发挥多元主体的治理优势和专业力量。

基于我国社会安全治理的双维发展趋向，本章以党政力量和社会多元主体力量的参与度，作为基层矛盾化解机制类型学划分的基本维度。其中，“党政力量”主要指向投入基层矛盾化解的党政力量和资源，主要关注的是党政力量在矛盾化解机制中所发挥的作用强弱。“社会多元主体力量”则主要指向社会组织、民众等社会多元主体。按照这一划分思路，

---

① 朱志玲：《矛盾遭遇对基层政府评价的影响——以社会公平感、社会安全感为中介变量》，《华东理工大学学报》（社会科学版）2018 年第 5 期。

② 李宏：《公共财政支出的社会安全治理效应：理论逻辑、实证检验与动态分析》，《宁夏社会科学》2019 年第 2 期。

③ 张旭、朱笑延：《高质量发展语境下的社会安全治理现代化研究》，《中国特色社会主义研究》2020 年第 1 期。

可以得到四种理想类型的基层矛盾化解机制（参见表8－1）。需要说明的是，上述划分并非绝对，比如在自治型基层矛盾化解机制中，党委政府并不是“缺位”，而是仍发挥了一定的指导和支持作用。需要说明的是，“治理失序”这一类型仅为理论逻辑推演的结果，现实中并不具有被建构的可能性，亦非本章研究重点。

表8－1　　基层矛盾化解机制的类型学划分

		社会多元主体力量	
		强	弱
党政力量	强	共建共治型解纷机制	党政主导型解纷机制
	弱	自治型解纷机制	治理失序

为反映最新治理成效，本章选取了2017—2021年期间全国创新社会治理典型案例征集活动中①，以基层矛盾化解为主题或基本内容的最佳案例和优秀案例（参见表8－2），并通过本章所归纳的类型划分维度，具体考察上述典型案例中基层矛盾化解的实践内容、基本特征和发展趋向。

表8－2　　基层矛盾化解的典型实践案例

编号	案例名称
A1	湖北省武汉市武昌区：“红色业委会”化解纠纷
A2	河南省商丘市虞城县：微治理撬动大综治
A3	江苏省淮安市：阳光信访网络时代的治理新路径
A4	上海市浦东新区：探索人民调解专业化
A5	安徽省合肥市：法治思维改善民生
A6	重庆市永川区：“乡贤评理堂”构建乡村善治新格局

① 全国创新社会治理典型案例征集活动由人民网与中共中央党校（国家行政学院）联合举办，旨在通过发掘先进典型和总结提炼成功做法，探索具有中国特色、时代特征、可推广借鉴的社会治理经验。在评审程序上，先由广大网友对入围案例进行公开投票，然后由来自全国人大、中组部、中宣部、中央政法委和中共中央党校（国家行政学院）等单位的专家依照创新性、实效性、真实性等原则集中评审。因此，获奖案例均具有较强的典型性、权威性以及治理示范意义。文中所列相关经验事实，凡是案例资料，不再一一注释。

续表

编号	案例名称
A7	山西朔州市朔城区："朔城街坊"铺就基层共建共治共享治理之路
A8	重庆市南岸区：创新"三调合一"机制践行"枫桥经验"
A9	浙江省舟山市普陀区：探索推进社会治理领域"最多跑一地"
A10	广东深圳市光明区：建设法治城区"群众诉求服务三个一"平安工程
A11	河北省邯郸市复兴区：用人民调解筑牢和谐稳定"第一道防线"
A12	安徽宿州市：构建"三说一听"矛盾纷争化解机制
A13	山西省朔州市朔城区："朔城街坊""1+4"警务模式激发基层社会治理新活力
A14	山东省济宁市兖州区：创新社会治理"综治中心（雪亮工程）+"
A15	安徽省合肥市：综合施策多管齐下努力化解房地产领域矛盾纠纷
A16	山东省济宁市嘉祥县：建立"平安周例会"打造新时代"枫桥经验"嘉祥版
A17	广东佛山市南海区：构建"147"矛盾纠纷多元化解工作机制
A18	福建南平市：创新突破整治库区用电秩序打造新时代"枫桥经验"南平样板
A19	山东省淄博高新区：以"速裁+特邀调解"机制助力矛盾纠纷多元化解
A20	江苏省无锡市江阴市：构建矛盾纠纷化解共同体 激发基层社会治理新动能
A21	湖南涟源市：群众说事、屋场共治——"屋场会群众工作法"基层治理实践探索
A22	湖南长沙高新区：源头治理、系统施策，打造产业园区农民工维权"麓谷"模式
A23	广东省总工会：构建一站式多元解纷机制

二 共建共治型解纷机制

共建共治型解纷机制是指在基层矛盾化解中，党委政府凭借政治优势和行政资源，充分发挥自身积极作用，站在矛盾纠纷化解的"第一线"，同时最大程度吸纳群团组织、自治组织、企业、公众等社会多元主体的参与，由此凝聚起矛盾纠纷化解的多方合力与智识。这一类型的特点是，社会多元主体嵌入治理网络的程度高，机制的构建、治理方式的应用等由党委政府和社会多元主体共同创制，多元主体间呈现为一种合作伙伴关系，体现了广泛的多元治理精神。从所获取的经验材料来看，A1、A4、A5、A7、A8、A10、A11、A13、A14 等案例均属于共建共治型解纷机制，其表现形式和具体做法主要包括以下四种。

其一，通过"党建+多元主体"的形式引领基层矛盾化解。以 A1 案例为例，武汉市武昌区通过推进业委会党组织建设来化解社区内部各类矛盾纠纷。在业委会党组织建设方面，街道党工委和社区党组织督导帮助业委会组建党组织，并通过“双向进入、交叉任职”来强化业委会党组织建设[①]；在业委会组建和管理方面，通过加强遴选“红色先锋”，切实把社区“两委”成员、机关企事业单位在职党员、优秀志愿者等推荐为业委会候选人；在业委会运行管理方面，加强街道党工委、社区党组织对业委会的监督与考核，健全业委会管理机制，逐步提高业委会的服务水平。又比如在 A7 案例中，山西朔州市朔城区推动完善街道大工委、社区大党委、网格党小组建设，建立党员包片联系制度，常态化排查化解矛盾纠纷。

其二，通过强化人民调解来推进矛盾纠纷化解。人民调解依托于村（居）委会组织，具有群众性和自治性，属于一种民间纠纷解决机制[②]。实践中，人民调解的有效性建立在人力、物力、财力获得国家权力全面支持的基础之上，并被整合到国家治理的权力网络中[③]，成为窥探矛盾纠纷多元共治的重要窗口。比如在 A4 案例中，上海浦东新区整合全区行业性、专业性人民调解资源，集约使用硬件设施，打造了全国首家专业性人民调解平台，并为调解员提供职业规划和培训。在 A11 案例中，邯郸市复兴区升级人民调解，在村（居）、乡、区三级推进民调组织全覆盖，并在矛盾纠纷相对集中的劳动争议、商品消费、征地拆迁、物业管理等领域组建专业性人民调解组织，同时对人民调解员开展业务培训和绩效考核，不断提升其专业调解能力和工作主动性。

其三，通过“一线化解，分级负责”来推进矛盾纠纷治理。以 A16 案例为例，嘉祥县在村居、镇街、县级三个层面推行“平安周例会”制度，分别成立矛盾纠纷分析研判小组，对排查出的矛盾纠纷动态管控、逐级化解。在村居一线，平安周例会由村居党组织书记、调委会和治保会成员、网格员、“五老”人员等参加，对排查出的矛盾纠纷及时进行化

---

① “双向进入、交叉任职”主要是指推荐业委会中的党员担任社区区域化党组织成员，挑选优秀的业委会主任担任居委会兼职委员，同时推动符合条件的社区党组织书记、副书记和居委会主任通过法定选举程序兼任业委会主任。

② 范愉：《社会转型中的人民调解制度——以上海市长宁区人民调解组织改革的经验为视点》，《中国司法》2004 年第 10 期。

③ 何永军：《乡村社会嬗变与人民调解制度变迁》，《法制与社会发展》2013 年第 1 期。

解，将疑难纠纷提请至镇街平安周例会分析研判。镇街平安周例会对村居提交的辖区矛盾纠纷进行集中分析研判，并明确责任单位、化解措施和化解时间，对于重大矛盾纠纷则及时向上级领导和部门报告。县级平安周例会由县社会治理协调中心召集，综治成员单位参加，对镇街提交的重大疑难矛盾纠纷进行会商研判，组织多方力量共同化解。

其四，通过完善制度化参与渠道来推进基层矛盾化解。为社会多元主体提供稳定的制度化参与渠道，并合理引导其发挥作用，成为共建共治型解纷机制构建过程中的一个关键问题。以 A17 案例为例，广东省佛山市南海区在镇（街道）成立区级调解专家库和镇级调解专家库，广泛吸纳各行业具有专门知识或特定经验的专家人才，并组建调解志愿者队伍，邀请“两代表一委员”、“五老”人员、专家学者、专业技术人员、城乡社区工作者等参与其中。对于调解人员队伍，通过设立准入门槛、工作职责、职业规范和纪律、遴选和聘用机制对其加强建设与管理，同时制定《关于构建共建共治共享的社会矛盾纠纷多元化解工作机制的意见》《南海区个人调解工作室管理试行办法》《南海区扶持社会第三方力量调解组织发展试行办法》《南海区调解员和调解专家管理办法》，为社会多元主体参与矛盾纠纷化解提供制度基础。

三 党政主导型解纷机制

党政主导型解纷机制强调党委政府在基层矛盾化解中发挥主导作用，其要点是在党委政府统筹领导下，整合横向多部门行政力量和协调纵向多层级调解资源直接进行矛盾纠纷治理。与共建共治型解纷机制、自治型解纷机制相比，党政主导型解纷机制主要由党委政府创设，社会多元主体呈现出“弱参与”的格局，其组织化参与程度低，且参与范围有限。从经验材料来看，A2、A3、A9、A15、A18、A19、A22、A23 均属于党政主导型解纷机制，主要做法包括以下三种。

其一，通过“智能式解纷”高效率化解基层矛盾。智能式解纷的重点在于将互联网、大数据、人工智能等现代信息技术深度嵌入矛盾纠纷治理之中，通过构建线上解纷平台或系统来提升矛盾纠纷化解效能。以 A3 案例为例，江苏省淮安市顺应大数据时代发展趋势，充分运用信息网络技术，在全国首创集信访投诉、查询、服务、分析、监督、管理等功能于一体的信访综合服务管理系统（即“阳光信访”）。该系统内含矛盾纠纷排查研判、办理服务、满意度评价、人民建议征集、社会治理、责任信访等多个模块，在全市9个县区、147个乡镇街道和400多个职能部门布设终端，有效地把城市与农村、市民与农民、部门与基层融合在一起。同时，淮安市将“阳光信访”的经验制度化，建立相应的预防机制、投诉机制、监督机制、评价机制和信息资源共享机制等，致力于为群众提供更加优质高效的信访服务。

其二，通过“一站式集约解纷”推进基层矛盾便捷化处理。一般而言，一件矛盾纠纷的化解往往涉及多个部门，如征地拆迁纠纷的化解至少需要协调财政、国土、住建、人社等多个职能部门[①]。因此，各地往往选择组建实体化“矛调中心”或“矛调大厅”，整合信访、法院、公安、民政、人力社保、卫生健康等多部门力量进驻，通过统一受理和集中处置来解决群众在矛盾纠纷化解过程中多头跑、重复跑、反复跑的问题。A9案例即为“一站式集约解纷”的典型。在该案例中，舟山市普陀区全面升级原有的矛盾纠纷调处中心，统筹协调15个部门建立集矛盾化解、诉讼服务、信息指挥于一体的社会治理综合服务中心，设立诉讼服务、医患纠纷、劳动纠纷等15个办事窗口，并吸纳海事渔事、医疗纠纷、劳动争议等12个专业性、行业性调解组织，推动矛盾纠纷的一门受理和一站解决。比如，通过推行“一窗受理，兜底化解”有效避免了部门间推诿扯皮的问题，其做法是在中心大厅设立综合窗口，统一受理群众矛盾诉求，根据诉求所属类别和性质流转到相应窗口办理，对责任不清的矛盾诉求则由中心统筹协调处置，发挥兜底作用。

其三，在特定领域或针对特定类型矛盾纠纷，由党委政府发挥“集中力量办大事”的体制和制度优势，通过构建相应的工作机制来推进矛盾纠纷的快速高效处置，以保障社会安全稳定。比如在A15案例中，安徽省合肥市针对辖区内房地产领域矛盾纠纷，积极发挥主管部门、综治网格化管理的优势，加强对房地产市场信息、维稳信息的监测，力求将可能引发纠纷的不稳定因素化解在萌芽之中。同时，由党委政府牵头，

---

① 曹海军、鲍操：《系统集成与部门协同：基层社会矛盾纠纷化解的流程再造与治理效能——以浙江省A县“矛调中心”为例》，《天津行政学院学报》2020年第6期。

建立由政府相关部门组成的矛盾纠纷化解协调联动机制，并聘请律师等社会专业人士担任人民调解员，引导房地产领域纠纷依法化解。又如在A22案例中，湖南长沙高新区充分发挥住建部门作为行业主管部门的核心作用和人社、党群、综治公安、街道等部门的支撑配合作用，以“事前、事中和事后”全过程管理化解辖区内农民工维权问题。

四 自治型解纷机制

在社会安全治理中，自治型解纷机制强调人民群众是发现和解决基层矛盾的“第一人”，其核心要义是依靠群众和发动群众就地解决矛盾纠纷，维护社会安定。这一机制的主要特点是在党委政府的领导支持下，由人民群众、社区精英、新乡贤等作为治理基本力量，通过合理利用传统文化、本土治理资源和内生治理规则来推动矛盾纠纷化解。在自治型解纷机制中，党委政府并非“缺位”，而是提供了一定的工作指导和支持，以及必要的资源支撑。从典型案例来看，A6、A12、A21三个案例中基层矛盾化解机制的重心均在于“民事民议、民事民管”，因此可大致归入自治型解纷机制。以A6案例为例，重庆市永川区以“爱国爱家、勤劳善良、崇德尚法、诚信重义、见贤思齐”为条件标准，在全区推选出1009名新乡贤，并从中遴选出107名具备法律知识、善于调解纠纷、热心公共事务的乡贤评理员，并在此基础上组建“乡贤评理堂”，专门用于普及法律知识、调解矛盾纠纷、反映社情民意。当前，乡贤评理堂已成为永川区动员组织群众和化解矛盾纠纷、坚持经济发展与平安建设并重的重要载体。对于基层矛盾纠纷，乡贤评理堂的主要做法包括以下三个方面。

首先，坚持法治思维和法治方式，赋予乡贤评理员、普法宣传员、人民调解员职责，使乡贤评理堂成为坚实的矛盾纠纷化解和普法宣传平台。在具体的矛盾纠纷化解中，乡贤评理员通过讲法理、讲情理、讲道理的方式引导群众遇事找法、解决问题用法。以永川区临江镇隆顺村的乡贤评理堂建设为例，该村曾是全镇矛盾最为集中的区域，通过乡贤评理员“事事讲法、处处普法”的不断努力，邻里矛盾纠纷得到有效化解。

其次，深化德治维护公序良俗，减少矛盾纠纷的产生和激化。乡贤评理员在当地基层群众中具有较高威望，其一言一行均可以带动良好家风、民风和乡风的形成。乡贤评理员通过日常宣讲、动员等方式，促进孝老爱亲、崇德尚法等观念深入人心，在营造淳朴民风、文明乡风，维护公序良俗的同时，充分发挥了社会价值规范对基层矛盾的预防化解作用。

最后，激发民主活力，以自治促进矛盾纠纷化解。乡贤评理员贯彻“从群众中来，到群众中去”的工作方法，在矛盾纠纷化解中充分发挥自身“进得了家门、坐得下板凳、拉得上家常、建得起感情”的优势，积极推进民事民议、民事民办。

第三节　优化基层矛盾化解机制的实践路径

基于上述类型学的考察可知，在当下矛盾纠纷化解中，构建共建共治型解纷机制已成为一种潮流，在 23 个案例中，共有 12 个案例是此类型，表明党和政府在社会安全治理领域的治理理念和方法已发生了切实转变，“共建、共治、共享”已成为应对基层矛盾纠纷的指导原则和基本方略。同时，有 8 个案例属于党政主导型解纷机制。从这 8 个案例中可以看出，对于特定领域和特定类型矛盾纠纷，党政主导见效快，能迅速处置相关问题。但也需要看到，由多个职能部门联合推动虽能有效遏制并解决矛盾纠纷，但多具有临时性，一旦推动力度放缓，则极有可能面临相同矛盾纠纷“卷土重来”的困境。此外，有 3 个案例属于自治型解纷机制。这一机制能有效激发基层社会安全治理中的自治活力，且自治主体本身的道德特质以及其对地方性知识、村规民约的灵活运用，也进一步确保了矛盾纠纷化解的良好效果。但也应注意，自治型解纷机制的运行往往需要一定的制度性规约和法治保障，以防止其向“人治”倾斜。

进一步对上述所列典型案例进行内容分析和逻辑归纳可以发现，尽管各种基层矛盾化解机制之间存在着差别，但仍具有一定的共性。首先是基层矛盾纠纷化解的价值建构。价值建构保证了化解的价值立场和正确方向，是统摄基层矛盾化解机制构建与优化的“灵魂”，参与化解的各方主体必须在其约束下寻求治理效率以及化解方式。其次是基层矛盾纠纷化解的现实依托，主要涉及基层党建以及多元主体在党组织领导下如何进行协同合作，基层党建保证了治理过程中对多元主体的政治引领，是基层矛盾化解机制构建与优化的关键与核心，并通过吸纳与服务等方式，在社会安全治理场域形成了“一核多元”的良性治理格局。再次是基层矛盾纠纷化解的主要策略选择。策略选择集中体现了基层矛盾纠纷的治理工具偏好和治理基本思路，主要涉及以情法结合的方式来实现矛盾纠纷的高质量化解。最后是基层矛盾纠纷化解中的技术应用。来自现代数字技术的应用与赋能为政府等行动主体实现既定治理目标提供了“一种新的方法、路径或可能性”①，意味着行动主体社会安全治理能力的激发和提升，主要涉及如何顺应时代趋势在化解实务中更好地嵌入新技术以进一步提升治理效能。因而，基层矛盾化解机制可看作由治理理念、治理主体、治理方法、治理技术等四个方面的共性要素构成。为更好地为实务中社会安全治理和基层矛盾的有效化解提供借鉴，本节基于上述共性要素为未来基层矛盾化解机制的优化提出建议。

一 坚持“以人民为中心”：基层矛盾化解机制的价值底色

“以人民为中心”是马克思主义的根本立场，是中国共产党不忘初心、牢记使命的时代要求，是习近平新时代中国特色社会主义思想的核心内容，是我国国家制度和国家治理体系具有的显著优势②，具有以人民为本、以人民为先、以人民为主等深刻内涵③。作为维护社会安全稳定、解决群众合理合法诉求、保障群众切身利益的重要举措，基层矛盾化解机制显然应将“坚持以人民为中心”作为价值旨归，在治理目标的设定、治理技术的选择、治理过程的设计等方面应始终以人民为本、以人民为先、以人民为主，推动实现社会安全治理由被动维稳到主动创稳、由压制性维稳到疏浚性维稳的制度性优化。

具体而言，以人民为本，要求基层矛盾化解应紧紧围绕满足人民群众对社会平安稳定、公平正义等方面的需求展开，不断满足人民群众对美好生活的向往，以有效、稳定的机制建设常态化地解决问题，避免过

---

① 关婷、薛澜、赵静：《技术赋能的治理创新：基于中国环境领域的实践案例》，《中国行政管理》2019 年第 4 期。

② 欧阳康、赵琦：《以人民为中心的国家治理现代化》，《江苏社会科学》2020 年第 1 期。

③ 何艳玲：《中国行政体制改革的价值显现》，《中国社会科学》2020 年第 2 期。

度依赖运动式治理方式，否则会因“做法随机性、不确定性过强”而积累、催生更多的社会矛盾问题①。以人民为先，要求基层矛盾化解要在“不出事”的维稳逻辑与“闹大维权”“自上而下”的服从型管理倾向与“自下而上”的权益诉求等多种价值冲突之间优先维护好、协调好当事人的合法利益。考虑到基层矛盾的复杂性和广大欠发达地区治理资源的紧缺性，基层矛盾化解应秉持底线思维，在具体的化解中即便不能进一步增进人民福祉，也应避免人民群众在这一过程中丧失幸福感、安全感和公平感。以人民为主，要求基层矛盾化解应充分发挥基层群众的自治作用，“尊重人民群众的首创精神，鼓励群众和社会力量基于生产生活及人际关系恢复和矛盾化解的需要进行自觉创造”②，如可依托人民调解委员会成立个人调解工作室、社区法律服务室、居（村）民协商议事室等基层矛盾化解自治组织，推动实现矛盾纠纷的自我管理、自我消化和自我解决。

二　深化党建引领：基层矛盾化解机制的根本依托

“党政军民学，东西南北中，党是领导一切的。”③ 在社会安全治理中，党居于领导核心地位，负责统筹协调和督促指导，并以嵌入与吸纳、组织与服务等方式将自身嵌入社会安全治理的场域之中，通过“政党在场”将多方主体联结和聚合起来，在基层社会形成了矛盾纠纷化解的治理合力。从现有实践来看，基层党建有效发挥了基层党组织的领导核心作用和党员先锋示范作用，在凝聚不同利益诉求、整合多方资源的基础上，实现了基层矛盾的大量消解。在中央组建社会工作部和地方各级组建社会工作部门，统筹推进党建引领基层治理和基层政权建设的背景下，基层党建的领导功能、社会整合功能与利益协调功能将被进一步强化，无疑有助于加快构建优势互补、资源互通的解纷机制，实现矛盾纠纷治理绩效与党建之间双向促进的良性循环。期待实现上述目标，可从以下两个方面着力。

---

① 吴忠民：《以创新的社会管理积极维护社会安全》，《中共中央党校学报》2012 年第 6 期。

② 王斌通：《新时代“枫桥经验”与矛盾纠纷源头治理的法治化》，《行政管理改革》2021 年第 1 期。

③ 《十九大以来重要文献选编》（上），中央文献出版社 2019 年版，第 14 页。

一是解决党的基层组织的“弱化”问题，不断提升其核心领导力和组织力，使其真正参与和融入矛盾纠纷化解之中。这就要求不断推进基层党组织的覆盖程度和嵌入程度，不断完善由党组织领导的关于矛盾纠纷化解主要工作事项、机制建设和突出问题的多方协商制度，整合运用好各类调解资源。同时，应推动基层党员积极参与矛盾纠纷化解。基层社会中的党员等积极分子为党组织发挥引领功能提供了人力基础，有利于保持党组织的先进性①，其可借助自身的社会资本来有效化解矛盾冲突，并可由此将党的权威渗透和融入社会安全治理之中，从而避免党的基层组织出现“悬浮化”“离散化”问题。

二是党的基层组织应扮演好“主心骨”和“黏合剂”的角色，逐步吸纳社会多元主体参与矛盾纠纷化解和社会安全治理，持续推动多元主体的良性互动与协同合作。与政府部门相比，自治组织、社会组织等主体植根于基层各种非正式关系网络中，对民众具有天然的亲和力，往往可以运用心理疏导、个别化应对等手段来精准促进矛盾纠纷化解。因此，在理顺各个主体治理责任、行动边界和治理规则的基础上，可通过组织嵌入、指导监督、民主协商、搭建参与平台等方式推动多元主体参与矛盾纠纷化解。

三 推动情法结合：基层矛盾化解机制的主要治理手段

法治是实现社会安全和正义的基本保障。将矛盾纠纷纳入法治化轨道解决，可有效避免陷入“治标不治本”“越化解矛盾越多”的怪圈，防止社会安全治理的方式、目标和重心走向异化。当然，在强调依法化解基层矛盾纠纷的同时，还应辅之以柔性的“情治”。其原因在于，运用情感治理的方式，可以将更多的社会关系、本土文化等治理资源运用到矛盾纠纷化解中去，实现理性制度规范与情感治理策略的有机融合，并在保证矛盾纠纷化解公平正义的同时实现社会运行良性有序和人民满意②。

---

① 田先红：《政党如何引领社会？——后单位时代的基层党组织与社会之间关系分析》，《开放时代》2020 年第 2 期。

② 汪勇、周延东：《情感治理：枫桥经验的传统起源与现代应用》，《公安学研究》2018 年第 3 期。

以情法结合之手段来推进基层矛盾化解，即在遵循法律法理的前提下对矛盾纠纷各方进行说服劝导，通过以情动人、以理感人、以法服人来促使当事人之间形成情感认同和凝聚利益共识，进而有效化解矛盾纠纷。这就要求在具体的矛盾纠纷化解中，应及时关注矛盾纠纷各方的心理变化与情绪反应，如不安、焦虑、猜疑、怨恨等，通过情感疏导和情绪安抚来满足个体的情感需求，使其在“积极的情感互动中获得意义、价值和尊严”①，从而实现“事心双解”。

另外，应建立完善基层党员干部、调解员定期联系群众的工作制度，通过定期下访、入户谈心等方式了解群众诉求和意见建议，将矛盾纠纷及时化解在萌芽状态。这种党员干部、调解人员与群众尤其是当事人之间的情感交流，往往可以在双方之间建立起信任、理解、包容等积极性的情感联结，并黏合彼此之间的情感价值，进而直抵矛盾纠纷的症结所在。而且，更为宏观地看，通过情法结合的方式，群众尤其是矛盾纠纷双方会对基层党员干部、调解人员的情感发生积极转变，并逐渐增进对社区、社会乃至对国家的认同感和归属感，从而有助于筑牢国家和社会安全根基。

四 强化技术嵌入：基层矛盾化解机制的技术支撑

随着第四次工业革命的到来，以大数据、人工智能为代表的数字技术日渐成熟，并逐渐嵌入包括社会安全治理在内的国家治理当中，在提升治理效率、完善公共服务等方面发挥着重要作用。比如大数据技术极大提高了对各类社会安全问题的预见性、精准性和协同性，并改变了以往安全工作管理的行动、知识与结构②。对于基层矛盾化解而言，技术嵌入和赋能即要推动实现其信息化转型，也即“从原来简单借助信息化方式处理某项工作的初级水平，向综合运用网络信息技术、大数据、云计算等电子化信息技术高水平转变”③。

---

① 孙璐：《社区情感治理：逻辑、着力维度与实践进路》，《江淮论坛》2020 年第 6 期。

② 李丽华、丁姿、肖延辉：《社会安全问题研究新视角：大数据视域下的特征、挑战及对策》，《中国人民公安大学学报》（社会科学版）2020 年第 1 期。

③ 程琥：《在线纠纷解决机制与我国矛盾纠纷多元化解机制的衔接》，《法律适用》2016 年第 2 期。

显然，对于各类基层矛盾化解机制而言，技术嵌入已成为其必备要素和支撑之一，在推进基层社会安全治理中发挥着关键性作用。未来，应强化矛盾纠纷调处流程智能化和信息处理数据化[①]。对于前者而言，可通过尝试开发并借助 App、微信小程序等来化解矛盾纠纷，以提升矛盾化解的回应性和时效性。对于后者而言，则是要畅通自媒体时代人民群众的利益诉求表达渠道，把分散化的群众诉求、建议、批评汇聚起来。对于有条件的如财政资源较为充沛的地区，可尝试打造矛盾纠纷在线化解平台，将各类解纷资源集成、对接起来，最大限度地提升矛盾纠纷化解效能。

另外，应充分利用大数据和人工智能等现代新技术，强化对矛盾纠纷数据的深度挖掘、态势感知和综合研判，提升风险监测预警、社情舆情分析、重大事项指挥调度、事后总结评估等社会安全治理能力。如诸暨市利用大数据技术对矛盾纠纷进行研判和预警，通过建立社会舆情监测系统开展社会舆情大数据分析，实现了对矛盾纠纷高发区域、高发类别、高发时间、高发人群的智能预警和及时处置[②]。相应地，在推动技术嵌入矛盾纠纷化解的过程中还应加强法治化建设，对技术应用进行合法约束，防止其走向异化，进而生成“治理出现盲区”“算法公正缺失”“责任主体模糊”等多重治理困境[③]。

---

① 曹海军、王梦：《制度、资源与技术：社会矛盾调处化解综合治理之路——以衢州“主”字型矛调模式为例》，《中共天津市委党校学报》2021 年第 3 期。

② 冯卫国、苟震：《基层社会治理中的信息治理：以“枫桥经验”为视角》，《河北法学》2019 年第 11 期。

③ 陈思：《算法治理：智能社会技术异化的风险及应对》，《湖北大学学报》（哲学社会科学版）2020 年第 1 期。

第 九 章

面向共同富裕的超大特大城市居住空间治理

党的二十大报告指出，实现全体人民共同富裕，是中国式现代化的本质要求。这就要求“坚持把实现人民对美好生活的向往作为现代化建设的出发点和落脚点，着力维护和促进社会公平正义，着力促进全体人民共同富裕，坚决防止两极分化”[①]。从空间治理的角度而言，社会主义国家应把消灭城市空间失衡、实现共同富裕作为理想目标[②]。超大特大城市作为我国社会经济高质量发展的战略支点和各类资源要素的集聚地，显然是推动社会主义现代化建设和共同富裕的重要前沿阵地。就此来说，从居住空间治理视角探讨超大特大城市的共同富裕之路，就成为当下城市基层治理研究中一个值得关注的前沿问题，也是推动超大特大城市基层治理现代化的有效着力点。

第一节　研究问题与选题意义

一　推动共同富裕：超大特大城市居住空间治理的重要目标

在马克思主义政治经济学的视域下，城市居住空间可被视为特定生产方式中结构因素的具体表达[③]，是社会结构在空间层面的“折射”，同

---

① 习近平：《高举中国特色社会主义伟大旗帜　为全面建设社会主义现代化国家而团结奋斗——在中国共产党第二十次全国代表大会上的报告》，人民出版社2022年版，第22页。

② 王志刚：《差异的正义：社会主义城市空间生产的价值诉求》，《思想战线》2012年第4期。

③ 谢富胜、巩潇然：《城市居住空间的三种理论分析脉络》，《马克思主义与现实》2017年第4期。

时具有物理属性和社会属性。首先，城市居住空间表现为物理意义上的住宅、社区、街巷、聚落区等。其中，住宅因可为人类休憩与生命繁衍提供具有人文和伦理意义的物质便利和保障而居于基础与核心的地位①。其次，相对于物理属性，社会属性才是城市居住空间的本质属性②，即城市居住空间乃是既定社会关系和社会空间秩序的体现，反映了特定的社会内涵。尤其是在纯粹的市场经济条件下，城市居住空间的生产、使用、消费和变迁与社会结构的分化重组息息相关，即不同社会群体和阶层依据自身购买能力占据相应的住宅资源，从而形成不同的居住格局与形态。关于市场经济条件下的城市居住空间分布，都市马克思主义学派代表性人物大卫·哈维认为其呈现出“地理上相互隔离的同类社群的住房次级市场”，继而形成所谓特定的“分配群体”或“消费阶级”并凝结于都市总体结构的不同社区之中③。也就是说，低收入阶层只能在面向低收入者的住房市场中寻求住所，并被困其中，而高收入阶层则更倾向于选择与同等身份和地位的人相邻而居，“住房消费开始更多地体现社会地位差异”④，并由此诱发了居住分异与隔离等现象。

从西方典型国家的经验来看，居住分异具有一定的必然性，已成为现代西方大型城市景观的重要特点。但如果不加以必要的干预，就有可能演化为居住隔离乃至空间极化等居住空间失衡现象。例如，巴黎等头部城市周边的部分区域逐渐形成了移民聚集的贫困地带和“敏感街区”⑤。近年来，随着城市化的深入推进和社会结构分化重组，原本主要出现在国外的城市居住空间失衡现象亦开始在我国的超大特大城市初步呈现。例如，早在十余年前，北京市就从四环开始出现了明显的贫困人群聚集区和富裕人

---

① 陈丛兰、王泽应：《日常居住空间的伦理价值透视——基于美好生活的视域》，《江苏行政学院学报》2018 年第 6 期。

② 李春敏：《马克思恩格斯对城市居住空间的研究及启示》，《天津社会科学》2011 年第 3 期。

③ ［英］大卫·哈维：《阶级—垄断地租、金融资本与都市革命》，龚剑译，《清华政治经济学报》2014 年第 2 期。

④ 李志刚：《中国城市的居住分异》，《国际城市规划》2008 年第 4 期。

⑤ 赵聚军：《社会稳定的增压阀：对居住隔离现象的政治社会学解读》，《江海学刊》2013 年第 6 期。

群聚集区相互隔离的现象①。问题的关键是，住房是享用城市公共设施和公共服务的权利凭证，高品质的居住条件往往意味着高水平的公共服务、相对优质的受教育机会和工作机会等②，但居住空间失衡则意味着部分低收入人群很难公平地获得上述资源，其本可以借以改变自身境况的公共资源已被无形剥夺。于是，城市贫困在显性化的同时也得以再生产——“蓝领工人社区中再生产出蓝领工人力量，白领工人社区中再生产出白领工人阶级”③。而且，居住空间层面的失衡通常会诱发不同社会阶层之间的社会隔离，引发和加剧阶层歧视、冲突与固化，严重影响低收入人群对社区、城市乃至国家的认同感和归属感。就此而言，超大特大城市居住空间失衡显然已成为城市居民尤其是低收入群体迈向共同富裕的严重制约④。

实践层面，我国各大城市虽均已将推进共同富裕列入核心政策议程之中，但尚未充分认识到居住空间对于实现共同富裕的影响。以上海市为例，在《上海市城市总体规划（2017—2035 年）》《上海市城市管理精细化“十四五”规划》等城市规划政策文件中，改善居住和公共服务品质、保障居住区基本民生需求等均已被纳入其中，但是对于初步萌发的居住空间失衡现象却并未被提及。这表明，超大特大城市主政者虽看到公共服务对于保障和改善民生以及全面协调可持续发展的重要性，但对于居住空间失衡对共同富裕、社会和谐稳定的长期负面影响却未有充分、清晰的认知。

近年来，国内学界对于居住空间分异与变迁、特殊群体的空间分布等问题⑤，已有一定探讨，为后续研究的深入奠定了基础。从已有研究来

---

① 李倩、张文忠、余建辉等：《北京不同收入家庭的居住隔离状态研究》，《地理科学进展》2012 年第 6 期。

② 吴开泽、范晓光：《居住空间、资产载体与权利凭证：住房三重性探讨》，《学海》2012 年第 5 期。

③ David Harvey, *The Urbanization of Capital*, Oxford: Basil Blackwell, 1985, p. 118.

④ 需要明确的是，居住分异与隔离现象在我国中小城市并不明显。究其原因，相比于中小城市，超（特）大城市市场化程度更高，社会经济转型更加深入，不同社会阶层收入水平差异也较大，更能通过“房价”的过滤作用形成明显分异与隔离的城市居住格局。

⑤ 参见王昕、潘绥铭《城市居住空间分异的动力机制研究——从城市空间资源使用谈起》，《中国海洋大学学报》（社会科学版）2013 年第 6 期；方长春《中国城市居住空间的变迁及其内在逻辑》，《学术月刊》2014 年第 1 期；李君甫、王春璇《超大城市乡—城与城—城流动人口的居住空间差异——基于北京和上海的研究》，《东北师大学报》（哲学社会科学版）2020 年第 5 期；等等。

看，国内学界对城市居住空间的探讨以解释性、实证性研究居多，但对于城市居住空间治理，尤其是对超大特大城市居住空间失衡现象的外溢问题却着墨甚少。另一方面，如果从空间治理的视角审视共同富裕，则现有研究明显更加关注宏观层面的城乡、区域贫富差距①，对于居住空间这一微观层面与推进共同富裕的关联，则鲜有专门关注。因此，本章提出将共同富裕作为超大特大城市居住空间治理的重要目标，尝试在阐释超大特大居住空间治理与推动共同富裕交互关系的基础上，通过分类梳理制约我国超大特大城市初步呈现出的居住空间失衡形态并探讨其治理之道，最终助力构筑以公平享有空间资源为基础的城市共同富裕之路。

二 作为负面典型的西方国家城市居住空间治理

作为负面典型，当代西方国家的主要城市普遍存在的居住分异与隔离现象，以及由此引发或加剧的阶层固化与种族对立、贫困的聚集与再生产、贫民窟蔓延与犯罪事件高发等社会棘手难题，就为我们提供了镜鉴。

整体来看，西方主要城市出现的上述问题与全球化下的经济重组和社会结构分布有着直接的关系。在纽约、伦敦等“全球城市”，普遍经历了从工业劳动力市场向后工业劳动力市场的转变，即在吸引和聚集各类公司总部和具有高度专业技术能力的社会精英的同时，也产生了大量的低薪酬岗位，吸引了许多国际移民和低收入群体，逐步呈现出高收入人群与低收入人群持续增长的一种两极化的“沙漏”形社会结构②。而作为社会结构分化重组的空间映射，城市居住空间亦开始出现分裂：富裕群体多居住在豪华典雅的高档社区，贫困人群则普遍聚集于衰败的城市中心地带，并由此形成了贫富相互隔离的城市表征。在此情境下，主要由收入不平等驱使下的社会结构分化，使得当代西方大都市已成为发达社会中新形式的封闭与排斥的场所和源泉，一体化的城市发展模式正渐趋

① 参见张耀军、张玮《共同富裕与区域经济协调发展》，《区域经济评论》2022 年第 4 期；孔祥智、谢东东《缩小差距、城乡融合与共同富裕》，《南京农业大学学报》（社会科学版）2022 年第 1 期；等等。

② Saskia Sassen, *The Global City: New York, London, Tokyo*, Princeton: Princeton University Press, 1991, p. 255.

消亡，取而代之的则是由贫民区和富裕飞地组成的支离破碎的拼凑体[①]，空间极化（Spatial Polarization）已成为其城市居住空间分布的主要特征。

在美国，作为社会不平等的空间投影，主要源于种族和收入差距的居住隔离相互交织，共同构成了大都市区的基本景象。作为多元移民国家，因种族对立尤其是“黑白”对立而酿成的居住隔离一直是美国社会的一个基本景观映像，也始终是一个尖锐的社会问题。尽管种族隔离制度已于20世纪60年代废止，且同期颁布了《公平住房法案》（*Fair Housing Act*），但种族居住隔离迄今仍是美国社会居住空间分配的潜在规则，体现出“边界明确、形式稳固”的基本特征[②]。一项以2013—2017年美国社区调查为基础的研究表明，在美国100个大都市地区中，大多数白人社区仍以白人为主，其中白人占比71.6%、西班牙裔12.2%、黑人7.7%、亚裔5.6%，而纽约、密尔沃基、芝加哥、底特律等大都市的隔离指数仍在70以上，虽然较2000年略微下降，但仍显示出较高的隔离水平[③]。

在种族居住隔离趋于固化并引发社会排斥、暴力犯罪频发、贫困高度集中等问题而持续困扰美国社会时，收入差距对居住隔离的影响也日趋凸显。1970年至2009年，美国按社会经济地位划分的居住隔离显著增加，生活在贫困或富裕社区的家庭从15%增加到33%，生活在中等收入社区的家庭则从65%下降到42%[④]。另据皮尤研究中心的数据，1980年至2010年期间，美国30个最为主要的大都市区中的27个因收入差距形成的居住隔离有所增加，例如纽约市有41%的低收入家庭位于大多数低收入人口普查区[⑤]。在贫富差距持续扩大的趋势之下，因收入差距导致的

---

① Marco Allegra, Anna Gasaglia, Jonathan Rokem, “The Political Geographies of Urban Polarization: A Critical Review of Research on Divided Cities”, *Geography Compass*, Vol. 6, Issue 9, 2012, pp. 560 – 574.

② 郝亚明：《美国的种族居住隔离：理论与现实》，《世界民族》2013年第1期。

③ William H. Frey, “Black White Segregation Edges Downward since 2000” (https://www.brookings.edu/blog/theavenue/2018/12/17/black-white-segregation-edges-downward-since-2000-census-shows/).

④ Kendra Bischoff, Sean F. Reardon, “Residential Segregation by in Come (1970 – 2009)”, Russell Sage Foundation American Communities Project of Brown University, 2013, p. 32.

⑤ Paul Taylor, Richard Fry, *The Rise of Residential Segregation by Income*, Pew Research Center, 2012, pp. 1 – 2.

居住隔离极有可能成为美国种族居住隔离的“翻版”，乃至二者相互重叠，出现“与普通低收入白人居民相比，普通黑人或西班牙裔家庭生活在更为贫困的社区”的居住景象①，进一步加剧空间极化和贫富分化。

同样，在欧洲的重要城市，不同社会群体之间的居住隔离也有所提升。一项关于欧洲首都城市社会经济隔离的调查研究表明，21 世纪初，顶层和底层职业群体之间的居住隔离程度不断上升，富人和穷人之间越来越多地过着彼此“分居”的生活②。但与美国不同的是，欧洲国家的居住隔离除有贫富分化和种族因素外，住房保障政策也是其影响因素之一，典型如法国公共住房政策对居住隔离的催化作用③。20 世纪 50—60 年代，在城市优化发展策略下，法国政府在巴黎、里昂等主要城市为中低收入人口规划建设了大量的大型居住社区，但随着住房市场的日趋活跃以及住房贷款优惠政策的刺激，这些大型住宅区迅速被富人和中产阶层抛弃，并逐渐成为外来移民、社会弱势群体等贫困人口的集聚地。一个典型的表现就是：全法 85% 的移民骚乱即发生于此，居民深受贫困、失业、犯罪等问题的困扰④。在 2005 年的巴黎骚乱中，非洲与阿拉伯移民等贫困人口聚居的公共住宅区成为骚乱的主要策源地和重灾区。目前，法国巴黎大都市区的城市贫富分化已经愈加严重，在 1276 个行政区中，排名前 10% 的最富裕家庭有一半集中生活在其中 26 个行政区⑤。而且，除了巴黎、伦敦等欧洲头部城市，居住隔离现象也出现在了北欧的高福利国家。例如在荷兰，尽管政府为应对社会不平等采取了诸多措施，但空间不平等仍在温和加剧，具有摩洛哥、土耳其和苏里南移民背景的人

---

① Margo Anderson, Suzanne Bianchi and Barry Bluestone, et al., “Separate and Unequal: The Neighborhood Gap for Blacks, Hispanics and Asians in Metropolitan America”, Project US2010 Report, 2011, pp. 1 – 22.

② Tiit Tammaru, Szymon Marcinczak and Maarten Van Ham, et al., *Socio-Economic Segregation in European Capital Cities: East Meets West*, Abingdon: Routledge, 2014, pp. 1 – 29.

③ Lance Freeman, “Minority Housing Segregation: A Test of Three Perspectives”, *Journal of Urban Affairs*, Vol. 22, Issue 1, 2000, pp. 15 – 35.

④ 郑希黎:《1970 年以来法国城市更新政策的演变及特征》，中国建筑工业出版社 2018 年版，第 375—386 页。

⑤ 严玉洁:《贫富差距不是城乡独有！最新报告：巴黎大区贫富分化日益严重》，中国日报网（https://world.chinadaily.com.cn/a/201906/12/WS5d008e57a31011d294dab290.html）。

口逐渐聚集于阿姆斯特丹的中心地区①。综上，西方先发国家的主要城市由于普遍面临严重的空间剥削与空间极化问题，由此导致的贫困人口聚集和再生产现象，已经难以根本扭转。

第二节　城市居住空间失衡的五种形态及对共同富裕的阻隔

对比西方国家，可以发现虽然居住空间失衡问题已在我国的超大特大城市初步萌发，但尚未如西方般形成社会不安定的“策源地”和“火药桶”。但同时也应看到，在前现代性、现代性、后现代性“三性交织”的城市化进程中，我国的超大特大城市正在经历着重要的社会转型，居住空间也随之发生了复杂而深刻的变化：从计划经济时代相对均质和单一的居住空间格局到住房市场化改革后居住失衡现象的初步呈现，城市化的快速发展在推动城市空间财富迅速集聚的同时也“充斥着对空间资源的攫取和对空间利益的争夺”②，进而诱发了居住分异，乃至于趋向隔离的居住空间失衡问题，加剧了社会弱势群体的贫困化和边缘化。从目前我国超大特大城市的居住空间分布形态来看，其对共同富裕的制约作用主要反映为五种具体的居住形态。

一　保障房社区的不合理布局

与以市场价格波动为特征、专有财产为核心的商品房相区别，我国的保障性住房是指由政府向城市中低收入群体提供的，限定标准、价格或租金的住房，主要包括经济适用房、限价房、廉租房和公租房③。随着工业化与城市化的迅速发展，超大特大城市吸引了规模庞大的外来流动

① Willem R. Boterman, Sako Musterd and Dorien Manting, “Multiple Dimensions of Residential Segregation; The Case of the Metropolitan Area of Amsterdam”, *Urban Geography*, Vol. 42, Issue 4, 2021, pp. 481 – 506.

② 夏志强、陈佩娇：《城市治理中的空间正义：理论探索与议题更新》，《四川大学学报》（哲学社会科学版）2021 年第 6 期。

③ 赵聚军：《保障房空间布局失衡与中国大城市居住隔离现象的萌发》，《中国行政管理》2014 年第 7 期。

人口，同时其内部的更新改造也产生了大量拆迁居民。而保障房社区作为推动共同富裕、全面建成小康社会的民生举措[①]，我国各大城市从21世纪初即开始加速兴建，以解决上述弱势群体的住房问题。

经过多年的持续推进，保障房建设对改善城市中低收入群体的居住条件发挥了积极的影响，但由于在早期的规划中对社区的融合发展关注不足，使得保障房社区普遍呈现出“规模大”“边远化”“集中化”的空间布局特征，已成为推动城市共同富裕的事实羁绊。其中，“规模大”是指保障房社区规划用地面积和人口流量规模较大，总建筑面积甚至可达数百万平方米，入住人口均在数万人左右；“边远化”是指在现行土地财政制度下，地方政府普遍依靠中心城区的高价值土地实现经济增长与财政增收，导致保障房普遍选址于地价较低的城郊地带，职住分离明显，保障房社区也因此被称为“睡城”；“集中化”是指保障房社区往往集中连片建设，加剧了低收入人群在空间层面的聚居[②]，同时周边基本公共服务设施数量较少，缺乏足够的交通、商业和教育配套设施。

以北京、上海、南京等代表性城市为例。在北京，保障房社区呈现出“保障住房先行建设、交通滞后发展”的特点，多集中规划在五环边缘至六环以外的地带，职住分离问题较为严重，如朝阳区12个自住型商品房项目与国贸CBD之间的平均距离已达15.4千米[③]，同时教育、医疗等公共资源也相对匮乏，使严重依赖公共交通出行的中低收入阶层的就医可达性水平相对较低[④]。在上海，自2003年起，嘉定、青浦、松江等地建设了包括廉租房、经济适用房、动迁安置房等不同类型在内的46个大型保障房社区，人口规模从数万人到数十万人不等[⑤]，但大多位于相对偏远的城乡接合部，周边商业与交通设施、教育和公共文化服务资源均

---

① 张波：《营造保障房社区共同体：理论、困境与路径》，《华侨大学学报》（哲学社会科学版）2017年第5期。

② 孙施文：《现代城市规划理论》，中国建筑工业出版社2007年版，第343页。

③ 宋贵伦、冯虹：《2017年北京社会建设分析报告》，社会科学文献出版社2017年版，第123—124页。

④ 张纯、李晓宁、满燕云：《北京城市保障性住房居民的就医可达性研究——基于GIS网络分析方法》，《人文地理》2017年第2期。

⑤ 《从“居住区”到“居住社区”的探索》，第一财经官网（https://www.yicai.com/news/3207487.html）。

较为缺乏和薄弱①。例如，松江泗泾大型保障房社区已入住 8.5 万人②，居民往返市区主要依靠轻轨和公交，但前者数量仅为一条，且社区距离站点均较远，后者则运行班次少、间隔时间长，无法满足居民出行需求。同样的情况也出现在南京，在空间规划布局上，其保障性住房基本分布在远郊③，所享有的公共设施和服务资源与中心城区相差较大，同时面临被社会保障体系排斥的窘境。例如，岱山保障房社区集中了大量低收入居民，且一些低收入弱势群体并未纳入社保体系，使该社区成为一个拥有漂亮外观的“贫民窟”④。

综上，当前超大特大城市保障房普遍存在的“规模大”“边远化”“集中化”等规划布局特征，客观上助推了城市内部贫富泾渭分明的居住失衡格局的形成，强化了公共服务、消费、就业等领域对低收入群体的排斥，与推动共同富裕背道而驰。比如通勤时间的延长和交通出行成本的上升，在无形中增加了中低收入人群的失业风险，进而可能加剧保障房居民乃至整个社区的贫困化，甚至助推阶层固化⑤。

二　作为城市孤岛的传统城中村

作为我国以往城乡分治政策和快速城镇化进程交织下的产物，城中村通常是指位于城市连续建成区或边缘区，被城市建成区用地包围或者半包围的、没有或者仅有少量农用地的村落⑥。结合相关研究和新闻报道来看，虽然近年来我国的超大特大城市普遍加大加快了更新改造的步伐，但仍有相当数量的城中村继续存在于城市之中。例如，在北京市的近郊

---

① 钱洁、赵晔琴：《上海大型居住社区高质量发展的理论分析与政策探讨——基于上海市五个大型居住社区的经验调查》，《上海行政学院学报》2020 年第 1 期。

② 周春雨：《关于增加大居地块公交线路解决居民出行“最后一公里”问题的建议》，松江人大官网（http：//qrd. songjiang. gov. cn/contents/120/10520. html）。

③ 杨红平、宋伟轩：《保障房空间布局中的问题及解决途径——以南京市为例》，《城市问题》2012 年第 3 期。

④ 刘柳：《大规模保障房社区中的社会保障问题——基于社会排斥与社会融入的视角》，《苏州大学学报》（哲学社会科学版）2015 年第 5 期。

⑤ 刘爱华、邹哲：《特大城市保障性住房空间布局与优化研究——以天津市为例》，《天津行政学院学报》2016 年第 4 期。

⑥ 李俊夫：《城中村的改造》，科学出版社 2004 年版，第 8 页。

区与远郊区仍分布有不少呈半环形与团块状的城中村[①]；深圳市截至2020年底，依然存在1893个城中村，建筑面积超2.2亿平方米[②]；广州市在2018年时也仍有272个城中村[③]。

作为一类居住空间，在外在景观上，城中村普遍建筑密度高、公共环境差、公共服务设施滞后；在生活方式上，其呈现出“亦城亦乡、亦农非农”的特征，传统农村生活方式和现代化市民生活方式均有所体现；在社会治理上，由于内部的建筑物多为村民在农村宅基地基础上私自改建的非正规性住房[④]，且人员混杂，导致自上而下的社会管理往往难以深度渗透其中；在居民构成上，依靠其贴近城市的区位优势，以及房租低廉、交通较为便利的条件，超大特大城市城中村天然地成为进城农民工等低收入流动人口的聚集地，典型如北京的“河南村”和深圳的“湖南平江村”，以及广州的“新疆村”、石牌村等。大量外来低收入人口的积聚使得城中村往往面临着社会治安形势严峻、环境卫生状况差等社会问题，加之外在景观、生活方式、社会管理等方面与现代大都市存在严重的背离，因此城中村往往被视为亟待整治的被大都市现代化建筑所包围的“城市孤岛”，成为透视城市居住分异与隔离现象的重要“景观”。

在超大特大城市中，这些城中村大多缺乏公共服务设施，建筑景观混乱无序，生产与生活景观彼此杂糅，居住环境较为恶劣，在城市居住空间上的分异与隔离表现得极为明显。从推动共同富裕的视角来看，以外来务工人员为主的低收入群体在此大量聚居，但由于城市户籍、社保等制度的阻碍，他们很难融入城市主流社会生活，与城市居民也很少有社会交往与互动，能够获得就业机会、经济与文化资源的社会资本亦呈现稀缺状态，表现为一种“身体在场”，但“关系、利益、参与权、保障

---

① 赵美风、戚伟、刘盛和：《北京市流动人口聚居区空间分异及形成机理》，《地理学报》2018年第8期。

② 《盘点全深圳1893个城中村，我们发现了三个秘密》，深圳房地产信息网（http://news.szhome.com/348165.html）。

③ 梁怿韬、徐雪亮：《广州整治272个城中村》，《羊城晚报》2018年9月12日第8版。

④ Li Zhigang, Wu Fulong, "Residential Satisfaction in China's Informal Settlements: A Case Study of Beijing, Shanghai, and Guangzhou", *Urban Geography*, Vol. 34, Issue 7, 2013, pp. 923 – 949.

权不在场”的社群区隔格局[①]。换言之，城中村虽与大城市同属一片“蓝天”下，但却在居住空间与社会空间层面存在着实实在在的隔离，且二者叠加之下，使得城中村日益成为被现代城市社会排斥与区隔的居住实体空间。在此情境下，公共资源难以实现分配正义，阶层固化与贫富分化也被进一步刺激催发，也无怪于有研究将城中村称为“中国特色的城市贫民窟”[②]。

三　跳跃式前进的新式城中村

与依旧保留有农村宅基地的传统城中村不同，新式城中村在外在景观上往往布局规整，公共基础设施充足，居民收入主要源于拆迁补偿和集体经济分红，因此主要指向“拆迁安置社区”或“村改居社区”。新式城中村的大量出现，主要源于国内超大特大城市由于人口和产业的聚集而引发的土地资源紧张：为了实现建设用地增加而产生的空间扩张需求，超大特大城市往往选择对传统城中村和城郊农村建设用地（以农村宅基地为主）进行征收，并将失地农民集体迁移安置在新建城镇社区，由此形成了新式城中村。之所以称之为“新式城中村”，主要原因在于原村民身份虽已转换为市民身份，但由于仍处于农村传统村落到现代城市社区的过渡之中，居民生活和行为方式依旧表现出很强的对传统农村的依附性[③]，现代市民所应具备的独立性、个体性和自主性发展不足。另外，虽然通过“农民上楼”等方式实现了居住空间的城镇化，但新式城中村中的新市民并未普遍实现作为城镇化常规起点的“业”的城镇化，既无法再以第一产业为营生，向第二、第三产业转移又面临着诸多困难，城镇化进程呈现出跳跃式前进的状态[④]，因而其一定程度上只是有着现代城市景观的特殊农村社区。

---

① 田毅鹏、齐苗苗：《城乡结合部“社会样态”的再探讨》，《山东社会科学》2014 年第 6 期。

② 甘满堂、王岩：《农民工住居边缘化与空间隔离——从城中村到城郊村》，《福建论坛》（人文社会科学版）2008 年第 1 期。

③ 陈明：《拆迁安置社区：治理困境与改革路径——基于北京市海淀区 Z 村的调查》，《农村经济》2018 年第 4 期。

④ 赵聚军：《跳跃式城镇化与新式城中村居住空间治理》，《国家行政学院学报》2015 年第 1 期。

新式城中村的形成是我国超大特大城市居住空间生产与实践的主要表征之一，是一个充满社会性、政治性和经济性且涉及多元力量博弈的空间场域①，其发展的理想目标应是在居民身份认同、行为方式、社会网络等方面融入现代城市，但其现有居住空间特点以及内部社会结构特征却使其存在沦为贫民窟的风险。具体而言，新式城中村大多位于大城市近郊区，拆迁安置使绝大多数原村民在短期内获得了理想住房，但基本以自住为主，通过房屋出租所获经济收入普遍不多，由此形成了以原村民为主的、高度同质性的内部社会结构。上述居住格局极易通过“封闭式”居住、社会资本薄弱、个人就业不稳定、污名化等途径的发酵引发居住分异乃至隔离。与原农村串门嬉笑的生活习惯和开放式居住不同，新式城中村基本为“封闭式”社区，无形中造成了村民与周边市民的区隔，导致其难以重建新的社会关系网络，也阻碍了其市民化进程。这一状况又会导致原村民在日常社会生活中仍主要依赖原有的乡村社会资本存量。但随着市场化的不断侵袭和原村民彼此之间的利益失衡②，个人积累的原有社会资本也在逐渐流失。同时，亦有不少村改居案例表明，部分村民会在短期内大肆挥霍拆迁补偿款旋即陷入贫困③。长久来看，如不及时疏导，“先富后贫”的现象即会萌发。而且，随着城市产业结构优化升级，原村民的就业渠道也越发狭窄。在就业状况不佳、缺乏与周边市民社会交往，以及种种与城市生活格格不入的原有生活习惯难以改进的情况下，新式城中村以及其内部居民很难获得来自外部的正面评价，污名化的倾向将会逐渐凸显。而“污名化”的标签一旦被贴上，将对其内部居民产生严重的心理伤害和相对剥夺感，从而加重新式城中村与周边其他城市社区之间的居住分异与隔离，最终走向边缘化乃至贫困化。

---

① 孙其昂、杜培培：《城市空间社会学视域下拆迁安置社区的实地研究》，《河海大学学报》（哲学社会科学版）2017 年第 2 期。

② 现有研究表明，7 人及以上的大家庭和高学历家庭已成为大城市拆迁安置中货币补偿的受益者，这意味着由政府进行的补偿安置行为极易引起公平问题，在原村民内部形成新的不平等。参见孙东琪等《中国大城市拆迁安置居民补偿方式与受益率测度——以南京为例》，《地理科学》2016 年第 2 期。

③ 刘成斌：《后增长理念与集体再造——新型城镇化进程中村庄改制的一种操作逻辑》，《社会发展研究》2019 年第 2 期。

四　族裔居住分异与新式贫民窟的生成

改革开放以来，与社会经济迅速发展、对外交流日益深化、国际吸引力逐渐增强相伴随，我国已经成为事实上的跨国人员流动热门目的地[①]，外籍人口聚居区随之在超大特大城市纷纷出现。目前，北京望京、广州越秀区、上海浦东新区、深圳蛇口等均形成了一定规模的外籍人口聚居区：典型如北京望京又被称为“小首尔”“韩国城”，新冠疫情之前在此聚居的韩国人一度达到 12 万人[②]；位于广州越秀区的小北路、宝汉直街和白云区的三元里聚居了数量颇多的非裔黑人，其中小北路黑人聚居区早已开始向“聚居区族裔经济”发展[③]。显然，跨国人员的移居在我国北上广深等超大特大城市内部一定空间范围内已经形成了主要基于族裔的外籍人士聚居区。族裔聚居区的形成为我国超大特大城市增添了多元化的城市景观，并成为其走向国际化的最好注脚之一。但与此同时，族裔居住分异问题也开始在部分超大特大城市显现，并存在一定的滑向“新式贫民窟”的风险，其中又以广州的黑人聚居区最为突出。

通常，来穗非裔黑人主要包括贸易商人和务工贫民，其中部分为“三非”人员[④]，因而相比于来自欧美日韩等发达国家的移居人员，在穗非裔黑人更易通过被动隔离机制和基于租金的市场筛选机制在居住空间上形成分异。例如一些低收入黑人多将城中村或城乡接合部作为定居地，收入较高的黑人则选择在公共设施条件较好的社区中居住。而随着非裔黑人与当地华人之间居住空间分化格局初露端倪，一些社会问题也随之产生：非裔黑人在语言、宗教信仰、生活习惯等方面与当地居民有着明显差异，在社会交往互动中面临隐性隔离的困境，而再与贫困因素相互作用后，一个偏向负面的黑人群体形象便会逐渐形成，并被固化为社会

---

① 钟淑如、张小萱、曾国军：《文化地理学视角下跨国移民饮食适应研究进展与启示》，《人文地理》2021 年第 6 期。

② 陈向阳：《中韩建交 30 周年：务实性合作与结构性矛盾》，《现代国际关系》2022 年第 4 期。

③ 李志刚、薛德升、Michael Lyons 等：《广州小北路黑人聚居区社会空间分析》，《地理学报》2008 年第 2 期。

④ “三非”人员主要指非法入境、非法居住和非法经商人员。

标签[①]。从近年关于非裔黑人的社会热点事件报道中可以发现，一个反感、排斥的网络氛围已经产生，这无疑放大了原已存在的族裔矛盾。另外，低收入非裔黑人的聚居往往会滋生不法行为等社会问题。近年来，外籍人员犯罪在穗日益增多，并伴随有团伙化倾向[②]。例如，广州警方2015 年成功打掉一个外籍涉黑犯罪团伙[③]，广州番禺警方 2018 年成功捣毁以非洲籍人员“阿布”为首的贩毒团伙[④]。呈逐渐增加趋势。事实上，由于缺乏必要的技能和社会资本，且语言学习、住房等方面的需求难以得到满足，相当一部分在穗底层非裔黑人始终无法脱离贫困，而违法犯罪行为扩散等社会问题的增加，则会进一步加剧其被边缘化和污名化的程度，影响其自身和所在社区的未来发展。若此种状况不加以及时疏导，非裔黑人聚居区走向全面固化的居住隔离，甚至滑向新式贫民窟，可能只是时间问题。

五 城市更新中的替代与隔离

简单来说，城市更新是对城市衰落区域进行拆迁、改造和建设的一种城市管理行为，其目的是使之重新发展和繁荣[⑤]。在改革开放以来持续快速推动的快速城镇化进程中，我国的超大特大城市为应对土地资源紧张问题，多数是坚持“两条腿”走路：一是通过向周边扩张的方式提升增量，二是推动对城市老旧城区的更新改造盘活存量。从实践来看，国内超大特大城市推动整治更新的对象主要包括老旧小区和厂房改造、商圈改造升级、棚户区改造、危旧楼房改建等项目。然而，超大特大城市推动城市更新的主要目的往往是盘活土地存量，以提升土地价值、刺激

---

① 赵聚军、安园园：《广州黑人聚居区的形成与族裔居住隔离现象的萌发》，《行政论坛》2017 年第 4 期。

② 《广州检方披露外国人毒品犯罪增多 成毒品走私中转站》，正义网（http：//news.jcrb.com/jxsw/201506/t20150623_1519016.html）。

③ 《广州首个外籍黑社会团伙覆灭 16 名外籍嫌犯落网》，中华网（https：//news.china.com/domestic/945/20150428/19602352.html）。

④ 《外籍毒贩租房 27 处，跨省市流窜贩毒》，金羊网（https：//news.ycwb.com/2018 -06/13/content_30029186.htm）。

⑤ 姜杰、刘忠华、孙晓红：《论我国城市更新中的问题及治理》，《中国行政管理》2005 年第 4 期。

房产经济为导向[①]，但改造的通常仅仅是破败的城市物质景观，并没有消除贫困人群，只是对其进行了空间上的迁移，并由此引发贫困人群新的聚居。

一般而言，在具体的城市更新改造项目中，往往是以新的居住空间、居住结构或形态取代旧的空间、结构或形态，也即“拆旧建新”，比如以环境优美、设施完备的高档住宅小区取代原有“脏乱差”“老破小”的城中村和棚户区。在这一“绅士化”过程中，原本的低价值空间经更新改造转变为商业、高端居住用地等高价值空间，但随之而来的是住房价格以及周边住房价格的上涨[②]，中高收入人群在此集聚，原有的“贫弱杂”低收入人群因无法支付高房价而被疏散或安置到城市边缘。例如，南京市西街棚户片区在更新改造后被规划为城市多功能区，新建精装合院为中高收入住宅区，预计开盘价格接近 10 万元/平方米[③]。这意味着城市更新改造的一个不可忽视的后果是低收入人群被普遍性地“挤出”，并被中高收入人群整体替代。实践中，原更新改造涉及居住区内的低收入人群多被安置或主动迁入房价较低的城市边缘，虽然住房条件有所改善，但往往面临公共服务、劳动力市场、社会关系等多方面的社会排斥[④]。城市边缘通常意味着公共服务设施和就业机会的减少，以及职住分离问题的出现，在增加低收入人群出行成本和难度的同时也限制了其向上流动的机会，长此以往就会引发城市相对贫困人群新一轮的集中与固化。

---

① 吴冠岑、牛星、田伟利：《我国特大型城市的城市更新机制探讨：全球城市经验比较与借鉴》，《中国软科学》2016 年第 9 期。

② 参见何深静、刘玉亭《市场转轨时期中国城市绅士化现象的机制与效应研究》，《地理科学》2010 年第 4 期；刘彩霞、陈安平《城市更新的溢价效应——来自城中村改造的准自然实验》，《中国经济问题》2021 年第 4 期。

③ 宋伟轩、袁亚琦、谷跃等：《南京棚户区改造的城市社会空间重构效应》，《地理研究》2021 年第 4 期。

④ 邵任薇：《城市更新中的社会排斥：基本维度与产生逻辑》，《浙江学刊》2014 年第 1 期。

第三节 打造共同富裕空间：超大特大城市居住空间治理之道

针对目前我国超大特大城市已经普遍显现的居住空间失衡现象，在陷入固化之前，对其进行深入剖析并提出以推动共同富裕为基本目标的治理策略，可谓是恰逢其时，对避免重蹈西方国家的覆辙具有重大意义。具体而言，本章认为当前我国超大特大城市居住空间失衡现象所呈现出的五种形态及其对推动共同富裕的阻隔作用，均与长期以来的城市空间治理理念偏差、对低收入人群的居住空间权利保障不足、以资本运作为核心的住房市场导致城市规划的规制调控作用发挥不充分、多元混居异质化社区建设滞后等现实状况，存在直接或间接的关联。

一 推动居住空间治理价值理念转型

价值理念是政策行动的先导和前奏。居住空间治理价值理念的转型和重塑是消解超大特大城市居住空间层面上贫困聚集与再生产、阶层固化的基础，深刻影响着实践中共同富裕空间打造的整体方向、逻辑乃至成效。随着当前社会主要矛盾的转化，人民群众对于公平正义、美好生活的诉求也越发强烈。因此，城市居住空间治理应摒弃以往单纯强调刺激经济增长的理念，坚持以人民为中心、建设人民城市，让城市居住空间真正成为人民安居乐业的重要载体和全社会追求公平正义、缩小贫富差距的有效载体，最终构建起一种以人的全面发展为目的、以人为主体的城市新发展环境。对此，可从以下三个方面加以推进。

其一，以人民为中心的居住空间治理价值理念要求在治理目标的设定、措施手段的择取等方面均应坚持和尊重人民群众的主体地位，防止超大特大城市居住空间生产和实践异化为对低收入群体的“整顿清理”，着力避免低收入群体因无法享有空间资源而加剧贫困的状况。例如，保障房社区建设不应一味贪快贪大，应充分考虑公共服务设施的配套建设。

其二，以人民为中心的居住空间治理价值理念意味着要在居住空间治理中给予流动人口等低收入人群相应的话语权，在居住空间生产与实践中主动维护其合理合法权益。例如，城市管理者需要看到城中村以低生活成本为流动人口等群体提供了生存发展空间以及对于保持社会稳定所具有的积极作用①，因而在更新改造中应努力契合居民需求，适当为低收入人群保留一定生活空间。

其三，以人民为中心的居住空间治理价值理念要求树立以人为本的城市观，即以提高民众的幸福感、获得感、安全感为出发点，从居住空间改善满意度、居住环境满意度、公共服务供给满意度等方面设置宜居城市考核体系，让人民群众满意度评价成为大城市居住空间生产与实践的重要衡量标准。

此外，在以人民为中心的价值引领下，城市居住空间治理还应更多注重城市居住空间的使用价值，满足广大人民群众对城市美好生活的现实需求和真切愿景，避免资本逻辑主导下的城市居住空间因过度追求高利润的交换价值而“解构了空间的使用价值和人本逻辑”②。

二　重塑城市居住空间权利样态

居住空间权利是城市权利的主要内容之一。都市马克思主义学派的开拓性人物之一列斐伏尔认为，城市权利标示着一种处于首位的权利：自由的权利，在社会中有个性的权利，有居住地和主动去居住的权利③。可见，作为个体利益的体现和追求利益所采取的行动方式，居住空间权利是指人作为具有自由意志的行动主体能有效参与城市居住空间的生产、实践与更新，具体包括进入城市居住空间的权利、管理城市居住空间的权利、平等共享城市发展成果的权利。前述各种居住空间失衡现象，以及由此激发的贫富差距扩大、阶层固化等问题，一定程度上是低收入人群的居住空间权利遭到忽视和侵蚀而引发的后果。尤其是对于居住在传统城中村和新式城中村的居民而言，政府对其就业、教育、卫生医疗等社会保障权以及表达权、参与权的忽视或供给力度不足，往往是其走向

---

① 卢文杰、程佳佳、方菲雅：《广州市城中村微改造行动规划探索——以仓头村为例》，《城市发展研究》2020 年第 5 期。

② 胡潇：《空间正义的唯物史观叙事——基于马克思恩格斯的思想》，《中国社会科学》2018 年第 10 期。

③ 陈忠：《城市权利：全球视野与中国问题——基于城市哲学与城市批评史的研究视角》，《中国社会科学》2014 年第 1 期。

贫困的重要原因。因此，为确保低收入人群可以全方位且平等地融入城市生活，在超大特大城市居住空间治理中应重塑居民居住空间权利。

一方面，应统筹保障城市居民尤其是低收入人群享有城市居住空间的权利。这就要求赋予各类城市居民参与城市居住空间管理的权利，其实质是引导包括流动人口、大学毕业生等在内的社会弱势群体进入城市居住空间的生产与更新之中，能够有效反映自身利益诉求和主张，防止强势群体对其居住空间的控制与剥夺。听证会、协商座谈会、民情民意调查、领导接待等均是促进公众参与的重要渠道，而大数据、人工智能等现代新技术的嵌入与运用也使意见收集整合更为便捷化和智能化。尤其是对于保障房社区、新式城中村而言，居民参与可以极大提升其对于城市的认同感和归属感，同时在参与过程中也可以增进不同群体之间的相互交流，消除误解，逐步实现社区的去“污名化”和“标签化”，吸引新的业主不断进入，在消解居住失衡的同时也能促进不同层次人口的社会空间融合。

另一方面，需着力保障城市居民平等共享城市发展成果的权利。这就要求持续深化户籍制度改革，改变以现行户籍制度为基础的空间资源分配机制，推动大城市城镇户籍居民、农村户籍居民与流动人口平等共享空间利益和资源，使“户籍只具有人口管理的功能而不再具有身份、待遇象征”①。

三　加强城市规划的规制调控作用

联系前文的分析，改革开放以来，以资本运作为核心的住房市场化改革在提升我国超大特大城市住宅供给效率和能力的同时，所带来的居住失衡现象也日趋明显。比如在资本逻辑的影响下，以城市更新为代表的城市空间生产往往演化为进行“空间谋利”的工具与手段，其所带来的住宅“绅士化”进一步加剧了中低收入人群的住房问题。为应对资本无序扩张、逐利和由此诱发的居住空间失衡问题，在我国超大特大城市居住空间治理中应强化城市规划的规制调控作用，充分发挥政府在疏解

---

①　王瑞雪、沈亚平：《市民化进程中农业转移人口城市空间正义缺失问题分析——基于空间正义的理论视角》，《当代经济管理》2021 年第 4 期。

城市贫困聚集与再生产中的主体作用。

首先，一个基础性做法是在城市规划中加强对资本的管理和引导，尤其是“加强对资本的积累、信用制度、虚拟资本以及房地产和地租的管理”①，既要发挥资本对于推进城镇化发展、提升城市物质景观质量的积极作用，也要避免资本作恶，损害低收入人群的基本权利。

其次，在城市规划中应兼顾居住空间物质层面改善和低收入人群居住需求保障。其中一个可行方法是通过 TOD（Transit-Oriented Development）规划理念引导城市更新改造过程中土地和交通的再开发，以公共交通站点为中心进行用地功能的合理划分，如在其半径 300—600 米内适当布置保障房、人才公寓等，既可以满足流动人口的出行需求，也可以用公共交通支撑较高密度的人口发展。目前，成都已开始尝试建设基于 TOD 的保障性租赁住房，以保障青年有所居、人才有所栖②。同时，在城中村改造中，可就地配建保障房社区用以安置低收入人群，既解决了其居住问题，也最大限度地保留了原有的社会关系网络、生活文化、行为习惯等，无疑增强了居民对抗贫困风险的能力。而在保障房社区公共服务设施配套建设方面，也应考虑到低收入人群的经济能力。

最后，强化大数据技术对于城市规划规制调控的赋能作用。其治理思路在于，通过对全市范围内各类大数据的搜集、整合与精准化分析，推进城市基础设施布局和公共服务资源配置更加高效合理，从而在一定程度上缓解居住失衡现象。比如利用手机信令数据可以统计城市人口的空间分布，再结合人口普查中常住人口的空间分布，可推断人口在一定空间范围内如何移动③，进而为交通资源、保障房选址等公共服务的合理配置提供参考。

---

① 董慧、陈兵：《“城市权利”何以可能、何以可为？——国外马克思主义空间批判的视野》，《马克思主义与现实》2016 年第 1 期。

② 程文雯：《成都首个轨道 TOD 保障性租赁住房品牌来啦》，《四川日报》2022 年 8 月 17 日第 8 版。

③ 宋小冬、丁亮、钮心毅：《“大数据”对城市规划的影响：观察与展望》，《城市规划》2015 年第 4 期。

四 持续推进混居异质化社区建设

顾名思义，多元混居异质化社区是将不同收入阶层的居民在邻里层面结合起来形成相互补益的社区，以使低收入群体不被排除在城市主流社会生活之外①。由于有助于推进不同阶层群体平等共享公共服务，且可以加深彼此之间的交流互动，增强弱势群体的社会机会，多元混居异质化社区建设对于居住空间失衡的治理具有直接政策意义。尤其是其建设发展对于推进保障房社区合理规划，保障流动人口等群体在城市顺利“扎根发芽”具有重要作用。在欧美国家，混居模式已成为其解决居住分异与隔离的基本选择。在我国，混居模式主要体现为在商品房住宅项目中配建一定数量的保障房。自国务院 2007 年提出在普通商品房小区中配建廉租房后，混居社区建设相继在北上广深等大城市铺开。具体到实践中，混居社区建设包含社会结构、公共服务设施和建筑样式的混合三个层面②。其中，社会结构混合是指推动不同阶层人群在一定空间内混合居住；公共服务设施混合是指促进不同阶层之间的人群平等共享公共服务；建筑样式的混合则是指商品房与配建保障房应尽量在外观设计方面保持一致。为进一步推进混居社区建设，可从以下两方面着手。

一方面，在混居过程中为避免阶层差异过大而引起新的抵触与隔离，应坚持“大混居小聚居”的插花式布局，即将拆迁安置社区或保障房社区与商品房项目在小范围内配合建设，相似阶层居民的居住空间则以组团方式进行配置。在这一过程中，应注意配建比例的问题。现有研究表明，当配建比例高于 24% 时，商品房消费者和开发企业的福利将同时受损，因而配建比例不宜过高且应适当提高政府回购价格③。

另一方面，在混居社区建设中应重视公共交流空间的打造，以增进

---

① 单文慧：《不同收入阶层混合居住模式——价值评判与实施策略》，《城市规划》2001 年第 2 期。

② 赵聚军：《保障房空间布局失衡与中国大城市居住隔离现象的萌发》，《中国行政管理》2014 年第 7 期。

③ 樊颖、杨赞、吴璟：《谁在为配建保障性住房项目“买单”？——基于北京市微观数据的实证分析》，《经济评论》2015 年第 2 期。

不同阶层人群之间的了解、交流和沟通，加强混居社区的凝聚力，达到社会融合的政策效果。“硬件”方面，社区广场、街头公园等公共文化体育设施的兴建可为不同阶层人群提供有效的沟通交流平台，能提升低收入人群的社会资本并使其在就业中切实获益，同时也能推进其尽快融入现代都市生活。“软件”方面，应以共建共治共享为基本原则，充分发挥社区党组织的核心作用，通过举办协商议事会、文化艺术节、慈善拍卖、书画比赛等活动来联结不同阶层群体的社会关系，打造基于邻里地缘关系的社区共同体，从而防止混居社区内部“隔离墙”的产生。而对于已经产生内部“隔离墙”的混居社区，应根据具体情景采取灵活的治理策略①，比如在多方协商基础上采取分区管理，或基于低收入人群基本生活需求进行拆除。

当下，“共同富裕构成了社会主义国家人民进行空间生产应该遵守的伦理标准，是社会主义空间生产理应秉持的伦理原则”②。但受外部经济与政策环境、个人收入与选择等多重因素影响，超大特大城市在居住空间生产与实践中却普遍表现出一定的失衡，公民居住空间权利受到侵害，贫富差距也由此加剧。基于此，本章从居住空间治理的视角审视共同富裕的推进，不再仅仅着眼于低收入群体收入水平提高对于共同富裕的促进意义，而是将研究视角放至居住空间治理对于缩小贫富差距、提升社会融合水平的重要作用上，兼具现实意义和理论价值。

在此视角下，本章阐述分析了当前我国超大特大城市制约共同富裕的五种居住空间失衡现象，并提出了相应治理策略和建议。未来，在以人民为中心的居住空间治理价值理念引领下，应注意因应施策：对于保障房社区而言，应着重推进混居异质化社区建设，促进不同阶层人群的交往互动与社会融合；对于传统城中村和新式城中村而言，应更为注重保障城市居民的居住空间权利，提升其对于超大特大城市的认同感和归属感；对于城市更新中出现的替代与隔离现象，应加强城市规划的规制调控作用，防止资本逻辑主导居住空间生产和实践；对于族裔居住分异

---

① 张霞飞、曹现强：《空间边界争议：对城市产权混合社区冲突的理论解释——“隔离墙争议”的扎根理论研究》，《甘肃行政学院学报》2020 年第 6 期。

② 姚尚建：《城市治理：空间、正义与权利》，《学术界》2012 年第 4 期。

而言，一方面要保障外籍人口的居住空间权利，按照权利和义务对等原则为其提供基本公益性服务，推动外籍人口的社会融入，另一方面要发挥城市规划的规制作用，避免族裔聚居区的集中连片而加大治理工作嵌入难度。希冀随着多种治理策略的协同推进，最终构筑以公平享有空间资源为基础的城市共同富裕空间，超大特大城市住房也不再表现为一种异己力量，而是逐步形成以共建共享、互助共存、和谐自由、全面发展为特征的居住空间正义格局，让全体人民的共同富裕在居住空间层面得到充分保障和落实。

主要参考文献

一　中文著作类

习近平：《高举中国特色社会主义伟大旗帜　为全面建设社会主义现代化国家而团结奋斗——在中国共产党第二十次全国代表大会上的报告》，人民出版社2022年版。

陈家刚主编：《协商民主与政治发展》，社会科学文献出版社2011年版。

葛天任：《碎化与整合：中国社区发展与基层治理》，社会科学文献出版社2019年版。

李志刚、顾朝林：《中国城市社会空间结构转型》，东南大学出版社2011年版。

刘建军：《单位中国：社会调控体系重构中的个人、组织与国家》，天津人民出版社2000年版。

孙柏瑛：《城市基层政府社会治理体制机制的现代转型》，中国社会科学出版社2020年版。

吴晓林：《现代化进程中的阶层分化与政治整合》，天津人民出版社2012年版。

夏建中：《中国城市社区治理结构研究》，中国人民大学出版社2012年版。

朱光磊主编：《现代政府理论》，高等教育出版社2006年版。

［法］埃米尔·涂尔干：《社会分工论》，渠东译，生活·读书·新知三联书店2000年版。

［美］彼特·布劳：《不平等和异质性》，王春光、谢圣赞译，中国社会科学出版社1991年版。

[美] 塔尔科特・帕森斯:《社会行动的结构》,张明德、夏遇南、彭刚译,译林出版社 2012 年版。

二 中文期刊类

蔡禾、张蕴洁:《城市社区异质性与社区整合——基于 2014 年中国劳动力动态调查的分析》,《社会科学战线》2017 年第 3 期。

曹海军、曹志立:《新时代村级党建引领乡村治理的实践逻辑》,《探索》2020 年第 1 期。

陈荣卓、刘亚楠:《城市社区治理信息化的技术偏好与适应性变革——基于“第三批全国社区治理与服务创新实验区”的多案例分析》,《社会主义研究》2019 年第 4 期。

陈忠:《城市权利:全球视野与中国问题——基于城市哲学与城市批评史的研究视角》,《中国社会科学》2014 年第 1 期。

董慧、陈兵:《“城市权利”何以可能、何以可为?——国外马克思主义空间批判的视野》,《马克思主义与现实》2016 年第 1 期。

方长春:《中国城市居住空间的变迁及其内在逻辑》,《学术月刊》2014 年第 1 期。

高同星:《关于发挥城市社区“隐身”党员作用的思考》,《政治学研究》2012 年第 1 期。

郭伟和:《基层社会治理的双重背离现象及对其探源》,《浙江工商大学学报》2018 年第 1 期。

郝亚明:《美国的种族居住隔离:理论与现实》,《世界民族》2013 年第 1 期。

何艳玲:《中国行政体制改革的价值显现》,《中国社会科学》2020 年第 2 期。

贺霞旭:《空间结构类型与街邻关系:城市社区整合的空间视角》,《社会》2019 年第 2 期。

胡潇:《空间正义的唯物史观叙事——基于马克思恩格斯的思想》,《中国社会科学》2018 年第 10 期。

华伟:《单位制向社区制的回归——中国城市基层管理体制 50 年变迁》,《战略与管理》2000 年第 1 期。

黄晓春、周黎安：《“结对竞赛”：城市基层治理创新的一种新机制》，《社会》2019 年第 5 期。

黄晓星：《社区运动的“社区性”——对现行社区运动理论的回应与补充》，《社会学研究》2011 年第 1 期。

李路曲：《新加坡与中国政治发展路径的比较分析》，《政治学研究》2015 年第 3 期。

李迎生、杨静、徐向文：《城市老旧社区创新社区治理的探索——以北京市 P 街道为例》，《中国人民大学学报》2017 年第 1 期。

李友梅：《我国特大城市基层社会治理创新分析》，《中共中央党校学报》2016 年第 2 期。

林尚立：《领导与执政：党、国家与社会关系转型的政治学分析》，《毛泽东邓小平理论研究》2001 年第 6 期。

林雪霏：《协商民主与老旧社区的“集体危害品”治理》，《国家行政学院学报》2018 年第 2 期。

刘杰：《属地包干制与城市基层政权组织的转变逻辑——以 H 市 L 街道办事处为例》，《经济社会体制比较》2021 年第 5 期。

刘柳：《大规模保障房社区中的社会保障问题——基于社会排斥与社会融入的视角》，《苏州大学学报》（哲学社会科学版）2015 年第 5 期。

刘威：《从“去单位化”到“去社区化”——城市基层社会再整合的“结”与“解”》，《学术论坛》2011 年第 6 期。

刘子平：《中国共产党社会整合的百年探索与基本经验》，《探索》2021 年第 2 期。

陆军、杨浩天：《城市基层治理中的街道改革模式——基于北京、成都、南京的比较》，《治理研究》2019 年第 4 期。

吕德文：《属地管理与基层治理现代化——基于北京市“街乡吹哨、部门报到”的经验分析》，《云南行政学院学报》2019 年第 3 期。

彭勃：《国家权力与城市空间：当代中国城市基层社会治理变革》，《社会科学》2006 年第 9 期。

秦德君：《上海治理 70 年：从民主建政到“卓越的全球城市”——上海超大型城市基层治理进程与线路》，《上海行政学院学报》2020 年第 5 期。

邵任薇：《城市更新中的社会排斥：基本维度与产生逻辑》，《浙江学刊》2014 年第 1 期。

宋道雷：《国家治理的基层逻辑：社区治理的理论、阶段与模式》，《行政论坛》2017 年第 5 期。

宋伟轩、袁亚琦、谷跃等：《南京棚户区改造的城市社会空间重构效应》，《地理研究》2021 年第 4 期。

孙柏瑛、张继颖：《解决问题驱动的基层政府治理改革逻辑——北京市“吹哨报到”机制观察》，《中国行政管理》2019 年第 4 期。

孙景峰、李社亮：《新加坡社会基层组织的地位与性质探析》，《社会科学研究》2010 年第 6 期。

唐亚林：《论党领导一切原理》，《学术界》2019 年第 8 期。

陶建钟：《国家与社会二元逻辑下的社会整合研究》，《浙江社会科学》2014 年第 4 期。

田先红：《政党如何引领社会？——后单位时代的基层党组织与社会之间关系分析》，《开放时代》2020 年第 2 期。

田毅鹏、齐苗苗：《城乡结合部“社会样态”的再探讨》，《山东社会科学》2014 年第 6 期。

汪世荣：《“枫桥经验”视野下的基层社会治理制度供给研究》，《中国法学》2018 年第 6 期。

王福华：《论民事司法成本的分担》，《中国社会科学》2016 年第 2 期。

王汉生、吴莹：《基层社会中“看得见”与“看不见”的国家——发生在一个商品房小区中的几个“故事”》，《社会学研究》2011 年第 1 期。

王星：《利益分化与居民参与——转型期中国城市基层社会管理的困境及其理论转向》，《社会学研究》2012 年第 2 期。

王郅强、张晓君、吴克昌：《什么样的社区更稳定？——异质性社会结构对社区稳定影响的实证研究》，《中国行政管理》2018 年第 6 期。

魏娜：《我国城市社区治理模式：发展演变与制度创新》，《中国人民大学学报》2003 年第 1 期。

吴侗：《新中国成立 70 年来的“街道办”：变迁及其逻辑》，《经济社会体制比较》2019 年第 6 期。

吴冠岑、牛星、田伟利：《我国特大型城市的城市更新机制探讨：全球城市经验比较与借鉴》，《中国软科学》2016 年第 9 期。
吴晓林：《社会整合理论的起源与发展：国外研究的考察》，《国外理论动态》2013 年第 2 期。
夏志强、陈佩娇：《城市治理中的空间正义：理论探索与议题更新》，《四川大学学报》（哲学社会科学版）2021 年第 6 期。
熊万胜：《基层行政区划的管理幅度演变：规律与启示——对一个县 150 年区划演变的纵贯性研究》，《上海行政学院学报》2007 年第 4 期。
徐勇：《论城市社区建设中的社区居民自治》，《华中师范大学学报》（人文社会科学版）2001 年第 3 期。
杨宏山、石晋昕：《城市街道大部门制改革的制度分析——基于北京市东城区的案例研究》，《北京行政学院学报》2019 年第 2 期。
杨佳譞、孙涛：《激励差异、行动逻辑及作用机理：社区治理中的街道行为分析》，《治理研究》2019 年第 6 期。
郁建兴、黄飚：《超越政府中心主义治理逻辑如何可能——基于“最多跑一次”改革的经验》，《政治学研究》2019 年第 2 期。
袁方成、杨灿：《嵌入式整合：后“政党下乡”时代乡村治理的政党逻辑》，《学海》2019 年第 2 期。
原珂：《“三社协同”的社区治理与服务创新——以“项目”为纽带的协同实践》，《理论探索》2017 年第 5 期。
张紧跟、周勇振：《信访维稳属地管理中基层政府政策执行研究——以 A 市檀乡为例》，《中国行政管理》2019 年第 1 期。
张可云、孙鹏：《城市化背景下基层行政区划调整研究——基于北京市地区办事处的实践》，《北京行政学院学报》2022 年第 4 期。
张翔：《“行政共同体”：对城市政府结构化过程的一种解释》，《学术月刊》2018 年第 6 期。
章文光、杨谨頔、李心影：《社区共同体视域下的行政与自治关系重塑》，《城市问题》2023 年第 5 期。
周雪光、练宏：《中国政府的治理模式：一个“控制权”理论》，《社会学研究》2012 年第 5 期。
周振超、宋胜利：《治理重心下移视野中街道办事处的转型及其路径》，《理论探讨》2019 年第 2 期。

三 外文文献

Bray, D., *Social Space and Governance in Urban China: The Danwei System from Origins to Reform*, California: Stanford University Press, 2005.

Harvey, D., *The Urbanization of Capital*, Oxford: Basil Blackwell, 1985.

Heberer, T., Göbe, C., *The Politics of Community Building in Urban China*, London; New York: Routledge, 2011.

Ho, K., *Shared Responsibilities, Unshared Power: The Politics of Policy-making in Singapore*, Singapore: Eastern Universities Press, 2003.

Yap, J., *We Are One, the People's Association Journey, 1960 – 2010*, Singapore: People's Association: Straits Times Press, 2010.

Allegra, M., Casaglia, A., Rokem, J., "The Political Geographies of Urban Polarization: A Critical Review of Research on Divided Cities", *Geography Compass*, Vol. 6, Issue. 9, 2012.

Boterman, W. R., Musterd, S., Manting, D., "Multiple Dimensions of Residential Segregation. The Case of the Metropolitan Area of Amsterdam", *Urban Geography*, Vol. 42, Issue. 4, 2021.

Freeman, L., "Minority Housing Segregation: A Test of Three Perspectives", *Journal of Urban Affairs*, Vol. 22, Issue. 1, 2000.

Heberer, T., "Evolvement of Citizenship in Urban China or Authoritarian Communitarianism? Neighborhood Development, Community Participation, and Autonomy", *Journal of Contemporary China*, Vol. 18, 2009.

Li, Z., Wum, F., "Residential Satisfaction in China's Informal Settlements: A Case Study of Beijing, Shanghai, and Guangzhou", *Urban geography*, Vol. 34, Issue. 7, 2013.

Read, B. L., "The Politics of Community Building in Urban China by Heberer and Göbel", *The China Journal*, Vol. 70, 2013.

Shieh, L., Friedmann, J., "Restructuring Urban Governance: Community Construction in Contemporary China", *City*, Vol. 12, 2008.

Wang, Z., Liu, J., Pavlićević, D., "Democratic Localism: The Case of Grassroots Self-governance in Urban China", *Chinese Political Science Re-*

view, Vol. 3, 2018.

Zhou, P., "A Socio-Economic-Cultural Exploration on Open Space Form and Everyday Activities in Danwei: A Case Study of Jingmian Compound, Beijing", *Urban Design International*, Vol. 19, 2014.

后　记

本书是在国家社科基金重点项目（19AZZ008）结项研究报告的基础上修改完成的。立项以来，课题组分别选取了天津、杭州、武汉、郑州、济南和成都等地处东、中、西部的超大特大城市为案例，并从中选取多个异质性社区，主要通过问卷调查和深度访谈等田野方法获取一手资料，并通过扎根编码对所获一手和二手资料进行深度分析。在此过程中，以线下线上相结合的方式，先后完成了对天津、杭州、成都的问卷调查和针对部分街镇社区工作人员的深度访谈，完成了对武汉、深圳部分街镇和社区工作人员的深度访谈工作。此外，针对一些重点问题，课题组设计并发放了一些专题问卷。例如，对天津市某街道办事处的全体124名在职社区工作者，发放了专门问卷，以期更好地了解社区工作者队伍的工作状态、职业发展等情况。针对社区“两委”和物业服务机构这两个基层治理的重要参与主体，先后在3个案例城市的19个异质性社区完成了专题问卷。此外，通过对相关法规和文件的梳理，尤其是对近年来各地涌现出的街道办事处改革典型案例和已出台的地方街道办事处条例进行分类梳理和比较，并初步搭建起相应的法律法规与案例数据库。总之，虽然受到新冠疫情等突发因素的影响，但总体进展较顺利，圆满完成了既定的任务。

关于本书的主要特色，可归纳为三个方面。首先，努力摆脱“就社区治理谈基层治理”的研究倾向。当前，相对于如火如荼的社区治理研究，学界对基层治理及其与社区治理内在联系的研究依然存在较大的提升空间：一方面，部分已有研究将基层治理等同于社区治理，对基层治理体系、管理体制和机制的研究依然不足且与社区治理存在一定程度的割裂；另一方面，从社区内嵌的利益关系网络及相应的社会整合机制出发，探讨完善基层治理体系和管理体制机制的相关研究，依然比较稀缺。鉴于此，本书以社区异质性及其背后的利益关系网络作为分析的切入点，重点探讨社会整合机制与基层治理的互动关系，进而沿着“自下而上”的思路，从社区到街镇，归纳优化基层管理体制与机制的策略和路径，特别是优化基层管理体制的具体路径，研究思路较为新颖。

其次，将社会整合作为研究工作的核心线索，系统归纳党的十八大以来党建引领基层治理的内在逻辑。本书将新时代党建引领基层社会治理的内在逻辑概括为政治逻辑与行政逻辑两个相辅相成的指导逻辑，系统分析了政治逻辑对于推动社会整合的基础性影响以及行政逻辑对于克服“条块”矛盾等基层治理顽疾的积极作用，是构建新时代中国基层社会治理的话语体系、讲好中国故事的一次有益尝试。

最后，深入探讨治理重心下沉时代的基层管理体制优化问题，并适时扩展研究视域。当前，有关基层管理体制机制的相关研究虽然十分丰富，但主要聚焦于执法权力下沉前的街道办事处权责失衡问题，整体上滞后于改革实践。本书则在综合考虑超大特大城市人口和空间规模不断扩大、市辖区做大做强、属地管理强化等因素的基础上，系统分析了治理重心下沉时代优化街道办事处体制面临的老问题和新情况。此外，根据政策环境的变化，适时调整和扩展研究工作的外延，努力追踪基层治理的前沿交叉课题。例如，本书第七章着力于行政区划与基层治理的交叉结合部，重点探讨行政区划推动国家治理体系现代化的具体路径。本书第九章集中探讨了当前我国超大特大城市普遍面临的居住空间失衡现象，并对上述现象对社会整合与基层治理的深刻影响进行了系统的分析。

需要说明的是，本书的绪论和第二、三章由赵聚军独立完成，第一、四、五、六、七、八、九章由赵聚军分别与王智睿（南开大学周恩来政府管理学院博士研究生）、杨星宇（苏州市纪委）、高天琦（河南物产集团）、张哲浩（长江电力三峡梯调通信中心）、李佳凯（中国电建市政建设集团）、庞尚尚（南开大学周恩来政府管理学院博士研究生）合作完成。感谢以上诸位合作者对本书的贡献！

赵聚军

2024 年 4 月